... EDIÇÃO REFORMULADA ...

HISTÓRIA

Sociedade & Cidadania

Alfredo BOULOS Júnior

9

Alfredo Boulos Júnior

Mestre em História Social
pela Universidade de São Paulo (USP).

Doutor em Educação pela PUC-SP.

Lecionou no Ensino Fundamental da rede pública
e particular e em cursinhos pré-vestibulares.

É autor das coleções *Construindo Nossa Memória* e *O Sabor da História*.

Assessorou a Diretoria Técnica da Fundação
para o Desenvolvimento da Educação – São Paulo.

FTD

São Paulo – 2012 – 2ª edição

História Sociedade & Cidadania – Edição reformulada

EDITORA FTD S.A.
Matriz: Rua Rui Barbosa, 156 – Bela Vista – São Paulo-SP
CEP 01326-010 – Tel. (0-XX-11) 3598-6000
Caixa Postal 65149 – CEP da Caixa Postal 01390-970
Internet: <www.ftd.com.br>
E-mail: ciencias.sociais@ftd.com.br

Diretora Editorial
Silmara Sapiense Vespasiano

Editora
Débora Lima

Editora adjunta
Alaíde Santos

Editores assistentes
Wellington Santos
Poliana F. Asturiano

Assistentes de produção
Ana Paula Iazzetto
Lilia Pires

Assistente editorial
Claudia C. Sandoval

Preparadoras
Sônia Rodrigues Cervantes
Claudia Yumiko Anazawa

Revisores
Bárbara Borges
Fernando Cardoso

Estagiárias
Layza Real
Maria Aline Fernandes

Coordenador de produção editorial
Caio Leandro Rios

Editor de arte, projeto gráfico e capa
Roque Michel Jr.
Imagem da capa: Domingos Peixoto/ Agência O Globo

Ilustrador
Getulio Delphim

Cartografia
Maps World
Mario Yoshida

Iconografia
Supervisora:
Célia Maria Rosa de Oliveira
Pesquisadores:
Daniel Cymbalista
Daniela Maria Ribeiro
Thaisi Albarracin Lima
Assistente de pesquisa:
Cristina Mota

Editoração eletrônica
Diagramação:
Andréa Wolff Gowdak Noto
Edgar Sgai
Isabel Cristina Corandin Marques
Priscila Sanches Tobal

Tratamento de imagens
Ana Isabela Pithan Maraschin
Eziquiel Racheti
Vânia Aparecida Maia de Oliveira

Gerente executivo do parque gráfico
Reginaldo Soares Damasceno

Domingos Peixoto/Agência O Globo

A foto capta um aspecto da manifestação ocorrida na Av. Rio Branco, no Rio de Janeiro, em junho de 2012. O evento foi organizado por ONGs e movimentos populares nacionais e internacionais e recebeu o nome de *Cúpula dos Povos na Rio+20 por Justiça Social e Ambiental*. Os manifestantes defendiam a economia solidária, a agroecologia e os direitos das comunidades indígenas e quilombolas, entre outros. Para protestarem contra a agressão ao planeta Terra, durante a passeata, ergueram vários globos terrestres, a exemplo deste mostrado em primeiro plano na foto.

Dados Internacionais de Catalogação na Publicação (CIP)
(Câmara Brasileira do Livro, SP, Brasil)

Boulos Júnior, Alfredo
História: sociedade & cidadania, 9º ano / Alfredo Boulos Júnior. – 2. ed. – São Paulo : FTD, 2012.

Edição reformulada
Suplementado pelo manual do professor.
Bibliografia.
ISBN 978-85-322-8282-8

1. História (Ensino fundamental) I. Título.

12-07458 CDD-372.89

Índices para catálogo sistemático:
1. História : Ensino fundamental 372.89

Apresentação

Caro Aluno

Quero lhe dizer algo que para mim é importante e que por isso gostaria que você soubesse: para que este livro chegasse às suas mãos, foi necessário o trabalho e a dedicação de muitas pessoas: os profissionais do mundo do livro.

O autor é um deles: sua tarefa é pesquisar, escrever o texto e as atividades e sugerir as imagens que ele gostaria que entrassem no livro; a essas páginas produzidas pelo autor damos o nome de originais.

O editor e seus assistentes leem e avaliam os originais. Em seguida, pedem que o autor melhore o que precisa ser melhorado ou corrija o que é preciso ser corrigido no texto. Por vezes, pedem que o autor refaça uma ou outra parte. Daí entram em cena outros trabalhadores do mundo do livro: os profissionais da Iconografia, da Arte, da Revisão e do Jurídico, entre outros.

Os profissionais da Iconografia pesquisam, selecionam, tratam e negociam as imagens (fotografias, desenhos, gravuras, pinturas etc.) que serão aplicadas no livro. Algumas destas são mapas, feitos por especialistas (os cartógrafos), e desenhos baseados em pesquisas históricas, feitos por profissionais denominados ilustradores.

Os profissionais da Arte criam um projeto gráfico (planejamento visual da obra), preparam e tratam as imagens e diagramam o livro, isto é, distribuem textos e imagens pelas páginas para que a leitura se torne mais compreensível e atraente.

Os profissionais da Revisão e Preparação corrigem palavras e frases, ajustam e padronizam o texto.

A equipe do Jurídico solicita a autorização legal para o uso de textos de outros autores e das imagens que irão compor o livro.

Todo esse trabalho é acompanhado pela Gerência Editorial.

Em seguida, esse material todo, que é um arquivo digital, segue para a gráfica, onde é transformado em livro por técnicos especializados do setor gráfico; daí chega às mãos da equipe de Divulgação, que apresenta a Coleção para os seus professores, personagens que dão vida ao livro, objeto ao mesmo tempo material e cultural.

Meu muito obrigado do fundo do coração a todos esses profissionais, sem os quais esta Coleção não existiria! E obrigado também a você, leitor.

O autor

Como está organizado seu livro

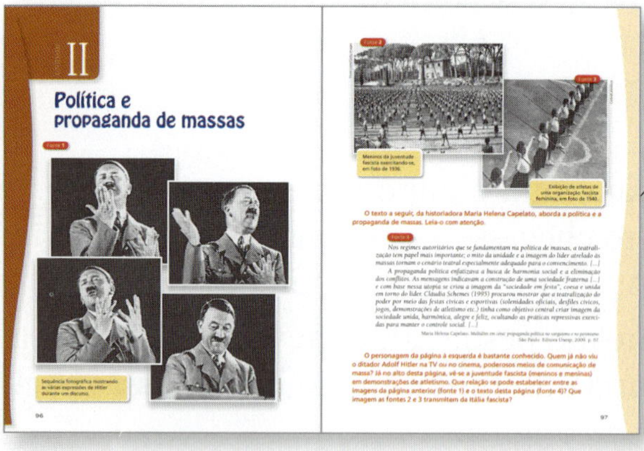
II

Política e propaganda de massas

Abertura de unidade

Cada unidade é iniciada com uma abertura em página dupla. Nessas aberturas são apresentados, por meio de imagens e textos, os temas que serão trabalhados.

12 Brasil de 1945 a 1964: uma experiência democrática

Abertura de capítulo

As aberturas dos capítulos propõem a discussão dos temas que serão trabalhados nas páginas seguintes.

Para refletir

A resistência na imprensa: O Pasquim

Para refletir

Uma seção que traz textos estimulantes sobre os conteúdos estudados e propõem a discussão sobre esses temas.

Para saber mais

Armas químicas e medo

Para saber mais

Um quadro que apresenta informações extras sobre os conteúdos dos capítulos trabalhados.

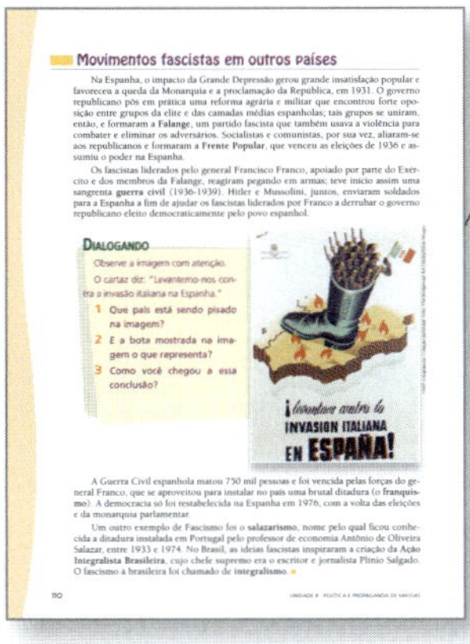

Dialogando

Desafios propostos ao longo do texto para discutir imagens, gráficos, tabelas e textos. A seção **Dialogando** traz também discussões sobre mudanças e permanências.

Atividades

Questões variadas sobre os conteúdos dos capítulos para serem realizadas individualmente ou em grupo. Uma forma de rever aquilo que foi estudado.

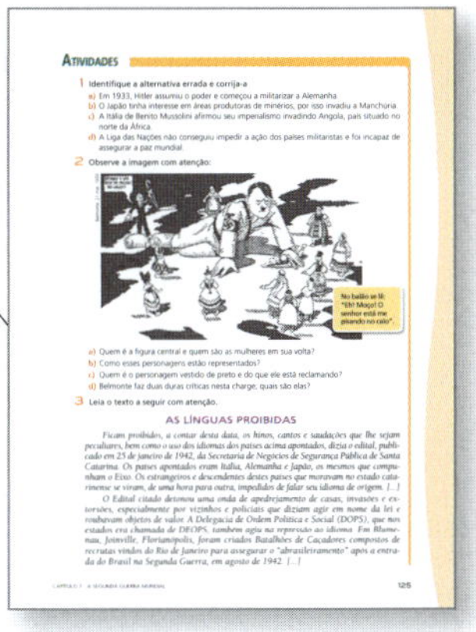

O texto como fonte

Uma seção que permitirá a você se aproximar do trabalho de um historiador, por meio do estudo de textos históricos de diferentes gêneros.

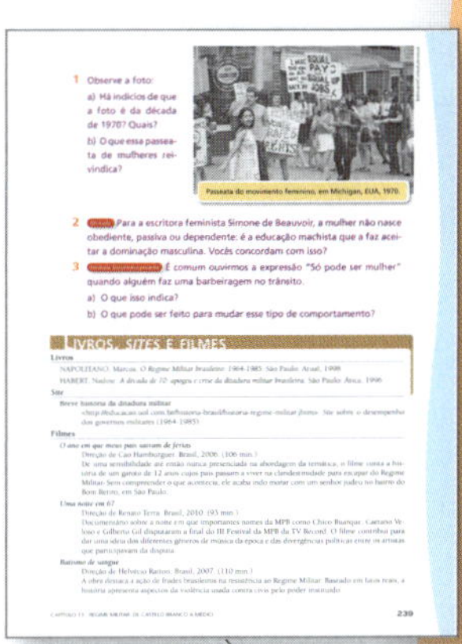

A imagem como fonte

Em todos os capítulos você encontrará essa seção, que permitirá o estudo de imagens relacionadas aos temas dos capítulos.

Livros, sites e filmes

Um estímulo ao estudo dos temas apresentados por meio de outros olhares.

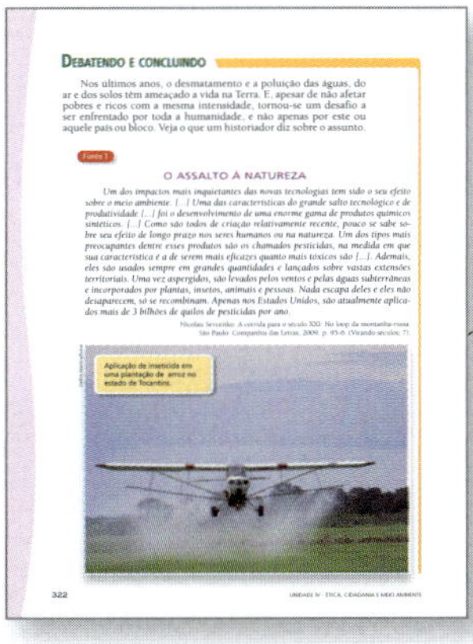

Debatendo e concluindo

Uma seção que traz atividades que articulam os conteúdos dos diferentes capítulos, permitindo que diferentes conteúdos se articulem.

Agradecimentos

Pelos momentos de reflexão e debates que tivemos sobre historiografia e ensino de História, quero agradecer os seguintes colegas:

Professor Doutor Fábio Duarte Joly
Professor Doutor Cláudio Hiro
Professor Doutor Márcio Delgado
Professor Doutor Sebastião Leal Ferreira Vargas Neto
Professor Doutor Vanderlei Machado
Professora Mestra Ana de Sena Tavares Bezerra
Professor Mestre Marco Túlio Vilela
Professora Mestra Maria Barjute Bacha
Professora Mestra Vanderlice de Souza Morangueira
Professor Alexandre Coelho
Professor Augusto Cesar Nery de Lima
Professor Antônio Carlos Felix
Professor Antônio Carlos do Prado
Professor Augusto Bragança S. P. Rischitelil
Professor Cesar Mustafá Tanajura
Professor Clécio Rodrigues de Lima
Professor Daniel da Silva Assum
Professor Gecionny Souza
Professor Jorge Galdino
Professor José Augusto Carvalho Santos
Professor José Carvalho Rios
Professor Matheus Targino
Professor Murilo Mello
Professor Osmar Augusto Fick Júnior
Professor Rodolfo Augusto Bravo de Conto
Professor Udo Ingo Kunert
Professor Valdeir da Costa
Professora Dóris Margarete Assunção
Professora Maria Cristina Costa
Professora Marlúcia Naves Lemos
Professora Suzana C. Vargas
Professor José Clodomir Freire
Professor José Cleber Uchoa Gomes
Professor Francisco Waston Silva Souza
Professora Francisca Marcia Muniz Chaves
Professor Jorge Tales
Professor Marcos Luiz Treigher
Professor André Vinícius Bezerra Magalhães
Professor Marcio de Sousa Gurgel
Professora Michelle Arantes Pascoal
Professora Silvia Helena Ferreira
Professora Marília Serra Holanda Pinto
Professor Carlos José Ferreira de Souza
Professor Mardonio Cunha

Agradeço também com especial carinho aos meus editores e a três mulheres, cujo apoio foi decisivo para o nascimento desta coleção: Suely Regina Boulos, Isaura Feliciano de Paula e Margarete do Rosário Lúcio.

O autor

Trabalhando com *blogs*

Ao longo da coleção existem atividades que mobilizarão todos para apresentar uma pesquisa de maneira mais atraente.

As novas gerações têm familiaridade com as novas tecnologias e com as redes sociais. O propósito dessas atividades é o de usar a tecnologia em favor do processo de aprendizagem!

Assim, cada turma deverá fazer seu *blog* sobre o estudo de História, mas antes devemos combinar algumas regras:

1. O *blog* deverá conter o nome da turma, da escola e do professor responsável; pertencerá, portanto, a um grupo definido e limitado de pessoas.

2. O *blog* deve ter uma proposta editorial, explicitada por um nome significativo e uma curta descrição de seus objetivos.

3. Tudo o que for postado no *blog* deverá passar por uma revisão que garanta a compreensão e a correção da mensagem.

4. Os materiais (fotos, tabelas, gráficos, mapas e textos dos mais variados gêneros) deverão ser previamente aprovados antes de serem postados e todas as imagens devem ter o nome de quem as produziu.

5. Os alunos devem se organizar em grupos. Cada grupo será responsável por uma área de atuação; assim teremos:

a. **Equipe de *design***, responsável pelos aspectos visuais, incluindo-se aí a diagramação, escolha das fontes de letra e cores, estilos e tamanho das imagens.

b. **Equipe de redação**, responsável por receber e organizar textos e notícias a serem postados, padronizando-os e melhorando-os.

c. **Equipe de pesquisa**, responsável por alimentar o *blog* com novas matérias-primas, que serão transformadas em produto com a ajuda dos outros grupos.

d. **Equipe de iconografia**, responsável pela pesquisa e seleção de imagens (fotografias e ilustrações) e vídeos a serem postados.

e. **Equipe de produção**, responsável pela integração dos demais aspectos e também pelas questões técnicas de manutenção do *blog*.

f. **Equipe de jornalismo**, responsável por entrevistas e cobertura dos assuntos abordados pelo *blog*, dentro e fora da escola.

Façam o rodízio quinzenal ou mensal entre os grupos, de modo que todos os alunos possam vivenciar as várias funções.

Outro ponto importante é que o *blog* poderá ser uma ferramenta de comunicação permanente, em que podem ser informados as datas de avaliações, eventos escolares etc.

Sumário

UNIDADE I

Dominação e resistência

Cameron Davidson/Corbis/Latinstock

Tim Graham/Getty Images

Ted Soqui/Corbis/Latinstock

Evaristo Sá/AFP/Otherimages

No mundo atual há várias formas de dominação. As fotos 1 e 2 nos lembram algumas delas. A foto 1 é uma vista aérea de Wall Street, importante centro comercial financeiro dos Estados Unidos, a primeira economia do mundo. Já a foto 2 mostra uma família hindu trabalhando no regime de semiescravidão em uma fábrica de tijolos. Mas, em contrapartida, existem também várias formas de resistência. A foto 3 é uma manifestação do movimento *Ocupe Los Angeles* – nela os jovens, liderados por Sarah Mason, reivindicam que o governo taxe os mais ricos. Já a foto 4 é uma manifestação, em frente ao Congresso, contra o trabalho escravo no Brasil. Você conhece outras formas de dominação e de resistência atuais? Quais? E no passado, que exemplos de dominação e de resistência você é capaz de citar?

CAPÍTULO 1

Industrialização e Imperialismo

1903. Coleção particular. Foto: Hulton Archive/Getty Images

Observe essa charge com atenção. Quem serão esses homens? Por que estão vestidos com essas "roupas" tão estranhas? O que isso pode significar? Por que será que Pierpont Morgan é chamado de "Trust King"? Sabe o significado dessas palavras? O que o artista quis dizer com essa charge?

Segunda fase da Revolução Industrial

Ao longo do século XIX, na Europa, nos Estados Unidos e no Japão, verificou-se um grande desenvolvimento do capitalismo associado a uma forte aceleração industrial. Essa fase da industrialização, conhecida também como **Segunda Revolução Industrial**, caracterizou-se pela descoberta de novas tecnologias aplicadas na indústria, nos transportes e nas comunicações. Na indústria foram decisivas:

a) **A descoberta em 1856 de um processo de fabricação do aço** por Henry Bessemer. Com essa descoberta, o aço, que é mais fácil de ser trabalhado e mais resistente do que o ferro, tornou-se também mais barato. Por isso, passou a ser amplamente usado na indústria de armas, na construção civil e na fabricação de máquinas.

b) **A invenção do dínamo (1870)**, um gerador de eletricidade que permite a transmissão de corrente elétrica a longas distâncias, por meio de usinas elétricas.

c) **A invenção e aperfeiçoamento do motor de combustão interna (década de 1870)**, que permitiu o aproveitamento do petróleo e seus derivados (gasolina e *diesel*) como fonte de energia.

Nos **transportes** assistiu-se ao aumento progressivo das ferrovias, e o uso da locomotiva e do barco a vapor no transporte de pessoas e mercadorias. Ao mesmo tempo, o aproveitamento do petróleo e seus derivados (gasolina e *diesel*) como fonte de energia permitiu a Henry Ford e a Karl Benz a construção dos primeiros automóveis (1890).

Nas comunicações ocorreram duas descobertas decisivas: a invenção do telégrafo por Samuel Morse, em 1836, e do telefone, em 1876, pelo italiano Antonio Santi Giuseppe Meucci. Descobriu-se recentemente que Alexander Graham Bell comprou a patente de Meucci, o verdadeiro inventor.

Gustave Fraipont. 1900. Coleção particular. Foto: Swim Ink 2, LLC/Corbis/Latinstock

1900. Cartaz elaborado por Gustave Fraipont para a Exposição Universal de Paris, organizada para celebrar as conquistas do século XIX, como o uso da energia elétrica, o trem e o barco a vapor.

O imperialismo

A partir de 1870, as potências capitalistas como EUA, Grã-Bretanha, França e Japão entraram em uma disputa por colônias ou áreas de influência na Ásia, África, América Latina e Oceania; essa expansão capitalista com o objetivo de dominação é chamada de **imperialismo** ou neocolonialismo.

Imperialismo: conjunto de práticas militares e culturais desenvolvidas por potências para exercer domínio sobre outros Estados, politicamente independentes. (Kalina Vanderlei Silva e Maciel Henrique Silva. *Dicionário de conceitos históricos*. São Paulo: Contexto, 2005. p. 218)

Mas o que teria motivado essa corrida imperialista entre as grandes potências? O que elas buscavam em outras terras?

As grandes potências se voltaram para a África, Ásia, América e Oceania em busca de:

a) oportunidades de investimentos para seus capitais;
b) mercados produtores de matérias-primas (carvão, ferro, cobre);
c) mercados consumidores de manufaturados;
d) ouro e diamante existentes nas terras africanas.

Os governos das grandes potências incentivavam a conquista de terras e povos em outros continentes e depois usavam essas ações imperialistas para despertar o "orgulho nacional" entre os cidadãos do país.

Corbis/Latinstock

Léon Rom (que aparece segurando o rifle) após uma caçada no Congo, no final do século XIX. Ele foi um soldado belga que se tornou comissário (representante do governo) no Congo.

Dialogando

A foto que você vê foi tirada no Congo Belga no final do século XIX. Depois de observá-la com atenção, responda: por que os elefantes eram tão cobiçados pelos exploradores belgas?

Teorias racistas do século XIX

Para justificar a dominação imperialista sobre outros povos, os europeus desenvolveram um conjunto de teorias racistas. Essas teorias diziam basicamente que a "raça branca" era superior à raça negra e à amarela e que, na luta pela vida, somente as raças superiores sobreviveriam. Hoje não se aceita mais a existência de **raças humanas** nem a superioridade de um povo sobre outro. Hoje se sabe que só existe uma raça: a raça humana; e sabe-se também que nenhum povo é superior a outro.

Raças humanas: Conforme os cientistas Sérgio D. J. Pena e Telma S. Birchal, não existem raças humanas, do ponto de vista genético ou biológico. Porém, esses mesmos autores concordam que o conceito de raça possui existência social; daí deriva o racismo, ou seja, a transformação da diferença em desigualdade.

No século XIX, porém, as teorias racistas foram consideradas científicas e justificaram a dominação imperialista na Ásia, África, América e Oceania. Por se considerarem superiores, os europeus diziam que tinham o dever de civilizar os demais povos; isto é, de levar a eles o progresso e os "bons" costumes. Em outras palavras, diziam ter uma **missão civilizadora** para com os "povos de cor".

Em *Le Petit Journal*, 19/11/1911. Coleção particular. Foto: Akg-Images/Latinstock

Le Petit Journal, de 1911. Nesta ilustração da capa de um jornal francês de 1911 vê-se a França na forma de uma mulher levando a civilização (o progresso e os bons costumes) para o Marrocos, na África. Repare que nesse desenho europeu, os africanos são mostrados olhando para a "França" com grande admiração e prontos a ajudá-la.

PARA REFLETIR

O texto a seguir é trecho de um discurso do ministro francês Jules Ferry (1832-1893) no parlamento de seu país.

As raças superiores têm um direito perante as raças inferiores. Há para elas um direito porque há um dever para elas. As raças superiores têm o dever de civilizar as inferiores.

Laima Mesgravis. *A colonização da África e da Ásia*. São Paulo: Atual, 1994. p. 14. (História geral em documentos).

1 O que se pode concluir com base nesse texto?

2 O que o autor do texto quis dizer com "o dever de civilizar"?

A África entre os séculos XVI e XIX

Entre os séculos XVI e XVIII assistiu-se na África a um aumento populacional decorrente da melhoria das técnicas agrícolas e da incorporação pelos africanos de plantas americanas, como o milho e a mandioca. Esse aumento populacional gerou a busca por terras férteis, o que acabou ocasionando a guerra entre os pequenos reinos africanos; nessas guerras, os pequenos reinos foram conquistando outros e se formaram reinos maiores (conjuntos políticos formados por várias etnias). O mapa a seguir mostra a localização desses importantes reinos africanos.

Reinos africanos do início do século XIX

Mario Yoshida

Fonte: LOPES, Ana Mônica; ARNAUT, Luiz. *História da África: uma introdução*. Belo Horizonte: Crisálida, 2005. p. 55.

Reinos africanos: formados geralmente por uma ou duas etnias.

O imperialismo na África

Em 1880, 10% do território africano estava ocupado pelos europeus; em 1900 os europeus já tinham se apoderado de 90% da África.

Franceses na Argélia

Por volta de 1830, os franceses instalaram, na Argélia, um **protetorado**. Posteriormente, assumiram o governo e obrigaram a população local a trabalhar para eles nas culturas de oliveiras, vinhas, frutas e legumes destinados à exportação. Muitos missionários e educadores se deslocaram para a África, a fim de transmitir a cultura ocidental, que eles julgavam ser superior às demais.

Protetorado: país ou território com governo próprio, mas controlado por outro Estado no tocante à política externa e à segurança. Argélia, Marrocos e Tunísia, por exemplo, foram protetorados franceses na África.

Além disso, a opressão francesa na Argélia se fez também por meio de leis, que o Congresso argelino era praticamente obrigado a aprovar; exemplo disso é esta lei de 1908.

O Congresso, considerando que a instrução dos indígenas faz a Argélia correr um verdadeiro perigo tanto do ponto de vista econômico quanto do ponto de vista do agrupamento francês, emite o voto de que a instrução primária dos indígenas seja suprimida.

Laima Mesgravis. *A colonização da África e da Ásia.* São Paulo: Atual, 1994. p. 25-6. (História geral em documentos).

Dialogando

1 Qual o significado de "indígenas" no texto?

2 O que se pode concluir por esse documento?

Belgas no Congo

Em 1884, usando a força e a diplomacia, o rei Leopoldo II da Bélgica conseguiu transformar o Congo, um território dezenas de vezes maior que a Bélgica, em uma propriedade particular dele. Propriedade que ele chamava de "Estado-livre do Congo". Explorando a mão de obra africana, Leopoldo II extraiu do Congo uma fortuna incalculável em borracha e marfim. A dominação do Congo converteu-se em um dos episódios mais cruéis da história e envolveu a morte de cerca de 10 milhões de africanos.

A charge critica a exploração desenfreada exercida pelo rei Leopoldo II no Congo. Repare que uma grande serpente envolve um congolês e que a cabeça da serpente é a do rei Leopoldo II.

1906. Coleção particular. Foto: Topham PicturePoint/TopFoto/Keystone

As mulheres, crianças e velhos eram acorrentados e mantidos como reféns, enquanto os homens iam à floresta coletar borracha e marfim. Se eles não trouxessem a quantidade estipulada, os reféns eram mortos a facadas ou tiros. Em 1903, o missionário **batista** A. E. Scrivener divulgou os horrores que ele havia presenciado no Congo. Diante disso, e sob a pressão da opinião pública internacional, o rei Leopoldo perdeu seu direito ao Congo, que passou, então, a ser administrado pelo governo Belga.

Batista: seguidor de uma das igrejas de origem protestante; nesta igreja o batismo só é ministrado aos adultos.

Britânicos na África

A Grã-Bretanha foi um dos países que lideraram a corrida pela África. No Egito, os britânicos estabeleceram um protetorado aproveitando-se do endividamento do governo egípcio por ocasião da construção do Canal de Suez, obra financiada por capitais franceses e egípcios.

1869. Coleção particular. Foto: Popperfoto/Getty Images

Uma procissão de navios durante a inauguração do Canal de Suez, em 1869. Situado entre os continentes africano e asiático, o Canal de Suez liga o Mar Vermelho ao Mediterrâneo. Em 1875, a Grã-Bretanha comprou a parte do Egito no canal por 4 milhões de libras. Com isso, os britânicos passaram a ter o controle do canal, que era de vital importância para sua ligação com a Índia.

No Sudão, os britânicos usaram a violência; os sudaneses, que praticavam a religião muçulmana, reagiram travando com eles a chamada **guerra santa**. E, apesar de algumas vitórias expressivas, acabaram derrotados graças à superioridade bélica dos britânicos. Além do Egito e do Sudão, a Inglaterra se apossou ainda de Uganda, da África Oriental (atual Quênia) e da Rodésia (atual Zimbábue), assim chamada em homenagem ao explorador inglês Cecil Rhodes.

Guerra santa: Segundo o historiador Albert Hourani, a palavra guerra santa (*jihad*) quer dizer "esforço em favor de Alá".

Dialogando

A imagem que você vê é de uma caricatura de Cecil Rhodes, feita no final do século XIX.

1 Como ele está vestido?

2 Que apetrechos leva consigo?

3 No que ele está pisando?

4 O que ele demonstra com isso?

1892. Coleção particular. Foto: Costa/Leemage/Otherimages

O empresário e político Cecil Rhodes ficou milionário montando uma grande companhia que monopolizava a exploração de minério no sul da África. O plano de Rhodes era conquistar desde a Cidade do Cabo, no extremo sul, até o Cairo, no Egito, e construir uma gigantesca estrada de ferro ligando esses dois pontos. Conta-se que ele costumava dizer: "Eu anexaria os planetas, se pudesse...".

Alemães, portugueses e espanhóis

Portugal, por sua vez, manteve a maior parte dos territórios conquistados nos séculos XV e XVI, como Guiné, Angola, Moçambique, São Tomé e Príncipe e as Ilhas do Cabo Verde.

A **Alemanha** entrou na corrida pela África quando boa parte do continente já estava sob o domínio inglês ou francês. A Alemanha conquistou duas colônias: a África do Sudoeste Alemão, que é banhada pelo Atlântico, e a África Oriental Alemã, que é banhada pelo oceano Índico.

A **Espanha** conservou uma parte do Marrocos, o Marrocos espanhol.

A Conferência de Berlim

A corrida imperialista gerou tensões que ameaçavam a paz na Europa. Para evitar a guerra, as potências europeias decidiram estabelecer as regras da partilha da África. Reunidas na **Conferência de Berlim**, na Alemanha, em 28 de fevereiro de 1885, decidiram que uma nação europeia só teria direito a um território africano se comunicasse sua ocupação às demais nações e enviasse para a área uma autoridade capaz de fazer respeitar o direito adquirido; combinaram também permitir a livre navegação e o livre comércio nas bacias dos rios Congo e Níger, duas importantes vias naturais de penetração no continente.

Nessa conferência, as grandes potências fizeram um novo mapa da África, o qual atendia apenas aos seus próprios interesses. Esse novo mapa fixava **fronteiras artificiais**; misturava culturas e línguas diferentes e separava povos que tinham grande afinidade cultural, o que contribuiu para a eclosão de guerras entre os próprios africanos; algumas delas se prolongaram até os nossos dias.

A partilha da África – Conferência de Berlim (1885)

Fonte: SERRYN, Pierre; BLASSELLE, René. *Atlas Géographique et Historique*. Paris, Bordas, 1996./ *The Times Atlas of World History*. 3. ed. Londres: Times Book Limited, 1990. p. 240.

Mario Yoshida

Entre 1870 e 1914, com exceção da Europa e da América, a maior parte da Terra passou ao domínio de potências como Grã-Bretanha, França, Alemanha, Itália e Bélgica.

Partilha da Ásia

A Ásia também foi alvo do imperialismo das potências ocidentais.

Britânicos na Índia

Os britânicos aportaram no litoral da Índia pela primeira vez no século XVII e, aos poucos, foram desalojando comerciantes de outros países europeus. Nessa época eles compravam dos indianos tecidos finos, como a musselina e o **cânhamo**, e os revendiam na Europa com grande lucro.

Cânhamo: fibra têxtil com a qual fabricavam os cabos e as velas das embarcações.
Sipaios: nome dado aos soldados nacionalistas hindus que se engajaram na luta contra o domínio inglês.

Por volta de 1750, os ingleses se apossaram da Índia e aumentaram os impostos sobre os tecidos indianos, elevando com isso os seus preços; ao mesmo tempo, passaram a vender tecidos ingleses para os indianos. Consequentemente, a maioria das tecelagens indianas faliu e a Índia, antes grande exportadora de tecidos, passou a comprá-los da Inglaterra. Além disso, a Índia passou a produzir grandes quantidades de algodão para as fábricas inglesas de tecidos, deixando de produzir os alimentos necessários à sua grande população.

Os abusos das autoridades inglesas na Índia, o empobrecimento do povo e as sucessivas crises de fome no país provocaram uma rebelião contra a dominação inglesa: a **Revolta dos Sipaios (1857)**; os ingleses, no entanto, fizeram uso de metralhadoras, canhões e esmagaram a revolta. A Inglaterra aproveitou-se disso para assumir diretamente o governo da Índia por meio de um vice-rei; anos depois, a rainha Vitória, da Inglaterra, foi proclamada imperatriz da Índia.

Os lucros obtidos na Índia permitiam aos ingleses a construção de um amplo sistema ferroviário e de comunicações no país e o envio de milhões de libras para a Inglaterra, que usou parte do dinheiro para conquistar a Birmânia, a Nova Zelândia, a Austrália e parte da China, ampliando assim o seu Império.

Chevalier Louis-William Desanges. c. 1860. Óleo sobre tela. National Army Museum, Londres. Foto: The Bridgeman Art Library/Keystone

Representação da Revolta dos Sipaios, de 1860, uma das raras imagens da resistência hindu ao imperialismo inglês.

Britânicos na China

Grandville. c. 1840. Coleção particular. Foto: Sammlung Rauch/Interfoto/Glow Images

A charge de 1840 mostra um inglês obrigando um chinês a comprar ópio.

Quando o europeu Marco Polo chegou à China, no século XIII, o império chinês era praticamente autossuficiente, não se interessando pelos produtos do Ocidente. Já os comerciantes europeus tinham enorme interesse pela seda, pelo chá, pelas porcelanas da China, produtos vendidos por altos preços na Europa. Assim, entre os séculos XIII e XVIII, o comércio entre os europeus e os chineses foi sempre favorável aos chineses.

Balança comercial: é a diferença entre o valor total das exportações e o valor total das importações que um país realiza no decorrer de um ano.

Por volta de 1820, a situação se inverteu: a **balança comercial** tornou-se pela primeira vez favorável aos europeus. É que os comerciantes britânicos passaram a obter enormes lucros com a venda de ópio. A droga, que provoca forte dependência, era trazida das plantações inglesas na Índia. Embora o ópio fosse proibido na China, os traficantes ingleses vendiam naquele país quantidades cada vez maiores dessa substância.

O ópio afetava a saúde do povo chinês, além de levar muitas pessoas a perder tudo o que tinham para poder comprar a droga. Lin Zexu, braço direito do imperador Daoguang, da dinastia Mandchu, escreveu uma carta à rainha Vitória implorando-lhe que não permitisse um comércio tão prejudicial ao povo chinês. A rainha nada respondeu.

Os chineses resolveram agir: confiscaram e lançaram ao mar quase 1.400 toneladas de ópio bruto, trazidas por navios ingleses até o porto de Cantão. A resposta britânica foi a guerra. Alegando prejuízos à propriedade privada, o governo da rainha Vitória mandou bombardear várias cidades chinesas. Foi a **Guerra do Ópio** (1839 a 1842) que terminou com a vitória dos ingleses.

A Grã-Bretanha se aproveitou da vitória na guerra para obter vantagens por meio do **Tratado de Nanquim**, assinado em 1842 e um dos mais importantes da história da China.

Ele estabelecia:

- a abertura de cinco portos na China para que os mercadores ingleses pudessem comerciar livremente;
- o pagamento aos ingleses de uma indenização de 21 milhões de dólares pela perda do ópio jogado ao mar e pelos prejuízos causados pela guerra;
- o controle de Hong Kong pelos ingleses;
- o direito dos britânicos de serem julgados por suas próprias leis, caso cometessem crimes em território chinês.

Pouco tempo depois, os norte-americanos, os franceses e os russos também obtiveram dos chineses direitos comerciais e privilégios semelhantes. Assim, à força, os portos da China foram sendo abertos às potências ocidentais.

Em 1900, o Império Britânico era o maior do mundo e incluía territórios que iam do Mar vermelho ao Oceano Pacífico. Visando proteger-se dos seus competidores e se fortalecer internamente, a Inglaterra formou com as áreas sob seu domínio a *British Common Wealth of Nations* (Comunidade Britânica de Nações).

Japão, uma nova potência capitalista

Desde o início do século XIX, as nações ocidentais tentavam, sem sucesso, abrir os portos do Japão ao comércio internacional. Até que em 1853, com os canhões apontados para a Baía de Tóquio, o oficial norte-americano Matthew Perry conseguiu a abertura de dois portos japoneses aos navios mercantes norte-americanos. Logo depois, a Grã-Bretanha, a Rússia e a Holanda pressionaram e também conseguiram a abertura dos portos japoneses para os seus navios.

Escola japonesa. Séc. XIX. Gravura. Coleção particular. Foto: Archives Charmet/Private Collection/ The Bridgeman Art Library/Glow Images

Representacão da chegada da esquadra do Comodoro Perry em um porto do Japão em 1853. Repare na bandeira dos Estados Unidos.

Com o aumento das relações com o Ocidente, uma parte das lideranças japonesas passou a defender a incorporação dos avanços tecnológicos da Europa. Outra parte, porém, via essa modernização como uma submissão ao domínio estrangeiro. Isso levou à explosão de uma guerra civil vencida por aqueles que eram favoráveis à modernização. Essa vitória enfraqueceu os senhores rurais (*daimios*) e fortaleceu o poder do imperador. No ano de 1868, o jovem imperador Mitsuhito anunciou uma política de "modernização" do país, dando início à chamada **Era Meiji**.

"Modernização" para os japoneses significava industrializar-se, absorvendo a tecnologia ocidental, mas sem abrir mão de sua cultura tradicional. Nesse processo de modernização acelerada verificou-se, também, uma concentração crescente de capital nas mãos de uns poucos grupos econômicos, como o Mitsubishi, Yasuda Mitsui, entre outros.

c. 1880. Coleção particular. Foto: Lebrecht/Diomedia

Imagem representativa da modernização do Japão – Estrada de Ferro de Takanawa, em 1880.

Imperialismo: Ásia e Oceania (início do século XX)

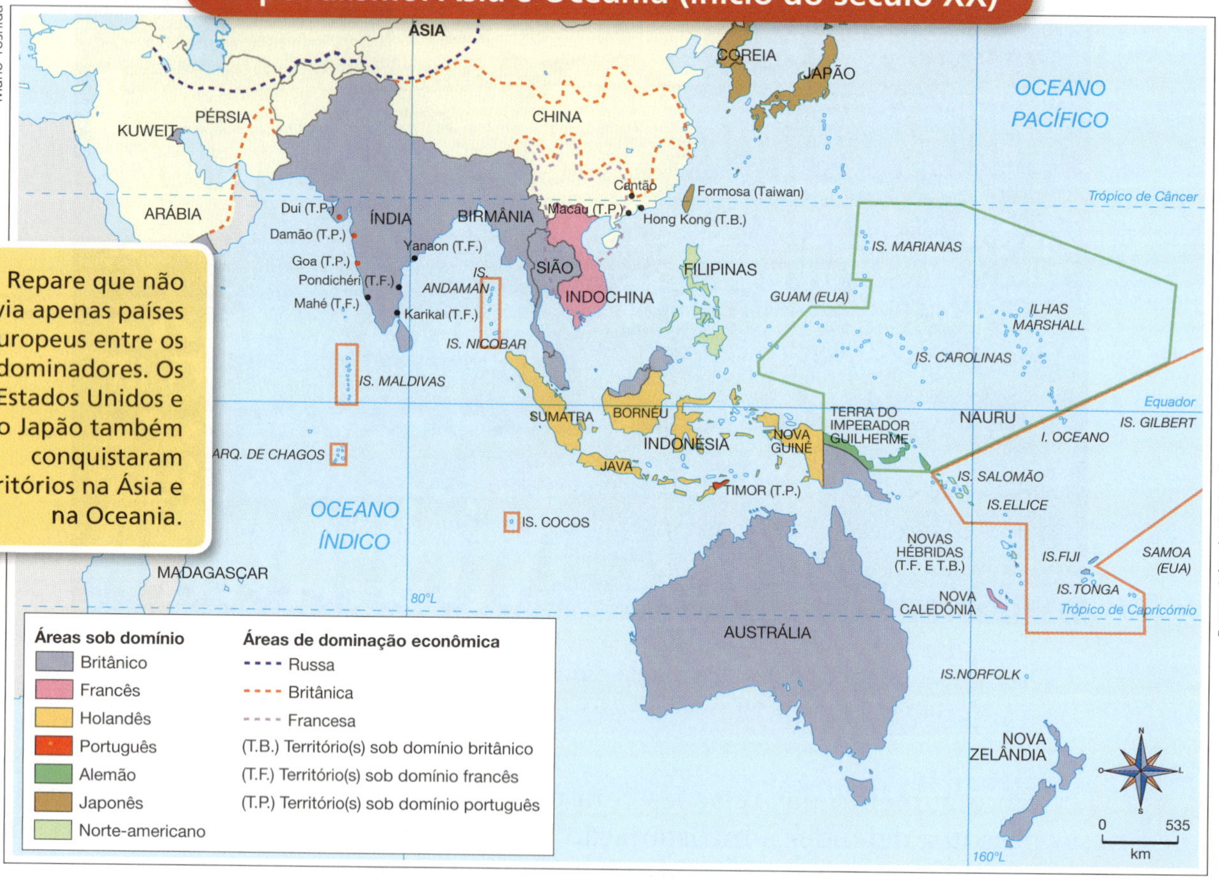

Mario Yoshida

Fonte: *Atlas da História do mundo*. São Paulo: Folha de S.Paulo/The Times, 1995. p. 256-7.

Repare que não havia apenas países europeus entre os dominadores. Os Estados Unidos e o Japão também conquistaram territórios na Ásia e na Oceania.

Fortalecidos, os japoneses também passaram a adotar uma política imperialista. Em 1894, por exemplo, o Japão entrou em guerra contra a China e, ao vencê-la, obrigou os chineses a pagar uma enorme indenização e a entregar a Ilha de Formosa (também conhecida como Taiwan).

ATIVIDADES

1 Monte uma ficha sobre os avanços tecnológicos ocorridos na Segunda Revolução Industrial. De um lado registre os inventos da Segunda Revolução Industrial; de outro, a aplicação desses inventos.

2 A caricatura é de Joseph Keppler e foi publicada em 1889. Observe-a com atenção.

1889. Coleção particular. Foto: Corbis/Latinstock

The bosses of the Senate

a) Quem serão esses homens gordos de cartola que aparecem em pé?

b) Reparou que na roupa de cada um deles está escrito a palavra *trust*? Qual o significado dessa palavra em português?

c) E os homens que estão sentados, quem são?

d) Você é capaz de traduzir o que está escrito na porta de entrada (canto superior direito)?

e) O que será que o artista quis dizer com essa charge?

3 Identifique a alternativa incorreta e corrija-a.

Ao se lançarem na corrida imperialista em direção à Ásia e à África, na segunda metade do século XIX, os europeus pretendiam conseguir:

a) oportunidades de investimentos para seus capitais;

b) mercados produtores de matérias-primas (carvão, ferro, cobre);

c) mercados consumidores de manufaturados;

d) ouro e mercúrio existentes nas terras da Oceania.

4 O texto a seguir refere-se à África no século XVIII. Leia-o com atenção.

Em termos sumários, destacaremos alguns reinos ou impérios do período. Na região da Guiné, [...] os reinos Futa e Tucolor; no Alto Volga, os reinos Uagadu e o Yatenga; na Costa do Ouro, os reinos Dagomba e o Ashanti; na Costa do Benin, os reinos Daomé e o Iorubá; na Bacia Zairense, os reinos Kuba, o Luba e o Lunda; no sul da África, temos o Zulu. [...]

[...] Encontramos nestes reinos centralização política, governadores de províncias, ministros, a noção de soberania (dima, no Yatenga), eleições, organização fiscal

e diplomática, etc., que nos permitem afirmar que estamos tratando com verdadeiras organizações políticas no sentido exato do termo.

Ana Mônica Lopes e Luiz Arnaut. *História da África: uma introdução.* Belo Horizonte: Crisálida, 2005. p. 60-1.

Com base no texto, pode-se dizer que os africanos eram "primitivos", como diziam os europeus que chegaram à África no século XIX? Justifique.

5 Eça de Queiroz, romancista português do século XIX, fez o seguinte comentário sobre a relação entre ingleses e africanos:

Em toda a parte onde [o Inglês] domine e impere, todo o esforço consiste em reduzir as civilizações estranhas ao tipo da sua civilização anglo-saxônica. O mal não é grande quando eles operam sobre a Zululândia e sobre a Cafraria, nessas vastidões da Terra Negra, onde o selvagem e a sua cubata mal se distinguem das ervas e das rochas, e são meros acessórios da paisagem: aí encontram apenas uma matéria bruta [...] quando eles a refundem para a fazer à sua imagem.

Luiz Arnaut e Ana Mônica Lopes. *História da África: uma introdução.* Belo Horizonte: Crisálida, 2005. p. 19.

a) Segundo o autor, como age o inglês diante de outras civilizações?

b) Como Eça de Queiroz vê os africanos nesse texto?

c) Em algum momento do texto, Eça de Queiroz vê diferenças entre os africanos? Explique.

6 Observe o mapa com atenção:

a) Qual é o assunto do mapa?

b) Qual potência europeia possuía maiores domínios na África da época?

c) Qual país europeu entre os listados na legenda do mapa possuía menor porção de terra na África?

d) Na África do início do século XX havia nações livres? Quais?

África em 1902

Maps World

Fonte: HERNANDEZ, Leila Leite. *A África na sala de aula: visita à África contemporânea.* São Paulo: Selo Negro, 2005. p. 68.

A IMAGEM COMO FONTE

A imagem é uma charge do artista Henri Meyer publicada em 1898 no periódico francês *Le Petit Journal*. Observe a cena com atenção.

Henri Meyer, 1898. Coleção particular. Foto: Stefano Bianchetti/Leemage/Otherimages

1 Quem são as personagens que aparecem sentados dividindo a pizza?

2 Por que o personagem que está cortando a pizza olha de forma tão hostil para a mulher à esquerda?

3 Como o território chinês está representado?

4 A mulher que está em pé foi representada de maneira mais simpática, menos ameaçadora e sem os traços grotescos usados para representar os outros países. O que explica isso?

5 E o homem que está com as mãos erguidas, quem será? Por que está tão aflito?

6 De que forma os orientais estão representados na cena?

O TEXTO COMO FONTE

O texto a seguir é de Marina de Mello e Souza, professora de História da África da Universidade de São Paulo (USP). Leia-o com atenção.

[...] Pela guerra, por meio de acordos diplomáticos, controlando os chefes locais ou substituindo-os por funcionários do seu governo, os países colonizadores dominaram quase todo o continente africano de cerca de 1890 a 1960. [...]

Biblioteca do Congresso, Washington

Foto de celebração de um acordo entre um europeu e uma autoridade africana no século XX.

Mesmo sendo consequência de um processo que não aconteceu de uma hora para outra, do ponto de vista africano a partilha do continente foi um brusco reagrupamento no qual cerca de 10 mil unidades sociais foram reduzidas a quarenta. [...]. Essas unidades sociais originais foram chamadas de "tribos" pelos colonizadores, que ignoraram os laços comerciais, políticos e culturais que as haviam unido até então. Muitas vezes reorganizados a partir das novas fronteiras coloniais que foram traçadas sem a participação dos que moravam nas terras divididas, os grupos sociais tiveram de construir novas identidades a partir da língua a da religião do colonizador. [...].

No período anterior – do tráfico de gente – as pessoas eram retiradas da África para trabalhar na América [...]. Agora as pessoas eram postas a trabalhar dentro da própria África [...]

Era enorme a espoliação que o continente africano sofria ao ter parte de sua força de trabalho drenada para a América, em troca da intensificação das guerras e do aumento do poder de alguns chefes. E continuou sendo enorme, senão maior, a espoliação imposta ao continente africano pela exploração de sua força de trabalho em benefício de empresários estrangeiros e uns poucos nativos, e pela extração de suas riquezas naturais. Ouro, diamantes, petróleo e muitos minérios são ainda hoje retirados em grande quantidade do solo de regiões da África, por companhias francesas, inglesas e norte-americanas principalmente.

Já os elefantes, que forneciam o cobiçado marfim com o qual as elites ocidentais do século XIX faziam bolas de bilhar, teclas de piano, cabos de faca e espada e uma variedade de objetos esculpidos, foram quase totalmente dizimados, sobrevivendo apenas em algumas reservas, nas quais animais e paisagens considerados exóticos atraem a atenção e alguns dólares de quem os pode gastar com turismo. [...].

Marina de Mello e Souza. *África e Brasil africano*. São Paulo: Ática, 2006. p. 159-61.

1 Segundo o texto, o que significou para os africanos a partilha do continente?

2 Por que os europeus do século XIX chamaram as unidades sociais africanas de "tribos"?

3 Qual a consequência para os africanos de os europeus traçarem fronteiras entre suas colônias africanas sem consultá-los?

4 O que se pode dizer sobre o impacto do imperialismo sobre a fauna africana?

LIVROS, *SITES* E FILMES

Livros

MESGRAVIS, Laima. *A colonização da África e da Ásia: a expansão do imperialismo europeu no século XIX*. São Paulo: Atual, 1994. (História geral em documentos).

LOPES, Ana Mônica; ARNAUT, Luiz. *História da África: uma introdução*. Belo Horizonte: Crisálida, 2005.

Sites

Imperialismo e neocolonialismo na Ásia – <www.suapesquisa.com/historia/imperialismo>.

Artigo trata das resistências ao neocolonialismo na Ásia, com destaque para a Guerra do Ópio (1839-1842).

Neocolonialismo e quadrinhos – <http://educacao.uol.com.br/historia/neocolonialismo-e-quadrinhos-o-fantasma-primeiro-heroi-mascarado-dos-quadrinhos.jhtm>.

Artigo sobre o Fantasma, personagem apresentado ao público em tiras de jornal da década de 1930. O texto pode ser útil para alargar a compreensão do etnocentrismo praticado pelos europeus do século XIX.

Filmes

O último imperador. Direção de Bernardo Bertolluci. Itália, 1987. (160 min.). O filme é ambientado na China durante a passagem do Império para a República e narra a curiosa história do jovem imperador Pu Yi.

O último samurai. Direção de Edward Zwick. EUA, 2003. (154 min.). Capitão condecorado da Guerra Civil americana é enviado ao Japão para treinar as tropas do imperador que darão combate aos samurais. Ao entrar em contato com aqueles guerreiros, e seu código de honra, no entanto, passa a admirá-los.

CAPÍTULO 2

A Primeira Guerra Mundial

James Leynse/Corbis/Latinstock

Monika Graff/The Image Works/TopFoto/Keystone

Nos dias atuais, há aqueles que são favoráveis à guerra e ao armamentismo, como os rapazes da imagem ao lado, e os que são contrários e lutam pelo desarmamento mundial, como a mulher da foto acima. Há um século esse debate já dividia e opunha a população europeia: os favoráveis à guerra eram chamados de **belicistas**, e os contrários, eram denominados **pacifistas**.

E você, o que pensa sobre o assunto? Você se considera um belicista ou um pacifista? Por quê? Você conhece algum governante atual que seja belicista? Seria capaz de citar o nome de um grande líder pacifista?

A corrida imperialista por territórios e mercados durante todo o século XIX gerou violentas rivalidades entre as potências europeias, pois cada país, como a Grã-Bretanha, a Alemanha e a França, buscava conservar ou ampliar seu império colonial. Essas rivalidades entre os países imperialistas são uma das principais razões da Primeira Grande Guerra (1914-1918), um conflito mundial disputado nos cinco continentes.

A Alemanha

Vimos no 8º ano que, após a unificação, em 1871, a Alemanha de Otto Von Bismarck progrediu a passos largos. Na política externa, Bismark adotava o sistema de alianças defensivas, que consistia em conseguir aliados fortes a fim de evitar o isolamento da Alemanha em caso de guerra. Em 1890, porém, o kaiser Guilherme II demitiu Bismark e adotou uma nova política externa: a "política de expansão à força".

Com essa política agressiva, o Império Alemão visava disputar com a Grã-Bretanha a liderança marítima e comercial e pressioná-la a lhe ceder uma "fatia" maior da África e da Ásia.

Em Le Petit Journal. 1898. Coleção Particular . Foto: Leonard de Selva/ Corbis/Latinstock

Caricatura francesa ridicularizando a política externa do kaiser Guilherme II. Veja que ele está representado como alguém soberbo, que se vê como o Sol do Universo.

A Grã-Bretanha

A Grã-Bretanha, por sua vez, não estava disposta a ceder; queria manter intacto seu imenso império colonial e sua liderança nos mares, fato que intensificou sua rivalidade com a Alemanha. Um jornal inglês do início daquela época chegou a afirmar: "A Inglaterra deve compreender o que é inevitável e constitui a sua mais grata esperança de prosperidade: a Alemanha deve ser destruída".

A França

A França era uma antiga rival da Alemanha e sonhava com uma revanche contra os alemães, a fim de recuperar a rica região da Alsácia-Lorena, perdida para eles após a Guerra Franco-Prussiana (1870-1871).

Tendo a Alemanha como inimigo comum, França e Grã-Bretanha firmaram uma aliança em 1904, a **Entente Cordiale**, que três anos depois recebeu a adesão da Rússia; nascia, então, a **Tríplice Entente** (1907).

A política de alianças

Com o objetivo de unir forças e isolar rivais, as nações europeias fizeram vários acordos e alianças entre si, de tal modo que, em 1907, a Europa estava dividida em dois blocos militares antagônicos: a **Tríplice Aliança** – formada por Alemanha, Itália e Império Austro-Húngaro – e a **Tríplice Entente** – formada por Inglaterra, França e Rússia.

Blocos rivais da Primeira Guerra

Fonte: DUBY, Georges. *Grand atlas historique*. Paris: Larousse, 1999.

Mario Yoshida

Observe que, no decorrer da guerra, a Itália mudou de lado e, em 1915, aliou-se à Tríplice Entente. Esperava com isso obter parte das colônias alemãs na África que a Inglaterra lhe havia prometido.

A Sérvia

A **Sérvia** era uma **nação eslava** independente que lutava para libertar os territórios habitados por eslavos na região dos Bálcãs, a fim de formar a "Grande Sérvia". Ocorre que uma parte dos eslavos estava sob o domínio do Império Austro-Húngaro e a outra, sob o controle do Império Turco. Para enfrentar austríacos e turcos, a Sérvia buscou a ajuda da Rússia que, na época, defendia o **pan-eslavismo** e também ambicionava expandir suas fronteiras.

Além das rivalidades imperialistas e a política de alianças, outro fator que contribuiu para a eclosão da guerra foi a emergência do Japão e dos Estados Unidos como potências regionais com pretensões expansionistas; some-se a tudo isso ainda a **corrida armamentista**, também conhecida como "paz armada".

Nação eslava: nação habitada por povos pertencentes ao grupo linguístico eslavo, como os servo-croatas, os russos, os poloneses, os tchecos, os eslovacos, os búlgaros e os ucranianos.

Pan-eslavismo: movimento contrário à penetração das ideias ocidentais e defensor da originalidade da história e dos valores culturais russos.

Corrida armamentista: processo pelo qual os países investem considerável parte de seus recursos na área militar, objetivando a preparação para a guerra e a intimidação das nações rivais.

A paz armada

Desde a vitória dos alemães contra os franceses, em 1871, até o início da guerra, em 1914, a Europa conheceu um período de paz. Mas de uma "paz armada". As potências europeias lançaram-se em uma corrida armamentista. A maioria das nações europeias adotou o serviço militar obrigatório e passou a fabricar armamento e munição em quantidades cada vez maiores. Os civis se dividiram: os pacifistas alertavam para o sofrimento que a guerra traria e os belicistas defendiam a ideia de que a guerra era inevitável.

Dialogando

Se você vivesse naquela época seria um pacifista ou um belicista? Por quê?

A gota d'água

Como as principais potências estavam unidas por compromissos de ajuda mútua (tratados de alianças) em caso de um conflito, um simples incidente poderia detonar uma guerra de graves proporções. O incidente aconteceu em 28 de junho de 1914: dois nacionalistas sérvios, cujo objetivo era libertar a região do domínio austríaco, assassinaram a tiros o herdeiro do trono austro-húngaro, Francisco Ferdinando.

A Áustria acusou o governo da Sérvia de ser o mandante do crime e, com base nisso, declarou guerra à Sérvia em 28 de julho de 1914. Era o início da Primeira Guerra Mundial. A partir daí, houve uma reação em cadeia – em apenas sete dias as principais potências tinham se engajado na guerra.

1914. Coleção particular. Foto: DEA/A. Dagli Orti/De Agostini/Getty Images

Ilustração de uma revista francesa mostrando o assassinato do arquiduque Francisco Ferdinando e sua esposa em Sarajevo, capital da Bósnia, em 1914.

As fases da guerra

Os anos da Primeira Guerra Mundial (1914-1918) podem ser divididos em três fases:

1ª) A guerra de movimento

A primeira fase durou de agosto a novembro de 1914 e foi marcada por um intenso movimento de tropas. Inicialmente, os alemães marcharam contra a Bélgica e, apesar da resistência belga, chegaram às vizinhanças de Paris, na França. Os franceses, porém, com a ajuda dos ingleses, conseguiram contra-atacar e deter o avanço alemão na **batalha do Marne**. Como nenhum dos lados conseguiu vitórias decisivas nessa batalha, a guerra na **frente ocidental** estacionou.

Frente ocidental: frente na qual os alemães combatiam os franceses, os ingleses e os belgas; já na frente oriental eles combatiam os russos.

2ª) A guerra de trincheiras

Com a estabilização das forças em luta, iniciou-se uma nova fase da guerra: a **guerra de trincheiras**. Nessa fase, os exércitos adversários buscavam firmar suas posições, visando vencer o adversário por meio do desgaste progressivo de suas tropas. Os exércitos da Inglaterra e da França, de um lado, e o da Alemanha, de outro lado, tomaram posições em trincheiras desde o Mar do Norte até a fronteira da Suíça.

Enquanto na frente oriental europeia a Alemanha vencia o exército russo, na Ásia, ela perdia para o Japão várias de suas colônias, entre elas Tsingtao, na China, e as Ilhas Marianas, Carolinas e Marshall, no oceano Pacífico.

Conforme o conflito foi se alastrando, novas armas, como a metralhadora, os gases venenosos, o lança-chamas, o tanque, o avião e o submarino, fizeram sua estreia no campo de batalha. Com o uso dessas armas, os combates corpo a corpo tornaram-se raros.

ilustrações: Getulio Delphim

Canhão francês.

Caça alemão.

Caça britânico.

Underwood & Underwood/Corbis/Latinstock

Tanque inglês avançando sobre uma trincheira, c. 1917.

Em 1915, a Itália rompe com a Alemanha e alia-se à Tríplice Entente. E, enquanto milhares de jovens morriam nas trincheiras, outros países entravam na guerra: Itália, Romênia e Grécia entraram ao lado da Grã-Bretanha; Bulgária e Império Turco-Otomano, ao lado da Alemanha. No início de 1917, a Alemanha decidiu adotar a guerra submarina, passando a bombardear qualquer navio encontrado em águas inimigas. O afundamento do navio norte-americano Lusitânia pelos alemães foi um dos motivos da entrada dos Estados Unidos na guerra, naquele mesmo ano.

Dialogando

Observe a imagem com atenção.

1 O que diz o texto do cartaz?

2 O que esta mulher jovem e bonita está representando?

Cartaz norte-americano de 1917, criado por Howard Chandler Christy.

Howard Chandler Christy. 1917. Biblioteca do Congresso, Washington. Foto: Swim Ink 2, LLC/Corbis/Latinstock

Seguindo os Estados Unidos, outros países americanos, inclusive o Brasil (que também teve um navio, o Paraná, afundado pelos alemães), engajaram-se no conflito ao lado da Tríplice Entente.

Para saber mais

A PARTICIPAÇÃO DO BRASIL NA GUERRA

O Brasil contribuiu com o esforço de guerra enviando para as frentes de batalha:

a) dois cruzadores, cinco contratorpedeiros, um navio auxiliar e um rebocador.

b) aviadores que combateram ao lado de pilotos britânicos e franceses.

c) oficiais que integraram o Exército francês na frente ocidental.

d) 86 médicos, sendo que 17 deles eram professores de Medicina.

No final de 1917, a Rússia, esgotada por derrotas consecutivas diante dos alemães, e liderada por um novo governo, assinou com a Alemanha um tratado de paz em separado. No início do ano seguinte, a Rússia saía da guerra.

3ª) Uma nova guerra de movimento

No início de 1918, depois de selar a paz com os russos, os alemães se deslocaram para a frente ocidental e lançaram uma forte ofensiva apoiada pela aviação e pela artilharia pesada. Recomeçava a "guerra de movimento". Mas os países da Entente conseguiram reagir e, valendo-se de aviões e tanques mais eficientes, venceram as forças alemãs na **segunda batalha do Marne**. O passo seguinte seria invadir o território alemão.

Nesse meio-tempo, no entanto, uma rebelião popular sacudiu a Alemanha, forçando o imperador Guilherme II a renunciar. Em novembro de 1918, o novo governo proclamou a República e assinou a rendição, que, finalmente, pôs fim à guerra.

O saldo trágico da Primeira Guerra

Ao final da guerra, a aviação militar, os canhões, os tanques e os gases venenosos tinham provado sua eficiência, deixando cerca de 9 milhões e duzentos mil mortos, 20 milhões de mutilados e dezenas de milhares de órfãos e refugiados.

Dialogando

O que está escrito neste cartaz francês? Note que logo abaixo da figura se vê o mesmo texto em inglês. Qual é a mensagem do cartaz?

Walter de Maris, c. 1918. Coleção particular. Foto: Corbis/Latinstock

Próximo do fim da guerra, o então presidente norte-americano Woodrow Wilson propôs um acordo de paz. Esse acordo conhecido como os "14 pontos" de Wilson defendia "uma paz sem vencedores" e o direito de cada povo escolher seu próprio destino. Mas ele não foi aprovado. O que acabou vigorando foi a paz imposta pelos vencedores por meio de vários tratados, entre os quais o **Tratado de Versalhes** (1919), que obrigava a Alemanha a:

a) devolver a região da Alsácia-Lorena para a França;
b) ceder aos vencedores todos seus direitos sobre as colônias ultramarinas;
c) entregar para a França a propriedade absoluta com direito total de exploração das minas de carvão situadas na bacia do Rio Sarre;
d) pagar a seus adversários uma indenização de guerra milionária: cerca de 33 bilhões de dólares!

Por esse tratado, ainda, a Alemanha foi proibida de ter aviação militar, canhões pesados e submarinos, teve de entregar aos vencedores parte de seus navios mercantes e seu exército só poderia ter no máximo 100 mil homens.

DIALOGANDO

O historiador Eric Hobsbawm afirmou que o término da Primeira Guerra significou o fim da Era dos Impérios.

A Europa antes da Primeira Guerra Mundial (1914)

Maps World/Fonte: DUBY, Georges. *Atlas historique mondial*. Paris: Larousse, 2001. p. 88

A Europa depois da Primeira Guerra Mundial (1919)

Maps World/Fonte: DUBY, Georges. *Atlas historique mondial*. Paris: Larousse, 2001. p. 90-1

1 Observando os mapas é possível compreender o que o historiador disse?

2 Que países surgiram com o desmembramento do Império Austro-Húngaro?

A Liga das Nações

Os Estados Unidos saíram da Primeira Guerra Mundial fortalecidos e como uma das grandes potências do globo. Em 28 de abril de 1919, por sugestão do presidente norte-americano Woodrow Wilson, foi criada a **Liga das Nações**. Com sede na cidade de Genebra, na Suíça, essa organização devia servir como árbitro nos conflitos internacionais e garantir a paz mundial. No entanto, por motivos diversos, os Estados Unidos, a Alemanha e a Rússia estiveram ausentes da Liga das Nações, que, com isso, se mostrou bastante enfraquecida. Quando, em 1931, por exemplo, o Japão invadiu a província chinesa da Manchúria, a Liga não conseguiu impedi-lo. ■

Atividades

1 Identifique a alternativa incorreta e corrija-a.

Entre as razões da Primeira Grande Guerra, podemos citar:

a) As rivalidades imperialistas (Grã-Bretanha X Alemanha; França X Alemanha,entre outros).

b) A política de alianças representada pela Tríplice Aliança e Tríplice Entente.

c) A paz armada: as potências europeias suspenderam a fabricação de armas e o serviço militar obrigatório.

d) O assassinato do herdeiro do trono da Áustria-Hungria, Francisco Ferdinando.

2 Leia o texto a seguir e responda ao que se pede.

Por toda parte, eram criadas novas armas: nos Estados Unidos, os irmãos Maxim inventaram a primeira metralhadora moderna e explosivos realmente eficientes para os torpedos submarinos; na França, surgiram os cartuchos metálicos [...] e a espingarda Lebel, de tiro rápido e pólvora sem fumaça; os alemães, por seu lado, criaram o extraordinário fuzil Mauser dotado de carregador... o avanço de armas cada vez mais letais era linear e ininterrupto. Claro que, paralelamente ao desenvolvimento destes instrumentos da Morte, cresciam os lucros, o tamanho e a influência dos então já poderosos monopólios industrial-militares: os Krupp, Armstrong, Schneider, Ansaldo e Skoda.

Luiz César Rodrigues. *A primeira Guerra mundial: a grande guerra, a paz dos vencedores, os legados da guerra.* São Paulo: Atual, 1985. p. 32. (Discutindo a história).

a) Qual o assunto principal do texto?

b) Que relação o texto estabelece entre tecnologia de guerra e economia?

3 Monte uma ficha com as fases da Primeira Grande Guerra com quatro colunas. Considere: as fases; a duração de cada fase; o nome dado a elas e as suas características.

4 Leia com atenção as fontes 1 e a 2 e responda ao que se pede.

Fonte 1

A VIDA NAS TRINCHEIRAS

A vida nas trincheiras era horrível. Quando chovia, o que é comum na região, os túneis inundavam. E os soldados tinham de lutar, comer e dormir por semanas com os uniformes encharcados. Havia lama por todos os lados, às vezes atingindo até o peito dos homens. Eles não podiam manter-se aquecidos, e as doenças se espalhavam, matando milhares de pessoas diariamente. Para completar, os vivos sofriam com os piolhos, enquanto os ratos se alimentavam dos cadáveres.

Ken Hills. *A Primeira Guerra Mundial*. 9. ed. São Paulo: Ática, 1999. p. 7. (Guerras que mudaram o mundo).

Fonte 2

1916. Coleção particular. Foto: The Stapleton Collection/The Bridgeman Art Library/Glow Images

Aspectos da vida nas trincheiras durante a Primeira Guerra Mundial.

Fonte 3

c. 1917. Coleção particular. Foto: Underwood & Underwood/Corbis/Latinstock

a) O que se pode concluir com base na fonte 1? Use suas palavras.

b) O que se vê nas fontes 2 e 3?

c) As fontes 2 e 3 confirmam ou negam a fonte 1? Justifique.

5 Leia com atenção as fontes 1 e 2 e responda ao que se pede.

Fonte 1

MULHERES NA GUERRA

A Guerra mudou a situação das mulheres principalmente na Europa. Com os homens na frente de Batalha, elas assumiam seu lugar nas fábricas [...] e terminavam por exigir direitos e salários iguais. Na Grã Bretanha, as mulheres que trabalhavam em fábricas de munições eram conhecidas como canários, por conta do tom amarelado que sua pele adquiria em contato com os explosivos. [...]

As mulheres chegaram a participar diretamente da guerra. Na Rússia, o czar criou um batalhão feminino comandado por Maria Bochkavera que obteve sucesso contra os austríacos.

Jaime Brener. *A Primeira Guerra Mundial. Retrospectiva do século XX*. São Paulo: Ática. 2000. p.34.

Fonte 2

Kenneth John. Séc. XX. Guache sobre papel. Coleção particular. Foto: Look and Learn/ The Bridgeman Art Library/Glow Images

a) O que se pode concluir sobre a participação das mulheres na Primeira Guerra com base na fonte 1?

b) A fonte 2 confirma ou nega a fonte 1?

c) Segundo as fontes 1 e 2 podemos dizer que houve mudança no papel da mulher a partir da Primeira Guerra? Justifique.

6 **As cláusulas a seguir fazem parte do Tratado de Versalhes, assinado em 28 de junho de 1919, após o fim da Primeira Guerra. Leia-o com atenção e responda ao que se pede.**

Artigo 45 – A Alemanha cede à França a propriedade absoluta [...] com direito total de exploração das minas de carvão situadas na bacia do rio Sarre. [...]

Artigo 56 – [A Alemanha devolve a Alsácia-Lorena à França]. Os bens e propriedades dos Estados alemães na região também deviam ser transferidos para a França, sem que nenhuma indenização fosse paga aos alemães. [...]

Artigo 119 – [...] A Alemanha renuncia, em favor das potências aliadas, a todos os seus direitos sobre as colônias ultramarinas.

Maria de Lourdes Janotti. *A Primeira Grande Guerra*. São Paulo: Atual, 1992. p. 62-3.

a) O que se pode concluir lendo essas cláusulas?

b) Resuma com suas palavras o conteúdo dessas cláusulas.

c) Em dupla Reflita, debata e opine sobre o Tratado de Versalhes.

7 Discutindo o presente **Nas últimas décadas ocorreram conflitos armados em várias partes do globo. Em grupo: elaborem em *PowerPoint* ou em um cartaz um conjunto de propostas para assegurar a paz no mundo. Postem o trabalho no *blog* da turma.**

A IMAGEM COMO FONTE

Os dois cartazes foram confeccionados durante a Primeira Guerra Mundial por países que lutaram em lados opostos. Observe-os com atenção:

1918. Coleção particular. Foto: Universal History Archive/Getty Images

James Montgomery Flagg. 1918. Coleção particular. Foto: David Pollack/Corbis/Latinstock

1 Que países confeccionaram esses cartazes?

2 O texto do cartaz alemão diz: *Os bônus de guerra ajudam os guardiões da sua felicidade.* Quem seriam os "guardiões"?

3 O que está escrito no alto do cartaz norte-americano?

4 Observe a imagem do cartaz à direita, tente traduzir o que está escrito no rodapé e responda: qual é a intenção do cartaz?

5 Compare os cartazes identificando uma semelhança e uma diferença entre eles?

O TEXTO COMO FONTE

O texto a seguir foi escrito por pesquisadores de uma importante instituição brasileira de pesquisa, a **Fiocruz**. Leia-o e responda ao que se pede.

> **Fiocruz:** Criada em 1900, a Fiocruz é uma instituição vinculada ao Ministério da Saúde que se dedica ao desenvolvimento de pesquisas, à prestação de serviços hospitalares, à fabricação de vacinas e medicamentos, ao ensino e formação de pesquisadores e à comunicação em saúde, ciência e tecnologia

Abrigados em trincheiras, os soldados enfrentavam, além de um inimigo sem rosto, chuvas, lama, piolhos e ratos. Eram vitimados por doenças [...] quando não caíam mortos por tiros e gases venenosos.

Parece bem ruim, não é mesmo? Era. Mas a situação naquela Europa transformada em campo de batalha da Primeira [...] Guerra Mundial pioraria ainda mais em 1918. Tropas inteiras griparam-se, mas as dores de cabeça, a febre e a falta de ar eram muito graves e, em poucos dias, o doente morria incapaz de respirar e com o pulmões cheios de líquido.[...]

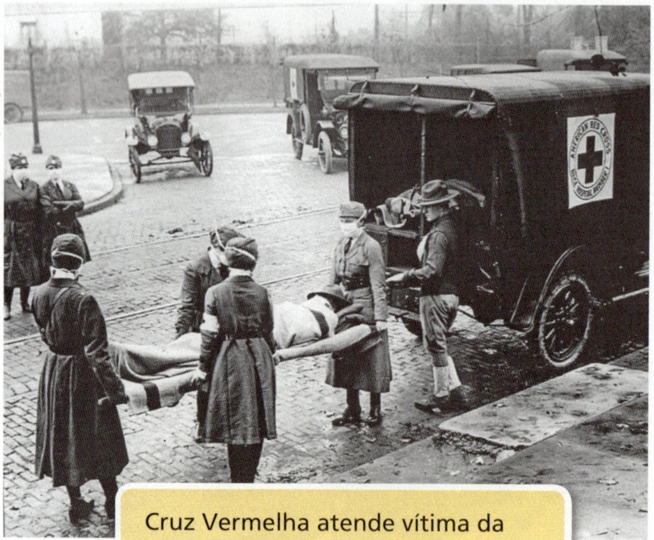

1918. Coleção particular. Foto: Album/Akg-Images/Latinstock

Cruz Vermelha atende vítima da gripe espanhola, EUA, 1918.

A gripe espanhola – como ficou conhecida devido ao grande número de mortos na Espanha – apareceu em duas ondas diferentes durante 1918. [...]

Enquanto a primeira onda de gripe atingiu especialmente os Estados Unidos e a Europa, a segunda devastou o mundo inteiro: também caíram doentes as populações da Índia, Sudeste Asiático, Japão, China e Américas Central e do Sul.

O MAL CHEGA AO BRASIL

No Brasil, a epidemia chegou ao final de setembro de 1918[...]

As autoridades brasileiras ouviram com descaso as notícias vindas de Portugal sobre os sofrimentos provocados pela pandemia de gripe na Europa. Acreditava-se que o oceano impediria a chegada do mal ao país. Mas, com tropas em trânsito por conta da guerra, essa aposta se revelou rapidamente um engano.

Tinha-se medo de sair à rua. Em São Paulo, especialmente, quem tinha condições deixou a cidade, refugiando-se no interior, onde a gripe não tinha aparecido. [...]

[...] Pense nos jogos de futebol. Mas, ao invés de estádios cheios, imagine os jogadores exibindo suas habilidades em campo para arquibancadas vazias. Pois, durante a pandemia de 1918, as cidades ficaram exatamente assim: bancos, repartições públicas, teatros, bares e tantos outros estabelecimentos fecharam as portas ou por falta de funcionários ou por falta de clientes.

[...]

Estima-se que entre outubro e dezembro de 1918, período oficialmente reconhecido como pandêmico, 65% da população adoeceu. Só no Rio de Janeiro, foram registradas 14.348 mortes. Em São Paulo, outras 2.000 pessoas morreram.

[...]

As estimativas do número de mortos em todo o mundo durante a pandemia de gripe em 1918-1919 variam entre 20 e 40 milhões. Para você ter uma ideia nem os combates da Primeira Grande Guerra Mundial mataram tanto. Cerca de 9 milhões e 200 mil pessoas morreram nos campos de batalha da Primeira Grande Guerra (1914-1918).

Extraído do *site*: <www.invivo.fiocruz.br/cgi/cgilua.exe/sys/start.htm?infoid=815&sid=7>. Acesso em: 18 fev. 2012.

1 Identifique os sintomas da gripe espanhola.

2 De que forma as autoridades brasileiras reagiram às notícias de que a gripe assolara a Europa? Por quê?

3 A gripe atingiu igualmente todas as pessoas? Exemplifique.

4 O texto permite concluir que a gripe espanhola afetou a economia brasileira?

5 Elabore uma tabela comparando o número de mortes na Primeira Guerra Mundial ao número de mortos em razão da gripe espanhola.

6 O que se pode concluir com base na tabela do item anterior (Leve em conta o número de pessoas e o tempo)?

Livros, *sites* e filmes

Livros

RODRIGUES, Luiz Cesar B. *A Primeira Guerra Mundial*. São Paulo: Atual, 1985

JANOTTI, Maria de Lourdes. *A Primeira Grande Guerra*. São Paulo: Atual, 1992. (História geral em documentos).

BRENER, Jayme. *A Primeira Guerra Mundial*. São Paulo: Ática, 2000.

BRESCIANI, Maria Stella M. *Londres e Paris no século XIX: o espetáculo da pobreza*. São Paulo: Brasiliense, 1996.

DINIZ, André. *A Primeira Guerra Mundial*. São Paulo: Escala Educacional, 2008. (História Mundial em Quadrinhos).

Sites

Mapas da Primeira Guerra Mundial – <www.historianet.com.br/conteudo/default.aspx?codigo=284>. *Site* contendo uma coletânea de mapas e textos relativos à Primeira Guerra Mundial.

A eclosão da Guerra – <http://educaterra.terra.com.br/voltaire/mundo/primeira_guerra.htm>. *Site* sobre as razões e os primeiros movimentos da Primeira Guerra Mundial.

Primeira Guerra Mundial – <www.consulteme.com.br/historia/1guerra1.htm>. *Site* reúne conteúdo sobre o cenário político e econômico europeu antes do início da Primeira Guerra.

Filmes

Flyboys: nascidos para voar. Direção de Tony Bill. EUA, 2006. (140 min.) Filme que aborda a participação dos EUA na Primeira Guerra, principalmente o ingresso de jovens americanos nas primeiras forças aéreas da guerra. A trama discute como a guerra pode ser empolgante para jovens inocentes e como uma sociedade pode ser levada a batalhas sangrentas por um espírito de aventura coletivo.

O Barão Vermelho. Direção de Nikolai Müllerschön. Alemanha/Reino Unido, 2008. (106 min.) Filme biográfico sobre o famoso piloto alemão Manfred von Richthofen, conhecido como o Barão Vermelho, que durante a Primeira Guerra Mundial se tornou o principal piloto alemão. O filme narra, de forma heroica, os feitos de Manfred, tanto na vida profissional como na familiar.

CAPÍTULO 3

A Revolução Russa

Imagem do filme *O encouraçado Potemkin* de Sergei Eisenstein, sobre a Revolta dos Marinheiros na Rússia, em 1905.

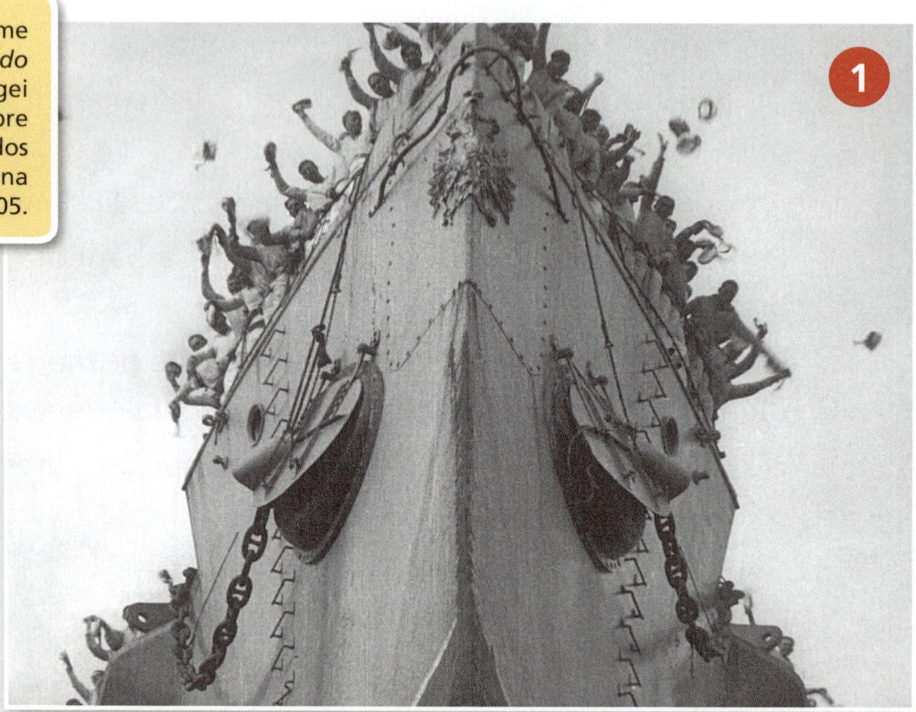

Filme de Sergei M. Eisenstein. *Encouraçado Potemkin*. 1925. União Soviética. Foto: Everett Collection/Keystone

A imagem 1 é de uma revolta ocorrida na Rússia em 1905; e, a 2, é de uma revolta ocorrida no Brasil em 1910. Você já ouviu falar de alguma delas? Quem são os personagens principais nessas imagens? O que será que eles pretendiam? Quais as semelhanças entre essas fotos? E as diferenças?

Em A Illustração Brazileira. 1910. Arquivo do Estado de São Paulo, SP

Imagem da Revolta dos Marinheiros do encouraçado Minas Gerais em 1910. Em *A Ilustração Brazileira*. 1/5/1910.

A Rússia czarista

No final do século XIX, o Império russo era o maior país do mundo (22 milhões de km²) e abrigava uma população de cerca de 160 milhões de habitantes, a maioria dos quais vivendo no campo.

Czar: soberano tido como eleito por Deus e que, além disso, tinha o título de *autokrator*, isto é "chefe do exército". A palavra *czar* vem do latim *caesar*.

O regime político era a monarquia absolutista e todo poder se concentrava nas mãos do *czar*. Ele nomeava e demitia ministros conforme sua vontade, censurava jornais e revistas e decidia pela nação, tanto na política interna quanto na externa. De 1613 a 1917, o Império Russo foi governado pelos czares da dinastia Romanov. O czar e sua família, a nobreza (os boiardos) e o clero ortodoxo possuíam enormes privilégios e eram donos da maior parte das terras russas. Contam que, no censo de 1897, um funcionário perguntou a Nicolau II qual era sua profissão, e ele respondeu: "dono da terra russa".

Já os camponeses (os mujiques) compunham cerca de 80% da população e viviam, em sua maioria, como servos, devendo a seus senhores uma série de pesadas obrigações. Analfabetos em sua imensa maioria, eram eles também os mais atingidos pelas doenças e pelas crises de fome que assolavam o país com frequência. Os camponeses reagiram à servidão promovendo revoltas. Entre os séculos XVII e XIX ocorreram várias rebeliões camponesas na Rússia; a maior delas foi a **Rebelião Pugatchev** (1773-1775), que contou com a participação de milhares de camponeses e só foi derrotada pelo exército czarista depois de muita luta.

Escola russa. Séc. XX. Óleo sobre painel. Tretyakov Gallery, Moscou. Foto: The Bridgeman Art Library/Glow Images

Ícone mostrando a família do último imperador russo, o czar Nikolau II (1895-1917) (óleo sobre painel). Note que o czar Nicolau II e sua família são representados como figuras sagradas, que lembram na expressão e nos gestos Jesus, a Virgem Maria e os santos. Apresentando-se como eleito por Deus, o imperador ajudava a legitimar seu poder.

Nikolay P. Bogdanov-Belsky. Séc. XIX. Óleo sobre tela. Museu Estatal Russo, São Petesburgo. Foto: TopFoto/Keystone

Tela do pintor russo N. P. Bogdanov-Belsky, 1897. O artista mostra em sua pintura realista um menino camponês no limiar da porta da sala de aula. Ele sugere, assim, que o menino está privado da possibilidade de frequentar a escola; ao fundo vemos alunos estudando.

As rebeliões camponesas desgastaram a servidão, mas esta só foi abolida em 1861. Ao se abolir a servidão, no entanto, exigiu-se que os ex-servos pagassem ao governo czarista uma indenização por 49 anos! Essa indenização consistia em uma prestação mensal em gêneros agrícolas. Além disso, a maioria dos camponeses continuou sem acesso à terra e superexplorados pelos grandes proprietários. Para escapar dessa situação de extrema pobreza, dezenas de milhares de mujiques migraram para as cidades em busca de uma vida melhor.

Entre 1863 e 1914, a população que vivia nas cidades do Império Russo mais que triplicou: passou de 6 milhões para 18,3 milhões. Nas cidades, esses trabalhadores buscavam emprego nas indústrias nascentes.

A modernização da Rússia

Na segunda metade do século XIX, o Império Russo estava se industrializando graças aos investimentos de capitais estrangeiros (alemães, franceses e belgas) e à mão de obra farta e barata, vinda do campo. A industrialização era impulsionada também pela exploração do petróleo, da produção de aço, e pela construção de ferrovias, entre as quais a **Transiberiana**. No governo do czar Nicolau II (1894-1917), o capitalismo russo continuou se desenvolvendo e surgiram centros industriais em cidades como São Petersburgo, Moscou e Kiev.

Transiberiana: ferrovia que atravessava grande parte do território russo, de Moscou a Manchúria, e era uma das maiores do mundo.

A.I. Vilborg/Corbis/Latinstock

Homens e meninos trabalham em uma carpintaria, em Seliverstov, na Rússia, em 1900. Na Rússia, assim como no restante da Europa, era comum o emprego de crianças nas oficinas e fábricas, durante o final do século XIX e início do XX.

Mas essa industrialização crescente estava longe de beneficiar igualmente a todos. Nas fábricas, os salários eram muito baixos, os riscos de acidentes eram altos e a jornada de trabalho chegava a 14 horas por dia. Reagindo a isso, o operariado russo promovia greves e passeatas; essas manifestações, no entanto, eram reprimidas sempre com muita violência pela polícia czarista, a *Okhrana*. Esse contexto opressivo facilitou a entrada de ideias socialistas e anarquistas nos meios operários e intelectuais da Rússia.

O Partido Operário Social-Democrata Russo

Influenciados por ideias marxistas, intelectuais operários russos organizaram vários agrupamentos políticos, que se juntaram em 1898 para formar o **Partido Operário Social--Democrata Russo** (POSDR). Esse partido foi duramente perseguido, sendo logo desmantelado pela polícia do czar, que prendeu vários de seus membros; seus principais líderes, porém, Vladimir Ulianov (conhecido como **Lenin**) e Lev Bronstein (conhecido como **Trotsky**), deixaram a Rússia e voltaram a se organizar no exterior. Havia, no entanto, divergências internas no Partido Operário que o levaram a se dividir em dois grupos: os bolcheviques ("maioria", em russo) e os mencheviques ("minoria", em russo).

Marxistas: pessoas ou grupos que seguem as ideias de Karl Marx.

	Bolchevique	Menchevique
Principal líder	Lenin	Martov
Objetivo	Conquistar o poder por meio da revolução socialista.	Conseguir o poder aliando-se à burguesia e obtendo a maioria no Parlamento.
Estratégia	Confiar a luta revolucionária a um partido disciplinado que unisse soldados, operários e camponeses.	Promover uma revolução burguesa contra o czarismo, e, depois, chegar ao socialismo pela via eleitoral.

A rebelião popular de 1905 e o ingresso da Rússia na Primeira Guerra Mundial

Em 1904, a Rússia e o Japão travaram uma guerra imperialista pelo controle da Manchúria. A Rússia saiu da guerra derrotada e, com isso, perdeu territórios e prestígio. Internamente, a guerra elevou a tensão social e a crítica ao czarismo. Em um domingo de 1905, operários em greve e suas famílias caminharam desarmados pelas ruas de São Petersburgo cobertas de neve em direção ao Palácio de Inverno, sede do governo czarista, com o abaixo-assinado a seguir. Leia-o com atenção.

Manchúria: região situada no nordeste da China.

PARA REFLETIR

Majestade. Nós, trabalhadores e habitantes de São Petersburgo, nossas mulheres, nossos filhos e nossos parentes velhos e desamparados, vimos à vossa presença, majestade, buscar verdade, justiça e proteção. Fomos transformados em pedintes, somos oprimidos, estamos à beira da morte. [...] Paramos o trabalho e dissemos aos nossos patrões que não recomeçaremos enquanto não aceitarem nossas reivindicações. Não pedimos muito: a redução da jornada de trabalho para oito horas, o estabelecimento de um salário mínimo de um rublo por dia e a abolição do trabalho extraordinário.

Os oficiais levaram o país à ruína completa e o envolveram numa guerra vergonhosa. Nós, os trabalhadores, não temos como nos fazer ouvir sobre a maneira como são gastas as enormes somas que nos são retiradas em impostos. [...]

Estas coisas, majestade, trouxeram-nos diante de vosso palácio. Estamos procurando a nossa última salvação. Não recusai ajuda a vosso povo. Destruí o muro que se levanta entre vós e vosso povo. [...]

Eduardo Valladares e Márcia Berbel. *Revoluções do século XX*. São Paulo: Scipione, 1994. p. 24.

1905. Coleção particular. Foto: Bettmann/Corbis/Latinstock

Ilustração do episódio conhecido como Domingo Sangrento, em 1905. Tal como se vê na imagem, os manifestantes de fato levavam nas mãos ícones de Jesus e do imperador Nicolau II.

1 Como os trabalhadores descrevem a si próprios no texto?

2 O que eles exigem para voltar ao trabalho?

3 A que "guerra vergonhosa" o texto se refere? Levante uma hipótese: como essa guerra pode ter afetado o povo russo?

4 Lendo esta petição pode-se afirmar que o povo confiava no czar?

O documento não chegou a ser entregue ao czar, pois ele mandou que seus soldados atirassem contra a multidão à queima-roupa. Mais de mil manifestantes foram mortos e perto de 5 mil saíram feridos. O fato ficou conhecido como **Domingo Sangrento**.

Os populares reagiram ao Domingo Sangrento, promovendo uma série de greves e revoltas. A mais famosa delas foi a revolta dos marinheiros do encouraçado Potemkin contra os castigos corporais e a fome a que eram submetidos na marinha czarista.

Filme de Sergei M. Eisenstein – *Encouraçado Potemkin*. 1925. União Soviética. Foto: Everett Collection/Keystone

Cena do filme *O encouraçado Potemkin*. A revolta do encouraçado Potemkin ganhou uma versão cinematográfica dirigida pelo cineasta Sergei Eisenstein, em 1925. Por sua linguagem inovadora, o filme é considerado uma obra-prima do cinema moderno.

A onda de rebeldia foi duramente reprimida; diante disso, os populares reagiram organizando os primeiros **sovietes**.

Em 1914, decidida a controlar o acesso do Mar Negro ao mar Mediterrâneo, a Rússia czarista entrou na Primeira Guerra Mundial. O Império Russo mobilizou contra os alemães cerca de 13 milhões de soldados, mas esse exército numeroso carecia de fuzis, botas, cobertores e, sobretudo, treinamento adequado. O resultado foi trágico: em pouco tempo milhões de soldados foram mortos. A população civil também foi fortemente atingida pelo desemprego, pela inflação e pela fome.

Sovietes: Conselhos de deputados eleitos por operários, camponeses e soldados.

Calendário juliano: a Rússia adotava o calendário juliano, surgido com a reforma introduzida pelo imperador Júlio César em 45 a.C., que tem uma diferença de 13 dias em relação ao calendário gregoriano, adotado pelo Ocidente com a reforma introduzida pelo papa Gregório XIII (1502-1585). O dia 23 de fevereiro na Rússia correspondia ao dia 8 de março, no Ocidente, instituído como Dia Internacional da Mulher desde 1910.

O processo revolucionário

O povo culpava o czar Nicolau II pelas derrotas da Rússia na Primeira Grande Guerra e saqueava armazéns e lojas em busca de comida e roupa. Uma onda de protestos se alastrou pelo país. Em 23 de fevereiro de 1917 (**calendário juliano**), tecelãs e operários de São Petersburgo marcharam em direção ao prédio do governo; no caminho conseguiram inclusive o apoio de soldados do exército czarista, que entregavam suas armas e se juntavam aos rebeldes. Unido, o povo invadiu o Palácio de Inverno e pôs fim ao czarismo na Rússia.

Dialogando

As mulheres tiveram importante papel na revolução russa; por que será que os livros geralmente não narram isso?

O governo provisório

O governo provisório, liderado por políticos moderados como o advogado Alexander Kerenski, procurou diminuir a insatisfação popular libertando os presos políticos, permitindo a volta dos exilados e concedendo liberdade de imprensa e associação. Mas contrariou os anseios do povo em um ponto importante: declarou que a Rússia continuaria na guerra.

O líder bolchevique, Vladimir Lenin, que se encontrava exilado, retornou à Rússia em abril de 1917, e passou a defender a derrubada do governo provisório, a retirada da Rússia da guerra e a repartição de terras entre os camponeses. Os lemas defendidos por Lenin eram: "Todo poder aos sovietes" e "Paz, terra e pão". Com o agravamento da situação social, provocado pela permanência da Rússia na guerra, as ideias de Lenin foram ganhando cada vez mais força entre a população.

No dia 24 de outubro de 1917, tinha início a Revolução: os bolcheviques, liderados por Lenin e Trotsky – comandante da **Guarda Vermelha** –, ocuparam os prédios públicos da cidade de São Petersburgo, inclusive o Palácio de Inverno, e assumiram o poder. O governo da Rússia passou às mãos dos bolcheviques, sob a liderança de Lenin, no cargo de presidente do Conselho de Comissários do Povo.

Guarda Vermelha: força militar composta de trabalhadores e soldados.

Image Asset Management/World History. Archive/Glow Images

O líder bolchevique Vladimir Lenin discursando para a multidão.

Karl Weatherly/Corbis/Latinstock

Vista panorâmica do Palácio de Inverno. Residência oficial dos czares russos até o início do século XX, é hoje um dos prédios do Museu Hermitage. Em detalhe, bandeira comunista que foi hasteada pela primeira vez nesse palácio com a vitória da Revolução de 1917.

Danichev Alexey/Ria Novosti/TopFoto/Keystone

O governo de Lenin e a guerra civil

O governo bolchevique liderado por Lenin adotou várias medidas de grande repercussão social:

- propôs a paz aos alemães: em 3 de março de 1918, a Rússia saía da guerra, assinando com a Alemanha o Tratado de Brest-Litovsk;
- confiscou as terras da família real, dos nobres e da Igreja ortodoxa e distribuiu--as entre os camponeses;
- estatizou a economia: indústrias, bancos e estradas de ferro passaram a ser dirigidos pelo governo russo;
- estabeleceu a igualdade de direitos entre homens e mulheres.

A guerra civil

Essas medidas bolcheviques provocaram a reação dos chamados russos brancos (monarquistas, mencheviques e liberais). Teve início, então, uma guerra civil que se estendeu por três anos (1918-1921). De um lado, estava o Exército Branco ajudado por potências capitalistas (Inglaterra, Estados Unidos e Japão), que temiam a expansão do comunismo; de outro, o Exército Vermelho, comandado por Leon Trotsky, defensor da Revolução.

1920. Coleção particular. Foto: Fine Arts Image/Easypix

Cartaz de propaganda do Exército Vermelho feito em 1920; o cartaz diz "Viva o Exército Vermelho de três milhões!". Na guerra civil (1918-1921), o Exército Vermelho, organizado por Trotsky, lutou contra o Exército Branco, apoiado pelas potências capitalistas.

Durante essa guerra civil, o governo bolchevique radicalizou suas posições:

a) adotou o **comunismo de guerra**, ou seja, manteve um rígido controle sobre a produção industrial e agrícola e o comércio;

b) criou tribunais que condenavam sem julgamento todos aqueles que eram considerados inimigos da Revolução; na ocasião, o czar e sua família foram condenados e mortos.

A guerra civil terminou com a vitória dos bolcheviques, reunidos agora no Partido Comunista. Ao fim do conflito, porém, a economia encontrava-se totalmente arrasada, e o povo russo, esgotado e empobrecido.

A NEP: Nova Política Econômica

Para enfrentar essa situação de penúria, o governo bolchevique, liderado por Lenin, procurou ativar a economia, adotando medidas capitalistas ao lado das socialistas. Essa "Nova Política Econômica" – conhecida como NEP:

- permitiu aos camponeses vender o excedente de suas colheitas no mercado interno;
- incentivou a formação de pequenas e médias indústrias;
- permitiu que os capitais estrangeiros entrassem no país sob a forma de empréstimos e investimentos.

Topical Press Agency/Getty Images

Funeral das vítimas da fome na Rússia, em 1921.

A indústria de base (aço, ferro, máquinas, entre outras), o comércio exterior, o sistema bancário, os transportes e as comunicações continuaram sob o domínio do Estado comunista.

Essa flexibilidade na economia, porém, não correspondeu a uma abertura na política. Ao contrário: implantou-se uma ditadura do Partido Comunista. As autoridades do Partido tomavam decisões sem consultar a sociedade, a liberdade de imprensa foi suprimida, e os sindicatos e os *sovietes* perderam sua autonomia, sendo obrigados a obedecer às ordens do Partido. Em dezembro de 1922, um grande congresso reunindo os diferentes povos que habitavam o território russo fundou a **União das Repúblicas Socialistas Soviéticas** (URSS). Formou-se um governo composto de representantes das várias repúblicas, sendo a Rússia a principal delas.

DIALOGANDO

Observe o mapa a seguir.

União das Repúblicas Socialistas Soviéticas

Mario Yoshida

Fonte: DUBY, Georges. *Atlas historique mondial*. Paris: Larousse, 2001. p. 262.

1 Cite os mares e oceanos que banhavam a URSS.

2 Indique cinco países com os quais fazia fronteira.

Mesmo com a oposição sob controle, o autoritarismo do Partido Comunista, o único permitido na União Soviética, se agigantou. É como se tivesse ocorrido uma fusão entre o Partido e o Estado. O poder do Estado, com milhões de funcionários – muitos dos quais nomeados – acentuou-se mais ainda, em 1922, com a ascensão de Josef Stalin ao cargo de secretário-geral do Partido, o mais alto posto na hierarquia do poder na União Soviética.

Secretário-Geral do Partido Comunista, Stalin aproveitou-se do cargo para eliminar seus opositores e nomear para os postos mais importantes homens de sua confiança. Além disso, usou a máquina do Estado para promover o culto à sua personalidade, passando a ser chamado por comunistas do mundo inteiro de "grande irmão"; "pai do povo" etc.

Bettmann/Corbis/Latinstock

Josef Stalin em foto de 1945.

A disputa entre Stalin e Trotsky

Com a morte de Lenin em 1924, acirraram-se as disputas pelo poder, particularmente entre Stalin, secretário-geral do Partido Comunista desde abril de 1922, e Trotsky, Comissário de Defesa.

Trotsky destacou-se como comandante do Exército Vermelho. Depois da vitória na guerra contra os russos brancos, passou a ser visto como um símbolo da resistência russa e o mais provável sucessor de Lenin. Segundo Trotsky, a única forma de impedir que as potências capitalistas destruíssem a União Soviética era estender a revolução socialista a outros países, ou seja, internacionalizar a revolução. O ideal trotskista era, portanto, o de uma **revolução permanente**.

c. 1950. Coleção particular. Foto: Fototeca/Leemage/Otherimages

Enquanto na vida real Stalin liquidava seus adversários brutalmente, nos cartazes da propaganda oficial ele aparecia dialogando com as crianças.

Já Stalin pensava de outra maneira. Seu lema era: "**O socialismo num único país**". Ou seja, julgava que, primeiramente, era necessário consolidar o socialismo na União Soviética para depois ajudar a fazer a revolução socialista em outros países. Por meio de manobras políticas Stalin expulsou Trotsky do Partido em 1927 e, pouco depois, do país. Posteriormente, Stalin mandou matar Trotsky, que, na ocasião, estava exilado no México.

A ditadura stalinista

Vitorioso na disputa contra Trotsky, Stalin estabeleceu uma ditadura pessoal na União Soviética de 1929 até sua morte, em 1953. A sangrenta ditadura imposta por ele, conhecida como **stalinismo**, teve as seguintes características:

- **sistema de partido único**: não se admitia nenhum tipo de oposição, e uma simples suspeita era suficiente para que o cidadão fosse mandado para os campos de trabalhos forçados na Sibéria;
- **opressão às nacionalidades**: o governo stalinista obrigou os povos não russos, como, por exemplo, os ucranianos, a falarem o russo e a viverem de acordo com as regras ditadas pelo governo soviético;
- **burocratização do Estado**: uma camada de funcionários do governo stalinista, que gozava de privilégios, acabou formando uma poderosa elite política;
- **proibição da liberdade de imprensa e de pensamento**: milhares de artistas, escritores, intelectuais e cientistas foram perseguidos, presos ou mortos;
- **julgamentos forjados:** os adversários eram obrigados a confessar, sob tortura, que eram "traidores da pátria" e condenados à morte. Muitos fundadores do Partido Comunista foram submetidos a esses julgamentos forjados.

PARA REFLETIR

Durante o período stalinista, o Estado exerceu severo controle sobre as diversas formas de arte e impôs uma estética aos artistas soviéticos conhecida como **realismo socialista**. A arte devia estar a serviço do Estado soviético; as obras deviam propagandear tudo que dissesse respeito ao socialismo (pessoas, objetos, paisagens etc.). Muitos artistas aceitaram produzir suas obras obedecendo às regras dessa estética; com isso, o realismo soviético invadiu a literatura, a pintura, a escultura, o cinema, o teatro e demais manifestações artísticas e culturais.

Esta foto é de um monumento criado em 1937 pela russa Vera Mukhina. Observe-o com atenção.

Charles & Josette Lenars/Corbis/Latinstock

1 Que objetos os personagens da escultura tem nas mãos?

2 O que esses objetos simbolizam?

3 O que ou quem a estátua está homenageando?

4 Por que a estátua pode ser considerada um exemplo de realismo soviético?

ATIVIDADES

1 Compare a industrialização da Rússia à da Inglaterra (tema do 8º ano), levando em conta:

a) a origem do capital;

b) a mão de obra;

c) as condições de trabalho do operariado.

2 Pesquise e monte uma ficha sobre o **socialismo científico** e aponte:

a) os seus criadores;

b) o motor da história para essa doutrina;

c) a classe considerada revolucionária;

d) o objetivo dessa doutrina.

3 **Escreva no caderno um texto sobre o processo revolucionário russo. Siga o roteiro:**

a) A participação da Rússia na Primeira Guerra.

b) A tomada do Palácio de Inverno pelo povo russo.

c) O governo provisório.

d) A revolução liderada por Lenin e Trotsky.

e) O governo de Lenin.

4 **Quando a guerra civil (1918-1921) terminou, a Rússia encontrava-se arrasada. O que o governo de Lenin fez para enfrentar essa crise:**

a) no campo econômico?

b) e no político?

5 **Observe com atenção o cartaz ao lado.**

a) O que o cartaz mostra?

b) A que episódio o cartaz se refere?

c) O que o autor da imagem critica?

1925. Coleção particular. Foto: Swin Ink 2/LLC/Corbis/Latinstock

Pôster russo de 1925.

6 **Comentando o governo de Stalin, o historiador Eric Hobsbawm, observou que:**

> *[...] entre 1934 e 1939, 4 ou 5 milhões de membros e funcionários do partido foram presos por motivos políticos; quatrocentos ou quinhentos, executados sem julgamento; e o próximo (18º) Congresso do Partido, que se reuniu na primavera de 1939, continha [...] 37 sobreviventes dos 1827 delegados que tinham estado presentes no 17º em 1934.*
>
> *O que deu a esse terror uma desumanidade sem precedentes foi o fato de que não reconhecia limites convencionais nem de qualquer tipo.*

Eric Hobsbawm. *A era dos extremos: o breve século XX (1914-1991).* São Paulo: Companhia das letras, 1995. p. 38.

a) A que partido o historiador está se referindo?

b) O que o texto permite concluir sobre o governo de Stalin? Use suas palavras.

c) De que forma o historiador caracteriza o governo de Stalin?

A IMAGEM COMO FONTE

As imagens que você vê são fotografias tiradas quase na mesma época.

Abaixo, imagem da construção de obra pública na União Soviética em 1939. Ao lado, J. Stalin (1879-1953) e a menina Galia Markifova, durante uma cerimônia em homenagem a trabalhadores.

Henry Guttmann/Getty Images

RIA Novosti/Akg-Images/Latinstock

Observe as imagens com atenção:

1 O que se vê na imagem maior?

2 Como Stalin e a menina aparecem na foto menor?

3 Os trabalhadores da foto maior parecem estar realizando trabalho espontâneo ou forçado? Justifique.

4 Que local é este onde os trabalhadores da foto maior se encontram?

5 A imagem maior é de 1939; já a menor é de 1935; ambas, portanto, foram tiradas durante o governo de J. Stalin. Como explicar essa aparente contradição?

O TEXTO COMO FONTE

O texto a seguir aborda os momentos iniciais da Revolução Russa, quando uma multidão marchava em direção ao palácio do governo a fim de tomar o poder. Leia-o com atenção:

> *Com maior ousadia do que os homens, [a mulher operária] penetra nas fileiras dos soldados, agarra-se aos fuzis, suplica e quase ordena: "Tirem as suas baionetas, reúnam-se a nós". Os soldados se emocionam, penalizam-se, entreolham-se inquietos e vacilam; um deles, enfim, se decide e as baionetas se levantam para cima dos ombros num gesto de arrependimento [...]*
>
> *Leon Trotsky*
>
> *[...]*
>
> *No dia seguinte, o apoio dos soldados, que entregam armas aos insurretos, torna-se decisivo para a vitória da revolução. No Palácio de Inverno, sede do governo czarista, os manifestantes substituem a bandeira do império por um pano vermelho.*
>
> *Nas ruas, a população festejava o sucesso da revolução, com a esperança de que seus problemas seriam solucionados.*

Sonia Irene do Carmo; Valdizar Pinto Carmos. *A Rússia dos sovietes: impasses de um projeto socialista.* São Paulo: Atual, 1996. p. 22-3. (História geral em documentos).

1 O que se pode concluir com base no depoimento de Trotsky?

2 Qual o significado de "pano vermelho" no texto?

3 Segundo o texto, o povo festejou a Revolução de Fevereiro de 1917, com a esperança de seus problemas serem solucionados. Aponte alguns desses problemas.

LIVROS, *SITES* E FILMES

Livros

PIPES, Richard. *História concisa da Revolução Russa*. São Paulo: Best Bolso, 2008.

CARMO, Sonia Irene Silva do; CARMO, Valdizar Pinto do. *A Rússia dos sovietes: impasses de um projeto socialista*. São Paulo: Atual, 1996. (História geral em documentos).

CLEMESHA, Arlene; COGGIOLA, Osvaldo. *25 de outubro de 1917: a Revolução Russa*. São Paulo: Ibep/Nacional, 2005.

Sites

A Revolução Russa de 1917 – <www.eduquenet.net/revolucaorussa.htm>. O *site* focaliza a Revolução Russa e o nascimento da União Soviética.

Da Revolução ao stalinismo – <http://educaterra.terra.com.br/voltaire/mundo/rev_russa.htm>. O *site* trabalha a gestação do stalinismo e as estratégias usadas por seu idealizador para conquistar e conservar o poder.

Filme

Eles se atreveram: a Revolução Russa de 1917. Direção de Equipe do Instituto de Pensamiento Socialista "Karl Marx". Argentina, 2007 (116 min.). Documentário argentino que aborda, de maneira bem divertida e propagandista, o processo revolucionário russo. Repleto de imagens históricas, músicas da época e cenas de filmes do cineasta russo Eisenstein. Excelente para introduzir ou finalizar o conteúdo. Uma boa edição de cenas e entrevistas também pode trazer uma experiência pedagógica bem prática e lúdica.

CAPÍTULO

4 Primeira República: Dominação

Paulo Fridman/Pulsar

1920. Coleção particular. Foto: Acervo Iconographia

Observe a foto acima com atenção e tente responder: a foto é recente ou antiga? Como você chegou a essa conclusão? A que grupo social o fotografado pertence? A foto sugere que o fotografado tinha poder econômico; será que ele também tinha poder político? Sabe o nome do fruto mostrado na foto do alto?

Oligarquias no poder

Durante o Império, o governo central impunha seu poder às províncias, nomeando quem iria governá-las. Com o estabelecimento da República, porém, a situação mudou: as famílias mais poderosas de cada estado, isto é, as **oligarquias estaduais** passaram a ter um enorme poder político. Vejamos como isso se deu.

Oligarquia: palavra de origem grega que significa governo exercido por poucos indivíduos ou famílias poderosas.

Voto censitário: voto baseado na renda.

Guarda Nacional: força composta de cidadãos armados e fardados não pertencentes ao Exército. Foi criada em 1831 pelo regente Feijó para ajudar a combater as rebeliões nas províncias.

O coronelismo

A Constituição republicana de 1891 aboliu o **voto censitário**, que até então vigorava no Brasil, e permitiu o voto a todo homem alfabetizado, exceto religiosos e soldados. Com isso, o número de eleitores cresceu bastante, o que significou uma ameaça às famílias poderosas de cada estado. Para se conservarem no poder, os políticos saídos dessas famílias forçavam os eleitores a votarem nos candidatos por eles indicados. Muitos desses políticos eram grandes fazendeiros e coronéis da **Guarda Nacional**; daí serem chamados de "coronéis".

Quase sempre, o coronel conseguia o voto do eleitor por meio da **troca de favores**: o coronel oferecia às pessoas "favores" como uma sacola de alimentos, remédio, segurança, dinheiro emprestado, emprego etc. Em troca desses "favores" exigia que votassem nos candidatos indicados por ele. Esse voto controlado pelo coronel é chamado de **voto de cabresto**. Na época, a fraude eleitoral era generalizada: falsificação de resultados, roubo de urnas, inclusão dos votos de crianças, de defuntos, de pessoas inexistentes eram práticas comuns nas eleições.

Esta caricatura ironiza o processo eleitoral durante a Primeira República (1889-1930). Como sugere o caricaturista, na época até mesmo os defuntos votavam. A caveira pede para o transeunte visar o título de eleitor; e ele responde com uma expressão que mistura espanto e indignação. De fato, para se perpetuarem no poder, os poderosos de cada localidade ou estado praticavam a violência e a fraude eleitoral.

Nicolau Cesarino. Em *Revista D. Quixote*. 20/02/1918.

Os coronéis mais poderosos de cada região faziam alianças entre si e elegiam o presidente de estado (cargo equivalente hoje ao de governador). Este, por sua vez, retribuía o "favor" enviando verbas para a construção de escolas, praças, igrejas etc., nas cidades controladas por aqueles coronéis.

c. 1914. Museu Histórico e Antropológico do Ceará, Fortaleza

Doutor Floro Bartolomeu da Costa (1876-1926) – médico, político e coronel cearense –, de chapéu branco, ao centro, com alguns de seus homens.

A política dos governadores

Usando as mesmas práticas (troca de favores e corrupção eleitoral), as oligarquias estaduais ajudavam a eleger deputados e senadores favoráveis ao presidente da República. Este, por sua vez, retribuía o "favor" liberando verbas, benefícios e dando apoio político a elas. Esse esquema político que ligava os governos estaduais ao presidente da República foi concebido pelo presidente Campos Sales (1898-1902) e recebeu o nome de **política dos governadores**.

Assim, por meio de alianças e trocas de favores que uniam municípios, estados e governo federal, as oligarquias mantiveram-se no poder durante a **Primeira República**. Observe o esquema a seguir.

Primeira República: período compreendido entre 1889 e 1930.

O poder das oligarquias estaduais

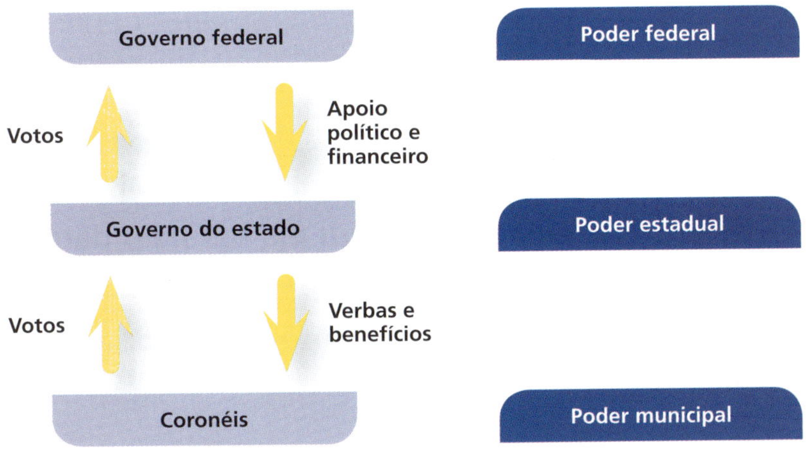

As oligarquias estaduais mantinham-se no poder por meio de alianças e favores que uniam municípios, estados e governo federal. O coronelismo era a coluna mestra desse edifício fundamentado na fraude eleitoral e na corrupção.

Café com política

Durante muito tempo se acreditou que a aliança entre São Paulo (grande produtor de café) e Minas (grande produtor de leite), os estados mais ricos e mais populosos na época, teria permitido à oligarquia desses dois estados o controle exclusivo do poder na Primeira República; essa aliança entre São Paulo e Minas foi chamada de "**política do café com leite**". Estudos recentes mostram, no entanto, que **não** foi bem assim. Veja o que a historiadora Cláudia Viscardi diz sobre o assunto.

Getulio Delphim

PARA REFLETIR PARA REFLETIR PARA REFLETIR

CAFÉ COM POLÍTICA

Análises recentes das sucessões presidenciais na Primeira República (1889-1930) mostram que a famosa aliança entre Minas Gerais e São Paulo, chamada de política do "café com leite", não controlou de forma exclusiva o regime republicano. Havia outros quatros estados, pelo menos, com acentuada importância no cenário político: Rio Grande do Sul, Rio de Janeiro, Bahia e Pernambuco. Os seis, para garantirem sua ***hegemonia****, possuíam uma forte economia e (ou) uma elite política compacta e bem representada no* ***Parlamento****. E, juntos ou separados, participaram ativamente de todas as sucessões presidenciais ocorridas no período.*

Além desses estados, havia dois ***coadjuvantes*** *respeitáveis: o Exército e o Executivo. Os militares se destacaram no regime em seus primeiros anos – duramente a presidência dos marechais Deodoro da Fonseca (1889/1891) e Floriano Peixoto (1891/1894) –, retornando ao poder em 1910, quando o país foi presidio pelo marechal Hermes da Fonseca (1910/1914). [...] Já o Executivo Federal conseguiu manter o privilégio de intervir sobre as oligarquias mais frágeis, impondo seu controle sobre elas quando julgasse oportuno, além de exercer atuação marcante na sua própria sucessão. [...]*

Hegemonia: liderança.
Parlamento: Congresso Nacional, isto é, Câmara dos Deputados Federais e o Senado.
Coadjuvante: o sentido aqui é de sujeitos sociais que também influenciaram o processo.

Cláudia M. R. Viscardi. Aliança "Café com política". *Nossa História*, ano 2, n. 19, maio 2005. p. 45.

1 Para a autora do texto, a tese de que São Paulo e Minas dominaram a política na Primeira República **não** se justifica. Que argumentos ela usa para derrubar a tese do "café com leite"?

2 Você considerou os argumentos da historiadora convincentes?

O Convênio de Taubaté

Com o aumento constante da produção de café, em 1905 o excedente de produto armazenado no Brasil era de aproximadamente 11 milhões de sacas!

Preocupados com a queda de seus lucros, os cafeicultores pediram ajuda ao governo. Os governantes dos estados de São Paulo, Minas Gerais e Rio de Janeiro – os três maiores produtores de café – responderam ao pedido assinando o Convênio de **Taubaté**. Por esse acordo, os governos desses três estados comprometiam-se a comprar e armazenar as sacas de café excedentes por meio de empréstimos obtidos no exterior.

Taubaté: cidade do interior paulista.

c. 1920. Coleção particular

Sacas de café estocadas no armazém aguardando que os preços do café brasileiro subissem no exterior.

A compra do café excedente regulava a oferta e forçava a valorização dos preços do café brasileiro no exterior. Essa política atendia aos interesses dos cafeicultores, porque os prejuízos decorrentes da queda nos preços do café eram transferidos para o governo que, para proteger os cafeicultores, usava o dinheiro dos impostos pagos por todos os contribuintes. Diante disso, muitos cafeicultores continuaram investindo em cafezais. Alguns deles, porém, procuraram diversificar seus investimentos, aplicando capitais também em indústrias.

Além do café, a borracha e o cacau também se destacaram entre os produtos agrícolas exportados pelo Brasil durante a Primeira República.

A borracha da Amazônia

Com a aceleração da industrialização na segunda metade do século XIX, surgiram na Europa novos tipos de indústria, como a automobilística, a de **bicicletas** e a de pneus. A borracha, matéria-prima essencial a essas indústrias, passou então a ser muito cobiçada no exterior e o grande vale amazônico, o *habitat* da **seringueira**, ganhou uma importância jamais vista.

Bicicleta: Nos anos 1890 a bicicleta virou uma verdadeira febre; uma mania entre adultos e crianças, usada tanto como fonte de lazer como meio de transporte para o trabalho.
Seringueira: árvore da qual se extrai a borracha.

No Brasil, o esplendor da economia gomífera se deu entre 1898 e 1910, quando a borracha correspondeu a 25,7% do valor das exportações brasileiras, ficando atrás apenas do café. Durante aqueles anos, a borracha enriqueceu as elites do Pará e do Amazonas e os empresários europeus e norte-americanos, que obtinham a borracha a preços relativamente baixos e vendiam aqui produtos industrializados.

Burton Holmes, c. 1910. Coleção particular

Esta foto, tirada em 1910, mostra o porto de Manaus. Os negócios da borracha permitiram às elites do Pará e do Amazonas o acesso à navegação a vapor, que encurtou as distâncias, facilitou a circulação de pessoas e mercadorias e o escoamento da produção extrativista regional, além de levar para Belém e Manaus o conforto material (luz elétrica, água encanada). Com o progresso de Manaus, capital do Amazonas, e de Belém, capital do Pará, a população urbana dessas cidades cresceu muito; nos 10 últimos anos do século XIX, a população de Belém, por exemplo, saltou de 50 mil para 96 mil habitantes.

Por causa da borracha, um grande número de nordestinos migrou para a Amazônia. Muitos deles eram cearenses e fugiam da seca que castigava seu estado periodicamente. Esses trabalhadores – os seringueiros – moradores de cabanas rústicas na beira dos rios, andavam muitos quilômetros todos os dias para extrair látex com o qual faziam as bolas de borracha que iam ser vendidas para o exterior. Eles recebiam muito pouco pelo seu trabalho. Já os seringalistas e os envolvidos no comércio da borracha amazônica enriqueceram.

c. 1906-1907. Coleção particular

As bolas de borracha produzidas pelos seringueiros eram depositadas, antes de seguir viagem, no barracão, que servia também como centro de abastecimento de alimentos, medicamentos e munição.

O *boom* da borracha amazônica, porém, não durou muito tempo; ingleses e holandeses levaram mudas da seringueira para suas colônias da Ásia, onde passaram a produzir uma borracha que logo desbancou a brasileira. A reviravolta foi rápida: em 1910, a borracha asiática respondia por cerca de 13% da produção mundial; em 1915 chegava a 68%!

Com a riqueza dos tempos áureos da borracha foram construídos dois belíssimos teatros.

Ricardo Azoury/Pulsar

Acima, o Teatro Amazonas (Manaus); abaixo, o Teatro da Paz (Belém): testemunhos exuberantes dos anos áureos da borracha amazônica.

Luis Salvatore/Pulsar

Cacau

Durante o auge da economia da borracha, o cacau plantado no sul da Bahia tornou-se importante produto nacional e o principal produto da economia baiana. Usado principalmente para fazer chocolate, o fruto do cacaueiro se mostrou bastante lucrativo e fez a fortuna de muitas famílias de coronéis do interior baiano. Dois deles, Sinhô Badaró e Juca Badaró, ambos da região cacaueira, foram imortalizados pelo romancista Jorge Amado na obra *Terras do sem fim*.

Juca Martins/Olhar Images

Jorge Amado. *Terras do Sem Fim*. Rio de Janeiro: Editora Record, 1943

Colheita de cacau em Ilhéus, BA. Em detalhe: *fac-símile* da capa de *Terras do sem fim*.

A diversificação econômica

Enquanto isso, no Rio Grande do Sul, os imigrantes instalados na serra gaúcha (nordeste do estado) plantavam arroz, milho, feijão e fumo para consumo próprio e para o mercado interno. Nas cidades gaúchas eram fundadas fábricas de tecidos, de bebidas (especialmente de vinho). Diferentemente do que ocorreu em São Paulo, o Rio Grande do Sul se desenvolveu produzindo para o mercado interno.

Indústria e operários na Primeira República

Durante a Primeira República ocorreu um crescimento constante do número de indústrias no Brasil. Em 1889, ano da proclamação da República, o Brasil possuía 636 indústrias e cerca de 54 mil operários. Veja como essa situação se alterou observando a tabela a seguir:

Ano	Número de indústrias	Número de operários
1907	3.258	149.018
1920	13.336	275.512

DE DECCA, Maria Auxiliadora Guzzo. *Indústria, trabalho e cotidiano: Brasil – 1889-1930*. São Paulo: Atual, 1991. p. 24. (História em documentos).

Perceba que entre 1907 e 1920 o número de empresas cresceu por volta de quatro vezes, enquanto o número de operários empregados quase duplicou.

Durante muito tempo se afirmou que esse crescimento industrial deveu-se, em grande parte, aos efeitos da Primeira Guerra (1914-1918) sobre a nossa economia, quando o país foi forçado a fabricar o que antes importava. Estudos recentes, no entanto, demonstram que a industrialização brasileira foi estimulada por quatro fatores principais: a) capitais nacionais (acumulados com as exportações agrícolas, sobretudo de café); b) disponibilidade de matéria-prima; c) grande oferta de mão de obra barata; d) um sistema de transportes ligado aos portos.

1892. Coleção particular

Cartaz de propaganda da maior indústria têxtil de São Paulo em 1900, a Fábrica Santana, propriedade do conde Álvares Penteado, que a montou com capitais oriundos de suas plantações de café.

São Paulo tornou-se o estado mais industrializado do país. As maiores fábricas paulistas foram montadas por fazendeiros de café, como Antônio Álvares Penteado, e por imigrantes, como Francisco Matarazzo. Os principais ramos industriais da época, em ordem de importância, foram o têxtil, o de alimentação – incluindo bebidas – e o de vestuário.

c. 1910. Coleção particular

Acervo Iconographia

Acima, conde Matarazzo com a família. À direita, operárias da Tecelagem Mariângela, das Indústrias Reunidas Francisco Matarazzo, na década de 1920, em São Paulo.

O Sudeste assumiu a liderança do processo de industrialização; mas o crescimento industrial ocorrido na época foi bastante desigual. Certas regiões cresceram muito mais do que outras. Veja a tabela:

Número de fábricas e operários em 1920

Região	Fábricas	Operários
Norte	247	3.691
Nordeste	2.408	57.496
Sudeste	7.458	176.548
Sul	3.187	37.253
Centro-Oeste	36	524
Total	13.336	275.512

Fonte: MONTEIRO, Hamilton de Mattos. Da República Velha ao Estado Novo. In: LINHARES, Maria Yedda (Org.). *História Geral do Brasil*. 9. ed. Rio de Janeiro: Campus, 1990. p. 312.

Urbanização

O processo de industrialização foi acompanhado por um crescimento das cidades. Observe a tabela:

O aumento populacional em algumas cidades brasileiras

Cidades	1890	1920
São Paulo	65 mil	580 mil
Rio de Janeiro	522 mil	1,1 milhão
Salvador	175 mil	288 mil

Fonte: Censos demográficos de 1890 e 1920. Extraído do *site*: <www.ibge.gov.br>. Acesso em: 27 fev. 2012.

Dialogando

O que se pode concluir com base na tabela?

Esse salto populacional na cidade de São Paulo deveu-se em parte ao afluxo de um grande número de imigrantes e de pessoas vindas do interior em busca de uma vida melhor. Vinham dispostos a trabalhar em profissões liberais como a de advogado e a de médico, no funcionalismo público, em bancos, no comércio, no artesanato, nas fábricas, na construção civil, como vendedores ambulantes etc.

Departamento do Patrimônio Histórico SMC/PMSP

Imigrantes vendendo frutas pelas ruas de São Paulo, em foto de 1920.

Imigrantes europeus e asiáticos no Brasil

Na Primeira República, a industrialização e a urbanização estão estreitamente associadas à imigração. Entre 1890 e 1930, cerca de 3,2 milhões de imigrantes vieram para o Brasil em busca de uma vida melhor. Eles estavam assim distribuídos:

Imigrantes europeus e asiáticos no Brasil	
Italianos	1.156.472
Portugueses	1.030.666
Espanhóis	551.385
Alemães	112.593
Russos	108.475
Japoneses	86.577
Austríacos	79.052
Sírio-libaneses	73.690

Fonte: OLIVEIRA, Lúcia Lippi. *O Brasil dos imigrantes*. Rio de Janeiro: Jorge Zahar Editor, 2001. p. 23-4. (Descobrindo o Brasil).

O grupo mais numeroso que entrou no Brasil naquela época foi, portanto, o dos italianos. O estado de São Paulo, sozinho, recebeu 57,7% do total de imigrantes, pois oferecia bons atrativos: pagava as despesas com passagens, dava alojamento e oferecia oportunidades de trabalho. Por serem de cor branca e católicos, os italianos, portugueses e espanhóis foram os imigrantes preferidos das autoridades e dos fazendeiros brasileiros. A elite brasileira acreditava na superioridade do europeu sobre os demais povos. Em 1911, o médico João Batista de Lacerda, representante brasileiro no Congresso Mundial das Raças, em Londres, afirmou que, em 100 anos, o negro e o indígena desapareceriam graças à miscigenação e, com isso, ocorreria o branqueamento da população brasileira.

DIALOGANDO

Pesquise dados do IBGE 2010 para saber o número de mestiços, de negros e de indígenas no Brasil atual.

Portugueses e italianos

Os portugueses eram, em sua maioria, pessoas pobres provenientes das regiões do Minho e de Trás-os-Montes. Enquanto os portugueses montavam pequenos negócios ou trabalhavam como artesãos (sapateiros, alfaiates e ferreiros) nas cidades, os italianos dirigiam-se aos cafezais do Sudeste e às pequenas propriedades agrícolas do Sul ou então trabalhavam como operários nas fábricas que surgiam no Rio de Janeiro e em São Paulo.

1938. Coleção particular

Em 1921, imigrantes italianos e seus descendentes fundaram, em Belo Horizonte, um time de futebol com o nome de Sociedade Esportiva Palestra Italia. Em 1942, durante a Segunda Guerra Mundial, o Brasil tornou-se inimigo da Itália e o time mineiro foi pressionado pelo governo brasileiro a mudar de nome. Escolheu, então, chamar-se Cruzeiro Esporte Clube, em homenagem ao Cruzeiro do Sul, um dos principais símbolos nacionais. Até a eclosão da Segunda Guerra, o time paulista Sociedade Esportiva Palmeiras também era chamado de Palestra Itália.

Entre o final do século XIX e princípios do século XX, um fato inédito foi a entrada de asiáticos, com destaque para os japoneses. Esses últimos começaram a chegar em abril de 1908, pelo porto de Santos, e dirigiram-se às fazendas de café de Ribeirão Preto e de outras cidades do interior paulista. A partir de 1925, o governo japonês passou a pagar as passagens dos que emigravam para o Brasil. Alguns imigrantes japoneses, pouco a pouco, tornaram-se pequenos proprietários e tiveram papel importante na diversificação das atividades agrícolas.

Museu Histórico da Imigração Japonesa no Brasil, São Paulo

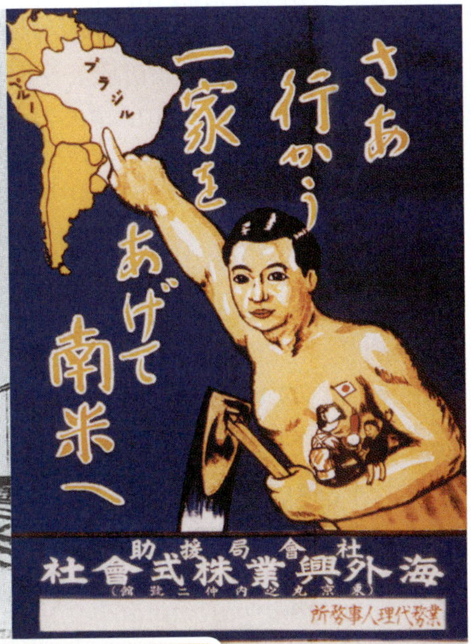

Museu Histórico da Imigração Japonesa no Brasil, São Paulo

À esquerda vemos o navio japonês Kasato Maru, que chegou ao porto de Santos em junho de 1908. O Kasato Maru trouxe os primeiros imigrantes japoneses para o Brasil; a maior parte deles veio para trabalhar nas lavouras de café do oeste paulista. Já à direita vemos um cartaz de uma empresa japonesa de emigração fundada por volta de 1919.

Dialogando

1 Dois países da América do Sul têm o nome destacado no mapa que aparece no cartaz acima. Quais são eles?

2 Com que objetivo o cartaz teria sido feito?

Muitos imigrantes sírio-libaneses e judeus de diferentes nacionalidades tiveram trajetórias semelhantes: começaram a vida como mascates, vendendo mercadorias de porta em porta nas capitais, como São Paulo e Rio de Janeiro, ou nas pequenas cidades do interior. Com o tempo, vários deles abriram lojas e fábricas, conseguindo ascender socialmente. ■

Atividades

1 Leia o texto com atenção:

[...] A figura do "coronel" era muito comum durante os anos iniciais da República, principalmente nas regiões do interior do Brasil. O coronel era um grande fazendeiro que utilizava seu poder econômico para garantir a eleição dos candidatos que apoiava. Era usado o voto de cabresto, em que o coronel (fazendeiro) obrigava e usava até mesmo a violência para que os eleitores de seu "curral eleitoral" votassem nos candidatos apoiados por ele. Como o voto era aberto, os eleitores eram pressionados e fiscalizados por capangas do coronel, para que votassem nos candidatos indicados. O coronel também utilizava outros "recursos" para conseguir seus objetivos políticos, tais como: compra de votos, votos fantasmas, troca de favores, fraudes eleitorais e violência. [...]

Extraído do *site*: <www.vestibular1.com.br/enem/aulas/historia/crise_republica_velha.pdf>. Acesso em: 27 fev. 2012.

Defina e responda com base no texto:

a) Coronel.

b) Voto de cabresto.

c) O que se pode concluir sobre as eleições da Primeira República?

2 O texto a seguir é de um historiador. Leia-o com atenção e responda ao que se pede:

Fiel **cronista** *da cidade, Lima Barreto observa em* ***Os Bruzundangas*** *que às vésperas de eleição ela parecia pronta para uma batalha. Conhecidos assassinos desfilavam em carros pelas ruas ao lado de candidatos. Em* ***Numa e a Ninfa***, *referindo-se certamente a fato verídico, menciona determinado coronel da Guarda Nacional que incluía entre os preparativos para as eleições a contratação de um médico para atendimento aos possíveis feridos, que seriam, sem dúvida, vítimas de seus próprios capangas. As eleições eram decididas por bandos que atuavam em determinados pontos da cidade e alugavam seus serviços aos políticos.*

Cronista: pessoa que escreve pequenas narrativas sobre o dia a dia.

José Murilo de Carvalho. *Os bestializados: o Rio de Janeiro e a República que não foi.* São Paulo: Companhia das Letras, 1987. p. 87-8.

a) Que relação o autor estabelece entre cidade, campo de batalha e eleição?

b) A que fenômeno político o conteúdo do texto pode ser associado?

3 O texto a seguir é de um historiador; leia-o com atenção:

Nas eleições presidenciais de 1910, 21 anos após a proclamação da República, havia no Distrito Federal 25.246 eleitores, isto é, 2,7% da população calculada para este ano. Apenas 8.687 compareceram às urnas, isto é, 34% dos eleitores e 0,9% da população total. Computando somente os votos apurados [...] verificamos que representavam 18% dos eleitores e 0,5% da população total.

José Murilo de Carvalho. *Os bestializados: o Rio de Janeiro e a República que não foi.* São Paulo: Companhia das Letras,1987. p. 86.

a) O que se pode concluir sobre as eleições presidenciais de 1910 com base no texto?

b) O que se pode dizer sobre política e cidadania nos primeiros tempos da República com base nos dados fornecidos pelo autor do texto?

4 Observe a tabela com atenção:

Participação brasileira na produção mundial de café (em %)	
1870-1879	49,09
1880-1889	56,63
1890-1894	59,70
1895-1899	66,68
1900-1904	75,64

Fonte: LUCA, Tania Regina de. *Café e modernização*. São Paulo: Atual, 2000. p. 11. (A vida no tempo).

a) O que ela mostra?

b) Qual foi a consequência disto para os preços do café brasileiro no exterior? Explique.

c) De que forma os principais estados produtores de café, São Paulo, Minas e Rio de Janeiro, reagiram a isto?

5 Observe a tabela:

Ano	Número de indústrias	Número de operários
1907	3.258	149.018
1920	13.336	275.512

DE DECCA, Maria Auxiliadora Guzzo. *Indústria, trabalho e cotidiano: Brasil – 1889-1930*. São Paulo: Atual, 1991. p. 24. (História em documentos).

a) O que a tabela mostra?

b) Quais fatores explicam o fenômeno mostrado na tabela?

6 Observe as duas imagens:

Ricardo Azoury/Olhar Imagem

Cássio Vasconcellos/SambaPhoto

a) Descreva as imagens.

b) Que relação se pode estabelecer entre as duas imagens.

c) O teatro mostrado na imagem é um documento dos tempos áureos da borracha amazônica. O que explica o rápido declínio da borracha entre 1910 e 1915?

A IMAGEM COMO FONTE

Observe esta charge com atenção.

AS PROXIMAS ELEIÇÕES... "DE CABRESTO"

Storni, 19 fev. 1927. Biblioteca Nacional, Rio de Janeiro

ELLA. — É o Zé Besta?
ELLE. — Não, é o Zé Burro!

1 Quem são os personagens da charge?

2 O que está acontecendo na cena?

3 Que relação há entre o título e a legenda da charge?

4 A charge é de 1927 e seu autor é o gaúcho Alfredo Storni. O que ele pretendeu com essa charge?

5 Que relação se pode estabelecer entre a charge e o coronelismo estudado por nós neste capítulo?

O TEXTO COMO FONTE

Leia os textos com atenção.

Texto 1

UMA VEZ CORONEL, SEMPRE CORONEL

Basta fazer uma pesquisa na Internet para se encontrar o termo "coronel" com sentido irônico [...] caracterizando um político autoritário, retrógado e assistencialista. [...]

Tão presente até hoje, o termo tem origem nos títulos que a Guarda Nacional [...] distribuía aos proprietários de terra e outras pessoas influentes. [...]

Em cada região do Brasil, os coronéis tinham suas particularidades. No Rio Grande do Sul, havia um forte apelo militar devido à tradição do estado na defesa das fronteiras. [...] Seu poder econômico vinha da pecuária de corte. Um dos exemplos é Flores da Cunha, chefe político de Santana do Livramento [...].

Em São Paulo, o predomínio era dos cafeicultores – como os da família Junqueira –, cuja força política dependia principalmente do poder econômico e que elegiam os governadores estaduais e até o presidente da República. [...]

Os coronéis sobreviveram à Guarda Nacional e à República Velha. O fenômeno não deixou de existir e se adaptou aos novos tempos. Eles empregam novos métodos de dominação. Um deles é o controle dos meios de comunicação, como rádio e televisão. O coronel de hoje não é o fazendeiro de terno branco, botas e chicote de couro na mão. Ele viaja de avião, conhece a Europa e os Estados Unidos, frequenta a alta sociedade e às vezes tem até título universitário.

Atualmente, seu poder se faz sentir de uma forma talvez mais sutil. [...]. Em muitos casos, esses novos coronéis são descendentes diretos dos antigos, em um notável fenômeno de reprodução do poder.

André Heráclio Rêgo. Uma vez coronel, sempre coronel. *Revista de História da Biblioteca Nacional*, ano 5, n. 60, set. 2010. p. 59-61.

Texto 2

Na República, governadores [...] são eleitos e detêm uma enorme soma de poder que lhes advém do próprio texto constitucional. Eles dirigem e controlam a política do estado a partir de poderosas máquinas partidárias estaduais. Nesse processo, os coronéis, nos municípios, serão peças-chave.

Se o poder do estado é grande, também é o poder dos municípios. Neles [...] os coronéis, assim designados por associação com o mais alto titular da Guarda Nacional [...]. São eles grandes proprietários de terras que assumem a chefia da política municipal.

[...]

No âmbito municipal verifica-se o surgimento de um poder privado local; [...] trata-se do coronelismo. Fenômeno novo na política brasileira, o coronelismo não se confunde com as práticas históricas – lutas de família e o mandonismo local – de exercício do poder privado no Brasil. Essas são práticas tradicionais, melhor dizendo, atemporais, que atravessam a história do Brasil colonial e imperial.

[...] O coronelismo tem uma identidade específica, constitui um sistema político e é um fenômeno datado.

Inaugurado com a República, ele sobrevive até a Revolução de 1930, quando o centralismo de Vargas impõe-se, pela nomeação de homens de sua confiança para interventores nos estados. A esses, por sua vez, cabe a nomeação dos responsáveis pelas prefeituras de cada município. A liquidação final do coronelismo virá com a ultracentralização imposta por Getúlio Vargas, com o Estado Novo, em 1937.

Maria Efigênia Lage de Resende. O processo político na Primeira República e o liberalismo oligárquico. In: Lucília de Almeida Neves Delgado e Jorge Ferreira. *O Brasil Republicano: o tempo do liberalismo excludente* 5. ed. Rio de Janeiro: Civilização Brasileira, 2011. v. 1. p. 95-97.

Após ler os textos, aponte:

1 Um ponto em comum entre os dois historiadores.

2 Uma divergência entre eles.

3 Em dupla Debatam, reflitam e respondam: qual dos textos é mais convincente.

4 Em dupla Segundo o autor do texto 1, os coronéis de hoje empregam novos métodos de dominação como, por exemplo, o controle do rádio e da televisão. Vocês consideram esses meios decisivos em uma eleição para presidente na atualidade? Em caso afirmativo, citem um exemplo.

LIVROS, *SITES* E FILMES

Livros

MAESTRI, Mário. *A República Velha: desenvolvimento, consolidação e crise do capitalismo regional 1889-1930*. Passo Fundo: EDIUF, 2005.

PETTA, Nicolina Luiza de. *A fábrica e a cidade até 1930*. São Paulo: Atual, 1995. (A vida no tempo).

SOUZA, Iara Lis Schiavinatto Carvalho. *A república do progresso*. São Paulo: Atual, 1994. (A vida no tempo).

Sites

O governo dos civis - <http://educacao.uol.com.br/historia-brasil/republica-velha-1889-1930-1-deodoro-da-fonseca-e-governos-civis.jhtm>.

Site sobre a ascensão e o governo do marechal Deodoro da Fonseca.

Primeiros anos da República - <www.portalbrasil.eti.br/brasil_historiadobrasil_brasilrepublica.htm>.

Site sobre os primeiros passos do Brasil republicano.

Coronelismo e oligarquias - <http://educacao.uol.com.br/historia-brasil/republica-velha-1889-1930-2-coronelismo-e-oligarquias.jhtm >.

O *site* traz um artigo que pode nos ajudar a conhecer o coronelismo e suas práticas.

Filme

Baile perfumado. Direção de Paulo Caldas e Lírio Ferreira. Brasil, 1996. (93 min.)

Filme contextualizado na passagem do século XIX para o XX, onde o cangaço e os cangaceiros são analisados em meio a uma sociedade marcada pelo coronelismo e suas práticas políticas.

CAPÍTULO 5

Primeira República: Resistência

Leônidas Freire. 29/10/1904. Coleção particular

A imagem desta página é uma charge de autoria de Leônidas, publicada na revista *O Malho*, em 1904. Observe-a com atenção. Quem é o personagem de bigode que carrega um objeto pontiagudo na mão, ao centro? O que está acontecendo na cena? Com que armas os populares enfrentam seus opositores? Pela charge é possível saber o motivo desta revolta? Esta revolta é uma das muitas manifestações populares do início da República no Brasil; o que você sabe sobre aquele tempo?

Nas últimas décadas do século XIX, a concentração de terras nas mãos de poucos, o desemprego, as disputas entre as famílias de grandes fazendeiros (os coronéis) e as secas constantes tornavam a vida da maioria dos habitantes do sertão nordestino quase insuportável.

A Guerra de Canudos

Nesse cenário marcado por violência e exclusão social, surgiu no sertão nordestino, em 1870, um líder religioso chamado Antônio Vicente Mendes Maciel, o "Conselheiro". Nascido em Quixeramobim, no Ceará, Antônio Conselheiro exerceu na juventude várias ocupações, inclusive a de professor. Certo dia, abalado por dissabores na vida pessoal, deixou o Ceará e iniciou sua vida de **beato**. Andava pelo sertão afora pregando de cidade em cidade e promovendo **mutirão** para ajudar pequenos agricultores, reformar igrejas e erguer muros de cemitérios. E, aos poucos, foi reunindo um grande número de seguidores.

Beato: devoto religioso que prega e faz profecias.
Mutirão: trabalho coletivo realizado gratuitamente em benefício de uma ou mais pessoas.

Marcos Issa/Olhar Imagem

Estátua de Antonio Conselheiro no Museu Histórico de Canudos, Bahia.

Dialogando

Você já presenciou um mutirão no lugar onde mora?

Em 1893, o Conselheiro e sua gente estabeleceram-se no sertão baiano, às margens do Rio Vaza-Barris, nas terras de uma antiga fazenda chamada Canudos. Ali começaram a construir um povoado, que inicialmente foi chamado de Belo Monte e, depois, de Canudos. Os habitantes do arraial eram, em sua maioria, sertanejos pobres que fugiam aos desmandos dos coronéis e ao desemprego e buscavam autonomia e conforto espiritual. Mas lá havia também negociantes, enfermeiros, soldados, artesãos, mineradores e professores.

Flávio de Barros. 1897. Museu da República, Rio de Janeiro

Foto de um morador de Canudos. As casas do arraial eram feitas de pau a pique e cobertas de palha e possuíam, geralmente, três cômodos. Sua população cresceu rapidamente, chegando a ter, segundo o historiador Marco Antônio Villa, por volta de 10 mil habitantes.

Os sertanejos cultivavam milho, feijão, batata e criavam cavalos e bodes, cujo couro era usado para fazer vestimenta, calçado, chapéu e para comerciar com as vilas e cidades da região. A autonomia da gente de Canudos, sua decisão de viver conforme a leitura da Bíblia feita por Conselheiro e, sobretudo, a decisão de não pagar os novos impostos lançados pela República foram vistos como uma ameaça à ordem estabelecida. Os poderosos da região passaram a dizer que Canudos era um reduto de monarquistas fanáticos e perigosos.

Foi o que bastou para que o governo enviasse várias expedições militares contra o povoado.

Os sertanejos venceram as três primeiras expedições do governo por meio da **tática de emboscadas**. Eles saíam da mata fechada gritando vivas a Bom Jesus e a Antônio Conselheiro, e atacavam os inimigos com armas de fogo, facas e facões. O presidente Prudente de Morais, então, enviou a Canudos uma nova expedição com mais de 7 mil soldados que, com dinamite e balas de canhão, arrasou o arraial. Em 5 de outubro de 1897 as casas de Canudos tinham sido incendiadas e sua população, massacrada.

Tática de emboscadas: tática que consiste em esperar o inimigo às escondidas e atacá-lo de surpresa.

Flávio de Barros. 1897. Museu da República, Rio de Janeiro

Soldados fazem uma refeição com crianças sobreviventes de Canudos. Álbum *Guerra de Canudos* (1897). Original de Flávio de Barros.

A Guerra do Contestado

Entre Santa Catarina e Paraná, em uma área contestada (disputada) por esses dois estados, ocorreu outro movimento de sertanejos pobres e muito religiosos. Observe o mapa.

O Contestado

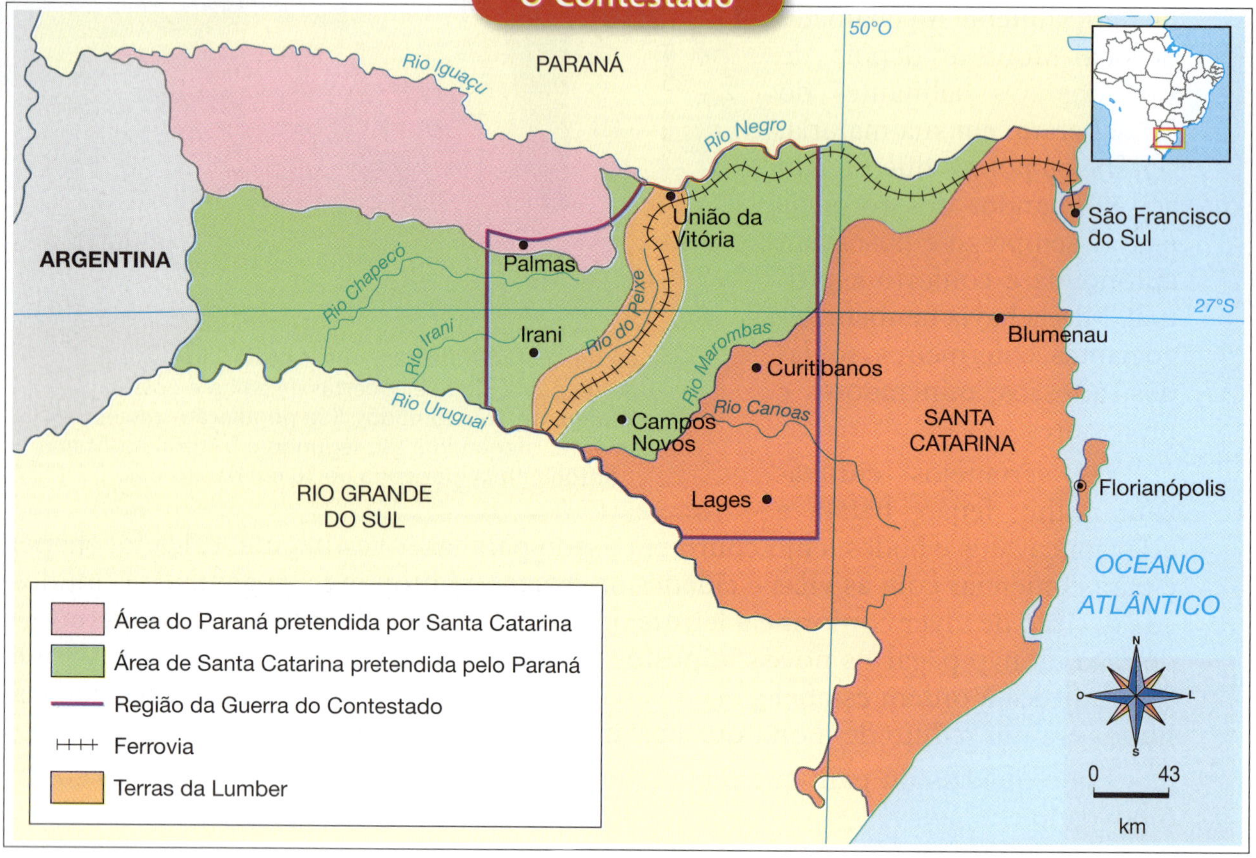

Mario Yoshida

Fonte: AFONSO, Eduardo José. *O Contestado*. 2ª ed. São Paulo: Ática, 1998. – (Guerras e Revoluções Brasileiras), p. 20.

Posseiro: pequeno proprietário que ocupou uma terra inexplorada e a cultivou durante anos, ganhando o direito de posse sobre ela.

Capangas: homens que se colocam a serviço de quem lhes paga.

Na região do Contestado, reinava um clima de forte tensão social, pois os coronéis locais expandiam suas fazendas de gado e de erva-mate, tomando as terras dos indígenas e dos **posseiros** à força. A tensão aumentou ainda mais quando o governo brasileiro contratou uma empresa norte-americana, a *Brazil Railway Company*, para construir um trecho da Estrada de Ferro São Paulo-Rio Grande do Sul. E, como parte do pagamento, cedeu a ela uma faixa de 15 quilômetros de cada lado da ferrovia. Em 1911, essa empresa criou uma outra – a Lumber – que se comprometeu a colonizar a região com famílias vindas da Europa. O interesse da Lumber, porém, não era colonizar, mas explorar o pinho e a imbuia da rica floresta nativa. Os dirigentes da empresa norte-americana, então, pagaram **capangas** para expulsar os sertanejos daquela área e instalaram em Três Barras (SC) o maior complexo madeireiro da América do Sul, na época.

Sem terras para morar, os sertanejos do Contestado passaram a seguir o monge José Maria, e, com ele, ergueram povoados na área de Santa Catarina pretendida pelo Paraná.

Os fazendeiros e a imprensa do Paraná passaram a dizer que os sertanejos do Contestado eram monarquistas fanáticos e inimigos da República (as mesmas palavras usadas para criticar os sertanejos de Canudos). Mas, na verdade, os sertanejos do planalto catarinense reagiam à perda de suas terras, à penetração do capitalismo no campo e ao desrespeito a seus costumes e tradições.

Autor desconhecido. Coleção particular

João Maria (foto ao lado) andou pelo planalto catarinense, por volta de 1840, pregando justiça e bem-estar para os sertanejos pobres. Defendendo essas mesmas ideias, algumas décadas depois, o monge José Maria tornou-se o principal líder do Contestado.

Dialogando

É correto dizer que a Guerra do Contestado faz parte da longa história da luta pela terra no Brasil?

Indiferente aos sertanejos, o governo do Paraná enviou forças militares contra o Contestado, e, durante a luta que então se travou, o monge José Maria e o comandante adversário morreram. Inconformados, os sertanejos passaram a dizer que o monge José Maria ia retornar à Terra para fazer valer a "lei da coroa do céu"; o movimento ganhou novos integrantes e o número de "**vilas santas**" cresceu.

Vilas santas: nome que os sertanejos do Contestado davam aos seus povoados.

Durante um confronto com forças militares locais, os sertanejos incendiaram a sede da empresa norte-americana que os havia expulsado de suas terras. Diante disso, o governo de Hermes da Fonseca lançou contra o Contestado cerca de 6 mil soldados armados de canhões e metralhadoras e apoiados por aviões. Em nome da República e do progresso, as "vilas santas" foram arrasadas e os camponeses, fuzilados ou queimados. Com o fim do Contestado, em 1916, os governos do Paraná e de Santa Catarina chegaram a um acordo, acertando os limites entre os dois estados.

O cangaço

O contexto de opressão e abandono que favoreceu o surgimento de líderes religiosos, como Antônio Conselheiro e o monge José Maria, também facilitou o aparecimento do cangaço, forma peculiar de banditismo que se desenvolveu nas áreas de caatinga, no interior do Nordeste.

Desde o século XVIII, bandos armados a serviço dos grandes fazendeiros adentravam o sertão para tomar as terras dos indígenas e instalar fazendas de gado. Esses bandos serviam a quem lhes pagava; por isso se diz que praticavam o **cangaço dependente**.

Entre 1900 e 1940, no entanto, surgiram no sertão nordestino bandos de cangaceiros que viviam de assaltos e em luta constante com a polícia. Tais bandos agiam por conta própria; por isso se diz que praticavam o **cangaço independente**. Os mais importantes líderes dessa modalidade de cangaço foram os cangaceiros Antônio Silvino, Virgolino Ferreira da Silva, o **Lampião (1900-1938)**, e Corisco.

À esquerda, Maria Bonita e Virgolino Ferreira da Silva, o Lampião. Com o ingresso de Maria Bonita quebrou--se um costume antigo dos bandos de cangaceiros: o de serem formados somente por homens. Abaixo, Maria Bonita e Lampião esculpidos pelas mãos talentosas do Mestre Vitalino.

Lampião e seu bando cobravam dos fazendeiros e comerciantes uma espécie de "imposto"; já quando o objetivo era se vingar, espancavam, torturavam, saqueavam e degolavam, tanto pobres quanto ricos. Em 1938, delatado por um comerciante, Lampião e seu bando foram mortos e decapitados. Dois anos depois, Corisco, que sucedera Lampião na chefia do bando, também foi morto, fato que marcou o fim do cangaço.

A Revolta da Vacina

Nas cidades, as camadas populares também resistiram ao autoritarismo e ao descaso das autoridades. Em 1902, o então presidente Rodrigues Alves confiou a Pereira Passos, o prefeito do Rio (capital federal), o seu plano de modernizar e higienizar a cidade. O prefeito começou pela construção da Avenida Central (hoje Rio Branco) e para isso autorizou a demolição de casarões e casebres do centro, habitados pela população humilde da cidade. Aos gritos de "Bota abaixo!", os funcionários da prefeitura derrubaram quarteirões inteiros.

Expulsos da região central, os antigos moradores do centro foram viver na periferia da cidade ou subiram os morros, onde construíram barracos de tábuas cobertos com latas de querosene abertas. Observe a figura.

Anônimo. c.1906. Coleção particular

Habitantes de uma favela do Rio de Janeiro no início do século XX. Como o Morro da Favela era um dos mais povoados, todo morro habitado passou a ser chamado de favela. Os moradores das favelas viviam sem privacidade, sem conforto e sem água corrente. Boa parte deles era afrodescendente.

Ao mesmo tempo, o médico sanitarista Dr. Oswaldo Cruz foi indicado pelo governo para combater a febre amarela, a varíola e a peste bubônica, doenças que vinham matando milhares de pessoas na cidade do Rio. Em 1904, um projeto de lei que defendia a obrigatoriedade da vacina contra a varíola dividiu e agitou a sociedade carioca; conheça os principais argumentos de cada um dos lados.

Argumentos a favor da obrigatoriedade da vacina	Argumentos contra a obrigatoriedade da vacina
1) A varíola matava mais de 4 mil pessoas todos os anos no Rio de Janeiro. 2) A vacinação obrigatória tinha sido adotada com sucesso na Europa.	1) Cada pessoa devia ter o direito de escolher se queria ser vacinada ou não. 2) Os soros e os funcionários da saúde não eram confiáveis; os policiais usariam a força para vacinar as pessoas.

Dialogando

Quais argumentos você considerou mais pertinentes?

Convencido pelo Dr. Oswaldo Cruz, o Congresso aprovou, em 1904, a **Lei da Vacina Obrigatória**, que autorizava os funcionários da saúde a vacinarem contra a varíola todos os brasileiros a partir de seis meses de idade. Os desobedientes eram ameaçados com multas e demissões.

A obrigatoriedade da vacina, as demolições no centro da cidade, o custo de vida elevado, tudo isso levou a uma revolta popular, conhecida como Revolta da Vacina (1904).

1904. Coleção particular. Foto: Acervo Iconographia

De 10 a 16 de novembro de 1904, ocorreram intensos conflitos de rua; armados de paus, pedras e pedaços de ferro, os populares enfrentaram a polícia em vários pontos do Rio. Incendiaram bondes, arrancaram trilhos, depredaram lojas, além de cercar o Palácio do Catete, sede do governo, para protestar contra a vacinação obrigatória e a violência policial.

O governo ordenou que seus navios de guerra bombardeassem os bairros situados na orla litorânea e, ao mesmo tempo, suspendeu a obrigatoriedade da vacina contra a varíola; a Revolta foi desarticulada e seus líderes foram lançados aos porões de um navio e enviados ao Acre, região que tinha sido incorporada ao Brasil em 1903.

A Revolta da Chibata

No mar, também ocorreu um episódio de resistência popular.

Os navios da marinha brasileira estavam entre os mais modernos da época, mas o Código Disciplinar da Marinha era o mesmo dos tempos da escravidão: faltas leves eram punidas com a prisão na "solitária" por três dias; faltas leves repetidas, com prisão por seis dias; faltas graves com 25 chibatadas.

Em novembro de 1910, um dia após a posse do presidente Hermes da Fonseca, o marinheiro negro Marcelino Rodrigues Menezes foi condenado a 250 chibatadas, embora o regulamento permitisse 25 no máximo. O castigo foi dado no interior de um navio, aos olhos de toda a tripulação. Apesar de ter desmaiado durante o castigo, continuou a ser chicoteado. Era o que faltava para a explosão da revolta. Por meio de manobras rápidas, os marinheiros, liderados por **João Cândido**, dominaram os oficiais e assumiram o comando dos principais navios de guerra ancorados no Rio de Janeiro: o Minas Gerais e o São Paulo. Apontando seus canhões para a cidade, os rebeldes exigiram o fim do castigo da chibata, o aumento dos soldos e a anistia para os marinheiros rebelados.

Solitária: local de uma prisão em que o prisioneiro fica separado dos outros.

Soldo: salário de soldado.

Anistia: decisão do poder público que anula punições e concede perdão a alguém por atos considerados ilegais.

c. 1910. Coleção particular

Repare o grande número de afrodescendentes entre os marinheiros; por isso se diz que a existência da chibata no Código disciplinar da Marinha era uma manifestação de racismo. Lembre-se aqui que os oficiais da Marinha pertenciam, em sua maior parte, a famílias ricas, brancas e poderosas, que tinham tido a seu serviço negros e mestiços na condição de escravos ou libertos.

Sem forças para enfrentar a rebelião, o governo concordou em proibir os castigos corporais na Marinha e em anistiar os rebeldes. Os marinheiros cumpriram sua parte no acordo e devolveram os navios aos oficiais. O governo, porém, quebrou o acordo e partiu para a vingança: baixou um decreto que permitia expulsar da Marinha os elementos "indesejáveis" e mandou prender os líderes da Revolta; 16 deles morreram no presídio da Ilha das Cobras e nove foram fuzilados na viagem que conduzia à Amazônia dezenas de marinheiros condenados ao trabalho forçado nos seringais da região. O líder maior da Revolta, o marinheiro João Cândido, foi internado como louco. Mas graças a sua luta e a de seus companheiros aboliram-se os castigos corporais na Marinha brasileira.

1º dez. 1910. Arquivo do Estado de São Paulo, São Paulo

João Cândido, apelidado por um jornalista de "Almirante Negro", morreu em 1967 sem patente e sem aposentadoria, vendendo peixes que ele próprio pescava no cais de uma praia do Rio de Janeiro.

O movimento operário

No início do século XX, o ambiente das fábricas era insalubre, mal-iluminado e sem ventilação adequada; os operários trabalhavam de 14 a 16 horas por dia por salários que não acompanhavam o aumento do custo de vida; além disso, não havia direito a férias, nem à aposentadoria. Em 1920, em São Paulo, 51% dos operários eram estrangeiros, enquanto no Rio de Janeiro estes somavam 35%; a maioria formada por imigrantes italianos, portugueses e espanhóis. Apesar das frequentes rivalidades entre brasileiros e estrangeiros, assistiu-se na República Velha à formação de um movimento operário combativo e atuante.

c. 1910. Acervo Iconographia

Operários das Indústrias Reunidas Francisco Matarazzo, em São Paulo. Note o grande número de crianças operárias.

As ideologias do movimento operário

As doutrinas que tinham maior penetração no movimento operário eram o Socialismo e o Anarquismo. Os socialistas fundaram vários partidos políticos, como o **Partido Operário**, criado em 1890, na cidade do Rio de Janeiro. Eles lutavam por reformas, como a jornada de oito horas, e desejavam conquistá-las, sobretudo, por via democrática. Já o Anarquismo era predominante em São Paulo. Contrários à existência do Estado, os anarquistas se negavam a participar das eleições; defendiam a conquista do poder pelos operários por meio da greve geral revolucionária.

A greve de 1917

Em 1917, os operários de São Paulo realizaram a maior greve ocorrida na Primeira República. O movimento iniciou-se com a paralisação de algumas fábricas e logo se alastrou. Em uma das manifestações dos trabalhadores – às portas de uma fábrica de tecidos do grupo Matarazzo –, a polícia abriu fogo contra os manifestantes, baleando o trabalhador anarquista **Francisco Martinez**, que morreu no dia seguinte.

O enterro do jovem operário foi o estopim de uma greve geral em São Paulo e enfrentamentos entre trabalhadores e policiais. Para voltar ao trabalho, os trabalhadores exigiam:

- jornada de oito horas e aumentos salariais;
- abolição do trabalho noturno para mulheres e menores de 18 anos;
- pagamento pontual;
- diminuição dos aluguéis e o congelamento dos preços dos alimentos.

1917. Universidade Estadual de Campinas/Acervo Edgard Leurenroth

Foto do cortejo fúnebre do sapateiro Martinez, morto durante a greve geral de 1917, em confronto com a polícia de São Paulo.

O movimento grevista se alastrou para o Rio de Janeiro, Paraíba, Minas Gerais e Rio Grande do Sul.

Em São Paulo, os patrões concordaram em aumentar os salários em 20% e prometeram não dispensar nenhum grevista, respeitar o direito de reunião, libertar os grevistas presos e fazer esforços, em conjunto com o governo, para melhorar as condições de vida dos trabalhadores. Diante dessas promessas, o operariado paulista voltou ao trabalho. Terminada a greve, porém, os empresários passaram a perseguir e a demitir os principais líderes do movimento.

Nos anos seguintes à greve geral de 1917, as lutas operárias por melhores condições de vida e de trabalho prosseguiram. Em março de 1922, um grupo composto por líderes operários e intelectuais fundou o Partido Comunista do Brasil (PCB). Os comunistas, ao contrário dos anarquistas e socialistas, possuíam uma organização centralizada e nacional, que defendia um governo do proletariado e a coletivização das terras e das fábricas. Diferentemente dos anarquistas, os comunistas participavam do processo eleitoral, pois julgavam que esse era um meio legítimo de atuação para a transformação social.

Poucos meses após sua fundação, o PCB foi colocado na ilegalidade pelo governo republicano. Apesar disso, continuou a atuar de forma **clandestina** nos sindicatos e na imprensa operária. De sua parte, os jornais do patronato passaram a rotular todas as greves como ações comunistas orientadas por Moscou, capital da então União Soviética.

Clandestina: oculta, escondida.

As autoridades da República Velha, por sua vez, consideravam o movimento operário como um "caso de polícia" e o reprimiam invadindo associações operárias e prendendo grevistas. O presidente Artur Bernardes, no entanto, usou uma outra estratégia para enfraquecer o movimento operário: em 1925 tornou feriado nacional o dia 1º de Maio. Com isso, pretendia que os trabalhadores deixassem de ver e usar essa data como dia de resistência e a transformassem em dia de festa.

Atividades

1 O texto abaixo é trecho de um discurso do monge José Maria, um dos líderes do Contestado. Leia-o com atenção e a seguir responda ao que se pede:

Vocês se acodem comigo para conseguir cura de suas doenças, uma ideia, um conselho para os seus padecimentos. As autoridades não fazem nada e não querem que ninguém faça [...] Eles têm cobiça por terras, por gente, por amigos e por compadres. Os mandões estão trazendo gente lá de fora e dão tudo aos estrangeiros [...] Os gaviões estão chegando e querem os pintinhos.

Aprontem-se que vai haver guerra feia.

Wilmar D'angelis. *Contestado: a revolta dos sem-terras*. São Paulo: FTD, 1991. p. 13. (Cinco séculos de resistência).

a) A quem José Maria se dirige?

b) O que significa "mandões", "gaviões" e "pintinhos" no texto?

c) A Revolta do Contestado pode ser considerada como um episódio da luta pela terra no Brasil. Explique.

2 Monte uma ficha sobre a resistência popular na República Velha:

Nome da revolta	Onde e quando ocorreu	Líder	Motivos	Desfecho
Canudos				
Contestado				
Vacina				
Chibata				

3 Leia com atenção as fontes 1 e 2.

Fonte 1

Sergipe, Fazenda Angico
Meus crimes se terminaram
O criminoso era eu
E os santinhos me mataram
Um Lampião se apagou
Outros Lampiões ficaram
O cangaço continua
De gravata e jaquetão
Sem usar chapéu de couro
Sem bacamarte na mão
E matando muito mais
Tá assim de lampião.

Lampião falou. Música de Aparício Nascimento e Venâncio, cantada por Luiz Gonzaga. In: Valter Roitman. *Cangaceiros: crime e aventura no sertão.* São Paulo: FTD, 1997. p. 43. (Para conhecer melhor).

Fonte 2

O cangaceiro é doente
É um indivíduo anormal
Recebendo a influência
Do ambiente social
Com justiça e instrução
É difícil um Lampião
Cair na trilha do mal
[...]
Também não está direito
Ter pena dele demais
Dizer que eles são heróis
Como muita gente faz
Cadeia para esta gente
Com tratamento decente
Em prisões especiais.

João Martins de Atayde. In: Mark Curran. *História do Brasil em cordel.* São Paulo: Editora da Universidade de São Paulo, 2009. p. 74.

a) Como os autores da fonte 1 veem Lampião?

b) O que os autores da fonte 1 querem dizer com *"Um lampião se apagou / Outros lampiões ficaram / O cangaço continua de gravata e jaquetão"*?

c) Compare os autores da fonte 1 ao da fonte 2 quanto ao modo como eles veem Lampião.

4 Debate Com a classe dividida em três grupos, debatam sobre a obrigatoriedade da vacina em 1904. Um grupo defende a obrigatoriedade, o outro argumenta contra essa decisão do governo e um terceiro avalia e comenta o debate.

5 Observe as fontes 1 e 2 com atenção e responda ao que se pede.

Fonte 1

c. 1910. Acervo Iconographia.

Fonte 2

A maioria dos trabalhadores estava submetida a longas jornadas de trabalho – que nos primeiros anos do século XX atingiam 14 horas no Distrito Federal e 16 horas em São Paulo –, com poucas possibilidades de descanso e de lazer. Esses trabalhadores moravam em habitações precárias, como os cortiços; na periferia dos centros urbanos, padecendo problemas de transporte e de infraestrutura; ou, ainda, submetidos ao controle patronal, caso das vilas operárias das empresas. No caso de doença, invalidez ou desemprego, o trabalhador [...] via-se inteiramente desassistido e tinha sua sobrevivência ameaçada em virtude da completa ausência de políticas sociais [...].

Claudio Henrique de Moraes Batalha. *O movimento operário na Primeira República*. Rio de Janeiro: Zahar, 2000. p. 11. (Descobrindo o Brasil).

a) Descreva com suas palavras a fonte 1.

b) Resuma o conteúdo da fonte 2.

c) Escreva um pequeno texto relacionando a fonte 1 à fonte 2.

A IMAGEM COMO FONTE

As charges desta página foram feitas no mesmo ano. Observe-as com atenção, reflita e responda:

Fonte 1

Balbino. c. 1904. Em *Revista da Semana*. Coleção particular

Fonte 2

O Malho, 26/11/1904. Coleção particular

1 Quem são os personagens da fonte 1 e como estão representados?

2 No que o presidente Rodrigues Alves (fonte 2) está pisando?

3 Quem ou o que a personagem que está atrás de Rodrigues Alves representa?

4 A imagem da fonte 2 foi capa de uma revista publicada imediatamente após a Revolta da Vacina. Qual é a mensagem transmitida por ela?

5 Compare o modo como o governo é representado na fonte 1 com o modo como ele é representado na fonte 2.

6 Se você fosse um chargista da época, qual caricatura gostaria de ter feito? Por quê?

O TEXTO COMO FONTE

ESTADO BRASILEIRO, POVOS INDÍGENAS E O MARECHAL RONDON

Arquivo O Cruzeiro/EM/D.A Press

Marechal Cândido Mariano da Silva Rondon colhe dados sobre música e folclore de indígenas no Mato Grosso.

Em 1910, o governo brasileiro interferia pela primeira vez na questão indígena criando o Serviço de Proteção ao Índio (SPI), cujo objetivo era prestar assistência a todos os indígenas. Por sua habilidade no trato com esses povos do Mato Grosso, o **Marechal Cândido Rondon** (1865-1958) foi convidado para ser diretor do SPI.

> **Marechal Rondon:** militar positivista para quem o Estado brasileiro devia criar uma agência com o objetivo de: *estabelecer a convivência pacífica com os índios; [...] fazer os índios adotarem gradualmente hábitos "civilizados"; influir de forma "amistosa" sobre a vida indígena; fixar o índio à terra; contribuir para o povoamento do interior do Brasil.[...]* Disponível em: <www.dominiopublico.gov.br/download/texto/me004372.pdf>. Acesso em: 29 fev. 2012.

Sob a direção de Rondon, o SPI visava, sobretudo, à integração do indígena à Nação, e, para tal, propunha os seguintes passos: atração, pacificação, civilização e a obtenção, junto ao governo de cada estado, de um território para o grupo viver. O Código Civil de 1916 considerava os indígenas incapazes de assumir integralmente suas responsabilidades e determinava que deviam ser tutelados pelo Estado até sua total integração à sociedade brasileira, isto é, até deixarem de ser indígenas. Dessa forma, o Código Civil de 1916 equiparava os indígenas às pessoas entre 16 e 21 anos e aos loucos.

As autoridades que trabalharam no Código não compreendiam que os indígenas são capazes; ocorre que eles possuem culturas próprias, e são culturalmente diferentes de nós.

O SPI atuou em áreas de colonização como São Paulo, Paraná, Espírito Santo, Mato Grosso, entre outras. Nessas áreas foram instaladas equipes de atração e postos indígenas. Os inspetores do SPI adotavam a técnica de contato desenvolvida por Rondon, que consistia em manter uma atitude defensiva em relação aos indígenas até que o relacionamento com eles fosse estabelecido. Depois buscavam junto aos governos estaduais garantir uma terra para o grupo.

1. Segundo o texto, qual era o objetivo do SPI?
2. O que as autoridades do SPI entendiam por "integração total do indígena à sociedade brasileira"?
3. O Código Civil de 1916 equiparava os indígenas às pessoas com idade entre 16 e 21 anos e aos loucos; explique.
4. Em dupla Debatam, reflitam e respondam: o tutor (no caso, o Estado brasileiro) existe para proteger o indígena ou para defender os interesses da sociedade nacional junto aos indígenas?

LIVROS, *SITES* E FILMES

Livros

D'ANGELIS, Wilmar. *Contestado: a revolta dos sem-terra.* São Paulo: FTD, 1991. (Cinco Séculos de Resistência).

PETTA, Nicolina Luiza de. *A Fábrica e a Cidade até 1930.* São Paulo: Atual, 1995. (A vida no tempo).

ROLAND, Maria Inês. *A Revolta da Chibata.* São Paulo: Saraiva, 2000. (Que história é esta?).

Sites

Antônio Conselheiro - <www.suapesquisa.com/historia/guerradecanudos/antonio_conselheiro.htm>.

O *site* traz a biografia de Antônio Conselheiro, personagem-símbolo da resistência sertaneja aos desmandos da República.

Guerra do Contestado - <www.infoescola.com/historia/guerra-do-contestado/>.

Site sobre a Guerra do Contestado, um episódio emblemático da luta pela terra na história do Brasil.

Lampião - <www.infonet.com.br/lampiao>.

Site com imagens e textos sobre o líder cangaceiro, Virgulino Ferreira da Silva, o Lampião.

Filmes

Guerra de Canudos. Direção de Sérgio Rezende. Brasil, 1997. (170 min.)

Neste longa-metragem, a história de Antônio Conselheiro e do Arraial de Canudos é representada numa superprodução repleta de ação e emoção. Narra a trágica Guerra de Canudos, onde o exército brasileiro, depois de três derrotas, destrói todo o vilarejo matando os quase 30 mil habitantes. Estrelado por José Wilker (Antônio Conselheiro), essa superprodução é uma referência no cinema nacional.

Sobreviventes – Os filhos da Guerra de Canudos. Direção de Paulo Fontenelle. Brasil, 2004. (78 min.)

Documentário sobre a história dos descendentes dos sobreviventes da trágica e absurda Guerra de Canudos. Fantástico para discutir como o passado é parte do presente, de forma que a vida de muitas pessoas depende do que ocorreu há mais de 100 anos. Repleto de relatos das pessoas que conviveram com sobreviventes daquele que foi um dos maiores massacres da nossa história recente, realizado pelo então estado republicano brasileiro.

DEBATENDO E CONCLUINDO

Fonte 1

O texto a seguir é de divulgação científica e foi dado a público em 2010; leia-o com atenção.

[...] Nos últimos 20 anos os jovens têm feito uso cada vez mais frequente de ferramentas de informação e diversão que utilizam monitores, como videogames, telefones celulares, televisores, computadores etc. A atração gerada por esses recursos tecnológicos provoca excitação e desloca a criança e o jovem de outras atividades, sobretudo físicas e sociais, que são fundamentais para a sua saúde e desenvolvimento.

Um grande interesse existe em sabermos como o tempo gasto em frente a um monitor de televisão ou computador afeta a qualidade do relacionamento com a família e os amigos. [...]

Existem vários mecanismos potenciais confirmando a relação entre o aumento de tempo em frente à tela de TV e o baixo nível das relações. Por exemplo, adolescentes que têm a TV em seus quartos não somente passam mais tempo assistindo TV, mas também permanecem menos tempo à mesa com a família. É possível também que adolescentes com pobre relacionamento social utilizem as facilidades oferecidas pelo computador para tentar estabelecer novos relacionamentos como amizades "on-line" ou experiências parassociais com ícones ou personalidades. [...]

Extraído do *site:* <www.aprendercrianca.com.br/informacao/desvendando-os-misterios-do-cerebro/tempo-excessivo-na-tv-ou-computador-prejudica-habilidades-sociais-dos-adolescentes>. Acesso em: 19 abr. 2012.

Fonte 2

Rob Melnychuk/Photodisc/Getty Images

Adolescente vê TV e usa o notebook enquanto come e lê.

Fonte 3

Stephen St. John/National Geographic/Getty Images

Homem assistindo à televisão no mar. Carolina do Norte, EUA.

Nesta unidade estudamos várias formas de dominação, como o imperialismo, o coronelismo, a exploração do trabalho feminino e infantil, entre outras. Nesta seção vamos refletir sobre a dominação midiática; o poder de sedução da mídia sobre os jovens. A realidade mostrada na página anterior (fonte 2) é comum entre os adolescentes atuais: a) você conhece algum(a) colega que faz tudo ao mesmo tempo: come, vê TV, manuseia o *tablet* e estuda? b) Que relação o texto estabelece entre o tempo gasto com TV e computador e a qualidade do relacionamento com pais e amigos? c) Você concorda com essa conclusão? Que sugestões você daria a outros jovens para melhorar o relacionamento entre amigos? Você tem um bom relacionamento com seus pais e amigos?

UNIDADE II

Política e propaganda de massas

Fonte 1

Sequência fotográfica mostrando as várias expressões de Hitler durante um discurso.

Corbis/Latinstock

Fonte 2

Three Lions/Getty Images

Meninos da juventude fascista exercitando-se, em foto de 1936.

Fonte 3

Corbis/Latinstock

Exibição de atletas de uma organização fascista feminina, em foto de 1940.

O texto a seguir, da historiadora Maria Helena Capelato, aborda a política e a propaganda de massas. Leia-o com atenção.

Fonte 4

Nos regimes autoritários que se fundamentam na política de massas, a teatralização tem papel mais importante; o mito da unidade e a imagem do líder atrelado às massas tornam o cenário teatral especialmente adequado para o convencimento. [...]

A propaganda política enfatizava a busca de harmonia social e a eliminação dos conflitos. As mensagens indicavam a construção de uma sociedade fraterna [...] e com base nessa utopia se criou a imagem da "sociedade em festa", coesa e unida em torno do líder. Cláudia Schemes (1995) procurou mostrar que a teatralização do poder por meio das festas cívicas e esportivas (solenidades oficiais, desfiles cívicos, jogos, demonstrações de atletismo etc.) tinha como objetivo central criar imagem da sociedade unida, harmônica, alegre e feliz, ocultando as práticas repressivas exercidas para manter o controle social. [...]

Maria Helena Capelato. *Multidões em cena: propaganda política no varguismo e no peronismo.* São Paulo: Editora Unesp, 2009. p. 67.

O personagem da página à esquerda é bastante conhecido. Quem já não viu o ditador Adolf Hitler na TV ou no cinema, poderosos meios de comunicação de massa? Já no alto desta página, vê-se a juventude fascista (meninos e meninas) em demonstrações de atletismo. Que relação se pode estabelecer entre as imagens da página anterior (fonte 1) e o texto desta página (fonte 4)? Que imagem as fontes 2 e 3 transmitem da Itália fascista?

CAPÍTULO 6

A Grande Depressão, o fascismo e o nazismo

Filme de Charles Chaplin. *O Grande Ditador*. 1940. EUA. Foto: United Artists/Album/Latinstock

Observe a imagem e leia o texto. Ambos fazem parte da sequência final do filme *O Grande Ditador* (1940), de Charlie Chaplin.

> *Sinto muito, mas não pretendo ser um imperador. Não é esse o meu ofício. Não pretendo governar ou conquistar quem quer que seja. Gostaria de ajudar – se possível – judeus, o gentio... negros... brancos. [...] Neste mesmo instante a minha voz chega a milhares de pessoas pelo mundo afora... milhões de desesperados, homens, mulheres, criancinhas... vítimas de um sistema que tortura seres humanos e encarcera inocentes. [...]*
>
> *[...] Os ditadores liberam-se, porém escravizam o povo. Lutemos agora para libertar o mundo, abater as fronteiras nacionais, dar fim à ganância, ao ódio e à prepotência. Lutemos por um mundo de razão, um mundo em que a ciência e o progresso conduzam à ventura de todos nós. Soldados, em nome da democracia, unamo-nos!*
>
> Extraído do *site*: <www.culturabrasil.pro.br/chaplin1.htm>. Acesso em:28 fev. 2012.

O gesto e o bigode do personagem fotografado lembram um ditador; você sabe quem é ele? Conhece suas ideias? Que parte do discurso chamou mais a sua atenção? Você sabe a que sistema o texto se refere? Algumas das ideias deste discurso são aplicáveis aos dias de hoje? Quais? Por quê?

A Europa foi, com certeza, a região mais atingida pela Primeira Grande Guerra. Já os Estados Unidos saíram do conflito prestigiados e enriquecidos. Prestigiados porque sua participação foi decisiva para o resultado da guerra. Enriquecidos porque forneceram armas e alimentos a várias nações europeias. Os capitais acumulados durante a guerra e leis norte-americanas que aumentavam os impostos sobre os produtos estrangeiros favoreceram a arrancada dos Estados Unidos nos anos que se seguiram ao conflito.

Os "anos felizes"

Na década de 1920, a produção industrial norte-americana aumentou 64%. Os Estados Unidos eram, de longe, a maior economia do mundo. Para boa parte dos norte-americanos, aqueles tempos foram de prosperidade e otimismo. Por isso os anos 1920 ficaram conhecidos como "anos felizes". Os altos investimentos em pesquisa científica, o uso de novas fontes de energia e a produção em larga escala ajudam a explicar esse excelente desempenho industrial norte-americano. A confiança nessa prosperidade e a força da propaganda que chegava aos lares por meio do rádio levaram as pessoas a consumir cada vez mais. Em 1920, foi criada a primeira estação de rádio dos Estados Unidos.

Para saber mais PARA SABER MAIS PARA SABER MAIS

Acervo Iconographia

No Brasil, a primeira emissora de rádio, a *Rádio Sociedade*, foi criada em 1923 por Roquete Pinto, no Rio de Janeiro. O rádio inaugurou a era da comunicação de massa e possibilitou o extraordinário desenvolvimento da propaganda, visando ao aumento do consumo de bens. A imagem mostra uma família brasileira dos anos 1940 reunida ouvindo rádio.

Nos Estados Unidos, os meios de comunicação de massa da época (rádio e cinema) incentivavam o consumo dizendo que consumir ajudaria os Estados Unidos a continuar crescendo. Possuir o último modelo de carro, geladeira, fogão, rádio, aspirador de pó etc. passou a ser o ideal das famílias norte-americanas. Consumir sempre e cada vez mais passou a constituir o estilo de vida do país (*American way of life*).

A Grande Depressão

A prosperidade dos anos 1920 nos Estados Unidos foi acompanhada de uma febre de investimentos na **Bolsa de Valores**. As pessoas compravam ações, esperavam algumas semanas e, então, as vendiam com grande lucro. Quem aplicou 100 dólares em março de 1928, em ações da General Electric, em setembro do ano seguinte vendeu-as por 300. Atraídos pelo lucro fácil, muitos empresários aumentavam artificialmente os preços das ações de suas empresas na Bolsa. A especulação parecia não ter limites.

Bolsa de Valores: local onde são negociados determinados papéis de empresas e do governo. Os papéis do governo são chamados de títulos, e os das empresas, de ações.

O *crash* de 1929

Com essas altas constantes, no final dos anos 1920, o preço das ações já não correspondia à situação real das empresas. Até que, em um dado momento, uma grande empresa faliu e quando os investidores correram para vender suas ações descobriram que não havia compradores para elas. Em 24 de outubro de 1929, uma quinta-feira, os preços das ações começaram a despencar, o que levou ao *crash* (quebra) da Bolsa de Valores de Nova York na semana seguinte. Iniciava-se, assim, a **Grande Depressão** (1929-1933).

Grande Depressão: nome pelo qual ficou conhecida a pior crise da história do Capitalismo (1929-1933).

Popperfoto/Getty Images

Em Wall Street, um especulador tenta vender seu carro depois de ter perdido todo o seu dinheiro na Bolsa de Valores.

Razões da Grande Depressão

A maioria dos historiadores aponta quatro razões principais para a Grande Depressão:

a) **A concentração de riquezas nas mãos de poucos**. Em 1929, as 1.349 maiores empresas dos EUA possuíam juntas uma renda de 7 bilhões de dólares, enquanto a renda de todas as outras juntas mal chegava a 1,7 bilhão de dólares.

b) **o descompasso entre o crescimento dos salários e o aumento dos lucros**. Assim, os ricos foram ficando cada vez mais ricos e o número de pobres aumentou, o que limitava bastante a capacidade de consumo.

c) **A concorrência que a Europa passou a fazer aos Estados Unidos no mercado internacional**. A partir de 1925, os países europeus começaram a se recuperar dos danos causados pela Primeira Guerra Mundial e voltaram a produzir o que antes importavam dos Estados Unidos.

d) **A crise agrícola; a prosperidade dos anos 1920 estava ligada à indústria, e não à agricultura, que esteve em crise durante toda a década.** Com a mecanização e a eletrificação ocorridas no campo, produzia-se muito acima da capacidade de consumo. Assim, os preços dos produtos agrícolas mantinham-se baixos e os agricultores eram obrigados a pedir dinheiro aos bancos.

Resumindo: a concentração de riqueza, a concorrência europeia – reduzindo o mercado dos produtos americanos – e a crise agrícola contribuíram para que houvesse muito mais mercadorias do que pessoas com dinheiro para comprá-las; configurava-se, assim, uma **crise de superprodução**.

Os agricultores começaram a perder suas terras por não ter como pagar as dívidas com os bancos; muitas indústrias faliram; outros diminuíram a produção e despediram trabalhadores. Sem emprego, as pessoas compravam menos. O governo norte-americano, por sua vez, diminuiu ao máximo suas compras do exterior, cortou os investimentos externos e parou de conceder empréstimos.

Com isso, a crise se agravou e atingiu outros países. Veja o que diz um historiador:

> *No pior período da Depressão (1932-3), 22% a 23% da força de trabalho britânica e belga, 24% da sueca, 27% da americana, 29% da austríaca, 31% da norueguesa, 32% da dinamarquesa e nada menos que 44% da alemã não tinha emprego. [...].*

Eric Hobsbawm. *Era dos extremos: o breve século XX: 1914-1991.* São Paulo: Companhia das Letras, 1995. p. 97.

1930. Coleção particular. Foto: FPG/Hulton Archive/Getty Images

Fila de desempregados à procura de abrigos em Nova York durante a Grande Depressão.

DIALOGANDO

O que se pode concluir com base nesses dados?

Note-se, porém, que a crise atingiu, sobretudo, os mais pobres, contados aos milhões, mesmo durante os "anos felizes". Os discos de *jazz*, por exemplo, que na época eram produzidos e consumidos principalmente por afrodescendentes, praticamente deixaram de ser fabricados.

Bettmann/Corbis/Latinstock

Em destaque, Louis Armstrong (1900-1971), considerado um dos maiores trompetistas e intérpretes de *jazz* de todos os tempos. Os anos 1920 ficaram conhecidos também como a Era do *Jazz*. Assim como o *rap* e o *hip hop*, o *jazz* é um gênero musical surgido entre a comunidade negra e pobre dos Estados Unidos. Muitas das letras do *jazz* eram inspiradas nas experiências sociais dos seus compositores e intérpretes: negros pobres que buscavam na música canais de expressão de sua humanidade, nem sempre reconhecida.

O *New Deal*

Enquanto a crise se alastrava pelo mundo, nos Estados Unidos, em 1932, o líder do Partido Democrata, Franklin Delano Roosevelt, foi eleito presidente da República. Sua equipe econômica adotou, então, as ideias do economista britânico John Maynard Keynes, que tinha previsto a crise e propunha soluções para enfrentá-la.

Hulton Archive/Getty Images

Recém-eleito, Franklin Roosevelt (centro) acena com o chapéu para as pessoas, de braço dado com seu filho, James, após vencer as eleições presidenciais de 1932.

Keynes defendia que o Estado deveria intervir na economia, fazendo investimentos maciços e planejando-a de modo a garantir o emprego. Assim, no início do seu governo, Roosevelt lançou o *New Deal* ("**Novo Acordo**"), uma nova forma de gerenciar a economia. Entre as suas principais medidas estavam:

- **o investimento maciço em obras públicas**, investindo 4 bilhões de dólares na construção de usinas hidrelétricas, barragens, pontes, hospitais, escolas, aeroportos etc. Tais obras geraram milhões de novos empregos;
- **a destruição dos estoques de gêneros agrícolas** como algodão, trigo e milho, a fim de conter a queda de seus preços;
- **o controle sobre os preços e a produção** para evitar a superprodução na agricultura e na indústria;
- **a diminuição da jornada de trabalho** com o objetivo de abrir novos postos. Além disso, fixou-se o salário mínimo, criou-se o seguro-desemprego e o seguro-velhice (para os maiores de 65 anos).

Com essas medidas, o desemprego diminuiu, a indústria e a agricultura recuperaram-se parcialmente, os salários pararam de cair e, a partir de 1934, a renda nacional voltou a crescer. Observe a tabela:

Renda Nacional dos Estados Unidos (em bilhões de dólares)			
1929	87,4	**1935**	56,8
1930	75	**1936**	64,7
1931	58,9	**1937**	73,6
1932	41,7	**1938**	67,4
1933	39,6	**1939**	72,5
1934	48,6	**1940**	81,3

NIVEAU, Maurice. *História dos fatos econômicos contemporâneos*. São Paulo: Difel, 1969. p. 227.

No resto do mundo, os efeitos da Grande Depressão levaram milhões de pessoas a ficar sem trabalho e sem esperança. Essa situação favoreceu o surgimento de políticos autoritários que acusavam as democracias liberais de serem incapazes de resolver os problemas da população. Para esses políticos a solução era um governo forte, dirigido por um líder único que fosse uma espécie de "salvador da pátria". Essa solução tinha um nome: **fascismo.**

O fascismo na Itália

Após o fim da Primeira Guerra, a Itália amargava grandes perdas materiais e humanas e devia somas elevadas aos banqueiros norte-americanos e ingleses. O desemprego, já alto, aumentou ainda mais com a volta para casa de 2 milhões de soldados; além disso, muitos italianos reclamavam de o seu país não ter ganhado territórios, apesar de ter lutado na guerra ao lado dos vencedores.

Nesse contexto, o ex-combatente italiano Benito Mussolini (1883-1945) se lança na política. Mussolini foi professor primário, jornalista e defensor do socialismo, chegando a ser perseguido por suas ideias. Porém, ao voltar da Primeira Guerra, abandonou o ideal socialista e fundou, em 1919, os ***fasci italiani di combattimento*** – organização que deu origem ao movimento e ao partido fascista.

Fasci italiani di combattimento: movimento nacionalista e antiliberal, que atuava por meio de esquadrões armados liderados por ex-oficiais e integrados por jovens ricos e por marginais.

Uma característica importante do fascismo é o nacionalismo extremado. Os fascistas defendiam a necessidade de uma nação forte, unida, sem luta de classes, a fim de que a Itália revivesse as glórias do Antigo Império Romano. Veja o que diz Mussolini:

> *O fascismo não crê, nem na possibilidade, nem na utilidade de uma paz perpétua. Só a guerra leva ao máximo de tensão todas as energias humanas e marca com um sinal de nobreza os povos que têm a coragem de afrontá-la.*
>
> *Para nós, fascistas, a vida é um combate contínuo e incessante. [...]*
>
> *O princípio essencial da doutrina fascista é a concepção de Estado. Tudo no Estado, nada contra o Estado, nada fora do Estado. O indivíduo está subordinado às necessidades do Estado e, à medida que a civilização assume formas cada vez mais complexas, a liberdade do indivíduo se restringe cada vez mais. Nós representamos um princípio novo no mundo, representamos a antítese nítida, categórica, definitiva da democracia [...], da monarquia, em suma [...] dos imortais princípios de 1789.*

Hulton-Deutsch Collection/Corbis/Latinstock

"Acreditar, obedecer e combater." Mussolini utilizava *slogans* como este para despertar o ímpeto nacionalista da população, que manipulava em seu próprio benefício.

Coletânea de Documentos Históricos para o 1º grau – 5ª a 8ª séries, p. 89.

DIALOGANDO

1 Como Mussolini vê a guerra?

2 O que para ele é a vida?

3 O que Mussolini quis dizer com "tudo no Estado, nada contra o Estado, nada fora do Estado"?

4 Quais são os imortais princípios de 1789 a que o texto se refere?

A marcha sobre Roma

O fascismo cresceu rapidamente com base no apoio de grandes empresários assustados com o crescimento dos socialistas e comunistas nas eleições parlamentares italianas. Esses empresários começaram a ver no fascismo o único meio de manter a ordem social que os favorecia. Mas o fascismo recebia também o apoio de ex-combatentes, de desempregados, de pequenos camponeses e de marginais. Fortalecido, o movimento fascista transformou-se em um partido político, o **Partido Nacional Fascista** (1921) e, em poucos meses, já contava com 300 mil integrantes obedientes ao *Duce* (chefe) Benito Mussolini.

No ano seguinte, aproveitando-se de uma greve geral deflagrada por comunistas e socialistas, Mussolini fez uma ameaça: ou o governo italiano restabelecia a ordem ou os fascistas o fariam. Percebendo que o rei da Itália, Vittorio Emanuelle III, fraquejava, Mussolini planejou e comandou o assalto ao poder. Em 1922, liderou a **Marcha sobre Roma**: à frente de milhares de fascistas (os camisas negras), vindos de várias partes da Itália, invadiu a capital para exigir o poder. A reação do rei Vittorio Emanuelle III foi convidar Mussolini a compor o governo, como primeiro-ministro; ele se tornou, então, o chefe de governo da Itália.

Veja o que um historiador disse sobre esse episódio:

> *[...] O triunfo do fascismo [...] resultou da habilidade do movimento em lidar com os problemas italianos da época, bem como dos erros e das divisões de seus adversários [...]. Para esse triunfo contribuíram também as classes dominantes, que viram no fascismo a saída para a crise que colocava a Itália à beira de uma revolução socialista.*
>
> João Fábio Bertonha. *Fascismo, nazismo, integralismo*. São Paulo: Ática, 2000, p. 15.

Dialogando

De que forma o historiador João Fábio explica a conquista do poder pelos "camisas negras"?

O governo de Mussolini

No poder, Mussolini evitava conflitos com seus adversários, mas, às escondidas, incentivava o vale-tudo. Em 1924, por exemplo, os fascistas usaram a violência e a fraude para vencer as eleições. O deputado socialista Giacomo Matteoti ousou denunciar a fraude e, por isso, foi raptado e assassinado pelos fascistas. O assassinato chocou o mundo; mas o rei da Itália continuou dando seu apoio a Mussolini que, fortalecido, implantou uma brutal ditadura: suprimiu todos os partidos de oposição, conservando apenas o Partido Nacional Fascista; fechou jornais; mandou prender centenas de jornalistas; criou uma polícia secreta, a OVRA, que perseguia, prendia e assassinava os adversários.

Mondadori Portfolio/Getty Images

Antônio Gramsci, pensador mundialmente conhecido e membro do Partido Comunista Italiano, foi um dos muitos intelectuais perseguidos e presos pelo governo de Mussolini. Gramsci escreveu parte de sua obra na cadeia, nela morrendo em 1937, vítima da ditadura fascista.

Mas Mussolini não usou apenas a força, recorreu também à aliança com a Igreja Católica e à propaganda de massas para conservar-se no poder. Em 1929, Mussolini assinou um acordo com o Papa Pio XI, o **Tratado de Latrão**, pelo qual reconhecia o Vaticano como Estado independente. Em compensação, obtinha o apoio de parte das autoridades católicas. Situado dentro da cidade de Roma, o Estado do Vaticano possui apenas cerca de 0,5 km^2 e é dirigido pela Igreja Católica.

Para combater os efeitos da Grande Depressão, o Estado fascista interveio na economia, favorecendo as grandes empresas e os bancos. Essa política beneficiou, sobretudo, as elites e a classe média (que conseguiam emprego no funcionalismo público). Os operários, porém, ficaram sem seus sindicatos e tiveram de enfrentar baixos salários e desemprego.

O nazismo na Alemanha

Assim como o fascismo italiano, o nazismo alemão também tirou proveito da crise que se seguiu à Primeira Guerra: inflação galopante, altas taxas de desemprego e dívida externa crescente; sabe-se, por meio de depoimentos e fotos daquela época, que as pessoas levavam carrinhos de mão cheios de dinheiro para comprar umas poucas coisas, tal era a rapidez com que o marco alemão perdia o valor.

Partido e ideologia nazista

O aprofundamento da crise favoreceu, por um lado, o crescimento de socialistas e comunistas nas eleições; por outro, abriu caminho para o surgimento de partidos que prometiam soluções rápidas e "mágicas". Um desses partidos foi o Partido Nazista, fundado em 1919, ano em que admitiu em seus quadros o ex-cabo Adolf Hitler.

Falando ao público, Hitler culpava os políticos liberais pela derrota da Alemanha na guerra e pelas condições humilhantes impostas ao país pelo **Tratado de Versalhes**. E para atrair e envolver os alemães dizia que o povo alemão era "superior aos demais e, que, apesar disso, estava entregue aos pontapés do resto do mundo". Com esse discurso inflamado e demagógico Hitler tornou-se, em pouco tempo, o líder absoluto dos nazistas.

Tratado de Versalhes: Imposto pela França em 1919, este tratado considerava a Alemanha a única responsável pela Primeira Guerra e exigia dela a quantia absurda de 132 bilhões de marcos (33 bilhões de dólares na época).

AP/Glow Images

Para empolgar as multidões, Hitler recorria a uma oratória demagógica, de gestos exagerados, e prometia tudo a todos sabendo de antemão que não iria cumprir.

Em 1920, o Partido Nazista criou as **SA – Tropas de Assalto** –, encarregadas de eliminar fisicamente seus adversários políticos. Três anos depois, Hitler tentou a tomada do poder por meio de um golpe de Estado na cidade alemã de Munique, mas fracassou e foi preso. Na cadeia, ele produziu boa parte de um livro contendo os princípios básicos do nazismo:

- **A superioridade da raça ariana.** Para Hitler existiria uma raça pura (a ariana), da qual provinham os alemães, que era superior a todas as outras.
- **O antissemitismo.** Os nazistas justificavam seu ódio aos judeus dizendo que eles haviam contaminado a "raça ariana". Assim, para salvar a Alemanha e purificar a raça ariana, os judeus deviam ser exterminados;
- **A necessidade de um espaço vital.** Para Adolf Hitler, os alemães precisavam conquistar territórios de outras nações a fim de se realizarem plenamente.

1936. Coleção particular. Foto: Album/Akg-Images/Latinstock

Propaganda antissemita veiculada na Alemanha nazista: à direita vê-se um garoto, representado como judeu, puxando as tranças de uma menina loura; à esquerda e ao centro, crianças alemãs zombam e fazem caretas para crianças judias que, sentindo-se constrangidas, deixam a escola acompanhadas de um adulto, que também é judeu (note o quipá em sua cabeça).

A ascensão dos nazistas

Desde 1925, a Alemanha republicana era governada pelo general Paul von Hindenburg, que, com a ajuda de capital norte-americano, colocou em prática um programa de recuperação econômica e fortaleceu a democracia no país. Líderes radicais, como Hitler, tinham perdido a credibilidade e Berlim, a capital do país, tornara-se palco de intensa atividade artística e cultural. Mas com a crise de 1929, a situação se alterou profundamente. Na Alemanha, a produção caiu, a inflação disparou e o desemprego trouxe consigo a fome, a humilhação e a falta de esperança.

Entre 1929 e 1932, o número de desempregados na Alemanha saltou de 2,85 para 6,04 milhões, que correspondia a quase um terço do total de trabalhadores. Nesse cenário deprimente, Hitler se apresentou como "salvador da pátria" e conquistou a simpatia de milhões de alemães, entre os quais havia muitos militares e industriais. Em janeiro de 1933, Hitler assumia o cargo de chanceler (chefe de governo) na Alemanha.

Dialogando

Por que será que milhões de alemães aderiram ao nazismo?

Hitler no poder

Logo no início da gestão de Hitler como primeiro-ministro, os nazistas conseguiram, aproximadamente, 44% do total de votos nas eleições parlamentares de 1933 (nas eleições anteriores, 1929, eles haviam obtido apenas 3% das cadeiras). Os nazistas tinham agora a maioria no Parlamento. A vitória dos nazistas nessas eleições pode ser explicada pelos efeitos da crise econômica sobre os eleitores e pelo uso intensivo da propaganda e da violência de Estado.

Hulton Archive/Getty Images

Hitler, ladeado por tropas de elite, durante cerimônia militar nazista em Nuremberg.

No poder, Adolf Hitler implantou a mais cruel ditadura da história da humanidade; os nazistas queimavam livros, demitiam democratas e comunistas de seus empregos e perseguiam os judeus (estes foram proibidos de namorar, casar ou manter relações sexuais com pessoas de "sangue alemão"). Em 1934, com a morte de Hindenburg, Hitler assumiu a presidência com o título de *Führer* (guia, condutor) e, no governo, não cumpriu nenhuma de suas muitas promessas: os salários foram congelados, a **reforma agrária** ficou só no papel e os trustes, como o do grupo Krupp, ganharam maior liberdade para agir. Então, Hitler e seus auxiliares intensificaram a propaganda e a violência física contra adversários.

> **Reforma agrária:** conjunto de medidas jurídicas e econômicas que visam melhorar a distribuição das terras cultiváveis, tornando a propriedade, a posse e o uso da terra acessíveis a um número maior de pessoas ou famílias.

Na política externa, a Alemanha nazista aliou-se à Itália fascista em 1936, ano em que, por forte pressão de Hitler, a capital alemã sediou os Jogos Olímpicos. A intenção do *Führer* naqueles jogos era comprovar a superioridade alemã.

PARA REFLETIR

AS OLIMPÍADAS DE 1936: ESPORTE E RACISMO

Biblioteca do Congresso, Washington

Jesse Owens, atleta negro norte-americano, vence com folga a prova dos 100 m rasos em 3 de agosto de 1936. Para desgosto de Hitler, Owens ganhou quatro medalhas de ouro nos Jogos Olímpicos de Berlim, em 1936: nos 100 m, nos 200 m, no revezamento 4x100 m e no salto em distância.

Em 1936, os Jogos Olímpicos foram organizados em Berlim. Disposto a impressionar o resto do mundo, Hitler mandou construir um estádio para 100 mil pessoas; gastou cerca de 30 milhões de dólares para erguer a Vila Olímpica, onde seriam recebidos 4 mil atletas de todos os continentes; e encomendou a uma consagrada cineasta alemã, Leni Riefensthal, a direção do filme oficial da competição, que deveria ser um louvor aos ideais nazistas.

No entanto, nem tudo saiu do jeito que Hitler desejava.

Inicialmente, foi obrigado a aceitar na equipe da Alemanha duas atletas alemãs de origem judia (elas não eram, na visão de Hitler, "alemãs puras"): Gretel Bergamann, atleta de salto em altura, e Helene Meyer, esgrimista que havia ganhado uma medalha de ouro nos Jogos Olímpicos de 1928. O Comitê Olímpico Internacional pressionou as autoridades nazistas com uma ameaça: se elas fossem proibidas de participar, a Alemanha não sediaria os jogos.

E mais: quem mais brilhou naqueles jogos não foi nenhum "ariano puro", de cabelos loiros e olhos azuis, mas sim os atletas negros norte-americanos que ganharam todas provas de atletismo, entre 100 m e 800 m, salto em distância e salto em altura. Entre eles estava um neto de escravos, o corredor Jesse Owens, que ganhou quatro medalhas de ouro. No salto em distância atingiu 8,06 m, recorde olímpico por 24 anos.

Hitler estava presente no estádio, mas saiu antes que a prova de salto terminasse. A "estrela da festa" foi mesmo Jesse Owens, cuja vitória é até hoje lembrada como prova de que as ideias racistas de Hitler não passam de bobagens.

No campo econômico, o nazismo desenvolveu as indústrias de base (ferro, aço, máquinas), investiu em obras públicas e estimulou as fábricas de armas diminuindo, com isso, o desemprego. Em 1938, Hitler substituiu vários comandantes militares e assumiu o comando das Forças Armadas; o *Führer* já não escondia as suas intenções: ele preparava a Alemanha para a guerra.

As ideias nazifascistas ganharam seguidores em várias partes do mundo, como Espanha, Portugal e Brasil.

Movimentos fascistas em outros países

Na Espanha, o impacto da Grande Depressão gerou grande insatisfação popular e favoreceu a queda da Monarquia e a proclamação da República, em 1931. O governo republicano pôs em prática uma reforma agrária e militar que encontrou forte oposição entre grupos da elite e das camadas médias espanholas; tais grupos se uniram, então, e formaram a **Falange**, um partido fascista que também usava a violência para combater e eliminar os adversários. Socialistas e comunistas, por sua vez, aliaram-se aos republicanos e formaram a **Frente Popular**, que venceu as eleições de 1936 e assumiu o poder na Espanha.

Os fascistas liderados pelo general Francisco Franco, apoiado por parte do Exército e dos membros da Falange, reagiram pegando em armas; teve início assim uma sangrenta **guerra civil** (1936-1939). Hitler e Mussolini, juntos, enviaram soldados para a Espanha a fim de ajudar os fascistas liderados por Franco a derrubar o governo republicano eleito democraticamente pelo povo espanhol.

Dialogando

Observe a imagem com atenção.

O cartaz diz: "Levantemo-nos contra a invasão italiana na Espanha."

1. Que país está sendo pisado na imagem?
2. E a bota mostrada na imagem o que representa?
3. Como você chegou a essa conclusão?

1937. Litogravura. Coleção particular. Foto: The Bridgeman Art Library/Glow Images

A Guerra Civil espanhola matou 750 mil pessoas e foi vencida pelas forças do general Franco, que se aproveitou para instalar no país uma brutal ditadura (o **franquismo**). A democracia só foi restabelecida na Espanha em 1976, com a volta das eleições e da monarquia parlamentar.

Um outro exemplo de fascismo foi o **salazarismo**, nome pelo qual ficou conhecida a ditadura instalada em Portugal pelo professor de economia Antônio de Oliveira Salazar, entre 1933 e 1974. No Brasil, as ideias fascistas inspiraram a criação da **Ação Integralista Brasileira**, cujo chefe supremo era o escritor e jornalista Plínio Salgado. O fascismo à brasileira foi chamado de **integralismo**.

Atividades

1 A foto a seguir foi tirada no início dos anos 1930. Em primeiro plano vê-se uma fila de desempregados; e, ao fundo, um enorme *outdoor*. Observe a foto com atenção:

Photo Researchers/Diomedia

a) O que está escrito no *outdoor* (no alto) e no canto superior direito?

b) Que realidade o fotógrafo conseguiu captar?

c) Pode-se dizer que o fotógrafo teve a intenção de fazer uma crítica social?

2 **Identifique a alternativa errada e corrija-a.**

Entre as razões da Grande Depressão, podemos citar:

a) A distribuição de riquezas entre um número maior de pessoas.

b) O descompasso entre o crescimento dos salários e o aumento dos lucros.

c) A concorrência que a Europa passou a fazer aos Estados Unidos no mercado internacional.

d) A crise agrícola; a prosperidade dos anos 1920 estava ligada à indústria, e não à agricultura, que esteve em crise durante toda a década.

3 **Compare as fontes a seguir e responda no caderno.**

Fonte 1

Hulton Archive/Getty Images

Crianças empinando pipas feitas com dinheiro alemão (marco).

Fonte 2

Câmbio e salário na Alemanha dos anos 1920			
Datas		Valor em marcos de um dólar	Salário em dólar
Abril	1922	1 000	
Novembro	1922	6 000	30
Janeiro	1923	56 000	
Maio	1923		14
Julho	1923	200 000	
Agosto	1923	2 000 000	
5 de setembro	1923	20 000 000	
20 de setembro	1923	325 000 000	
Outubro	1923		2

Citado por: Luiz Arnaut e Rodrigo P. Sá Motta. *A segunda Grande Guerra*. São Paulo: Saraiva, 2007, p. 16.

a) O que mostra a tabela?

b) O que se pode concluir pela sua leitura?

c) A fonte 1 nega ou confirma a fonte 2? Explique.

4 Discutindo o presente.

A foto a seguir mostra um integrante do Movimento Neonazista, durante a cerimônia de inauguração do Museu do Holocausto, em Illinois, nos Estados Unidos, em 19 de abril de 2009. No dia, ele se encontrava a poucos metros da porta do Museu.

Scott Olson/Getty Images

a) Que símbolo é este que está tatuado na cabeça do rapaz e que partido se apropriou dele nos anos de 1920?

b) Levante uma hipótese: por que este neonazista compareceu à cerimônia de inauguração do Museu do Holocausto, nos Estados Unidos?

c) Em grupo Debatam, reflitam e proponham um conjunto de medidas que divulguem a tolerância e o respeito entre os povos. Postem o trabalho no *blog* da turma.

A IMAGEM COMO FONTE

A imagem é uma reprodução de *Guernica*, a obra mais conhecida do pintor espanhol Pablo Picasso (1881-1973), um dos mais importantes artistas do século XX. Guernica é também o nome de uma pequena cidade basca, do nordeste da Espanha, bombardeada pela aviação alemã, a mando de Hitler, durante a Guerra Civil Espanhola (1936-1939). Observe o quadro com atenção:

Pablo Picasso. 1937. Óleo sobre tela. Museu Nacional Centro de Arte Rainha Sofia, Madri. Foto: Akg-Images/Latinstock

1 Alguns elementos da pintura, como por exemplo o touro, chamam a atenção do observador: o que o touro pode estar simbolizando?

2 O que o artista terá pretendido ao pintar uma mulher e seu bebê morto nos braços?

3 O que o artista terá pretendido ao mostrar esse guerreiro morto, em primeiro plano?

4 Qual seria o significado da lâmpada na obra?

5 Por que o artista terá escolhido o branco, o preto e os diversos tons de cinza para elaborar sua obra?

6 Como Guernica é vista hoje em dia?

7 Elabore um pequeno texto sobre Picasso e o contexto em que a obra foi pintada.

O TEXTO COMO FONTE

O trecho a seguir foi extraído do livro *Minha luta*, de Adolf Hitler. Leia-o com atenção:

> *[...] Nosso povo alemão, hoje esfacelado, jazendo entregue, sem defesa, aos pontapés do resto do mundo, tem, precisamente, necessidade da força, que a confiança em si proporciona. Todo o sistema de educação e da cultura deve visar a dar às crianças de nosso povo a convicção de que são absolutamente superiores aos outros povos.*
>
> *[...] O direito ao solo e à terra pode tornar-se em dever quando um grande povo parece destinado à ruína por falta de extensão territorial. Especialmente quando não se trata de qualquer populaçãozinha negra, mas da Alemanha, mãe da vida, mãe de toda a civilização atual.*
>
> *A Alemanha tem todas as oportunidades de arrebatar a Ucrânia à Rússia soviética porque o comunismo é dirigido pelos judeus: ora, a longo prazo, os judeus não saberão conservar o Estado potente. Ele não é um elemento organizado, não passa de um fermento de decomposição. O fim do domínio dos judeus sobre a Rússia será também o fim da Rússia como Estado. Fomos eleitos pelo destino para assistir a uma catástrofe que constituirá a prova mais sólida da exatidão das teorias racistas no tocante às raças humanas.*

Adolf Hitler. *Minha luta*. In: *Coletânea de documentos históricos para o 1º grau – 5ª a 8ª séries*. São Paulo: SE/CENP, 1985. p. 90.

Com base no texto identifique:

1 o arianismo;

2 a teoria do espaço vital;

3 o racismo;

4 o antissemitismo.

LIVROS, *SITES* E FILMES

Livros

MOCELLIN, Renato. *O nazismo*. São Paulo: FTD, 1999. (Para conhecer melhor).

BERTONHA, João Julio. *Fascismo, nazismo, integralismo*. São Paulo: Ática, 2000.

Site

Debates sobre 29 – <http://historiaonline.com.br/debates/>. *Site* no qual um grupo de professores e estudantes debatem diferentes temas da história, inclusive a Grande Depressão.

Filme

A onda. Direção de Dennis Gansel. Alemanha, 2008 (101 min.). Filme bastante aclamado pela crítica em diversos países, nos narra a história de um professor de Ensino Médio, Rainer Wegner, que, ao realizar um minicurso sobre autocracia, propõe um experimento que explique na prática os mecanismos do fascismo e do poder. O grupo de alunos passa a ser chamado de *A onda*, um uniforme próprio é escolhido e o lema "força pela disciplina" torna-se o caminho a ser trilhado. Essa experiência torna-se cativante e ao mesmo tempo perigosa, o que nos proporciona um final avassalador que mostra o terror que pode ser uma nação inteira controlada por um regime totalitário.

CAPÍTULO 7

A Segunda Guerra Mundial

Observe a imagem com atenção.

Haruyoshi Yamaguchi/Corbis/Latinstock

A foto mostra japoneses soltando pombas – um símbolo da paz – em Yasukuni Shrine, em 15 de agosto de 2001. Qual será o motivo desta comemoração em 15 de agosto? Por que soltam pombas brancas com tanto entusiasmo? Por quem será que o menino, no canto inferior direito, está orando? Você sabia que o Japão foi atingido por duas bombas atômicas durante a Segunda Guerra? Você viu alguma reportagem, foto ou filme sobre o assunto? Sabia que os brasileiros também lutaram naquela guerra?

Céu de nuvens carregadas

Vimos que o Tratado de Versalhes considerou a Alemanha a única culpada pela Primeira Guerra, e impôs a ela pesadas perdas materiais e financeiras. Vimos também que, com seu orgulho nacional ferido, boa parte dos alemães acreditou no discurso de Hitler, de que a Alemanha estava entregue aos pontapés do mundo. E isso, como se sabe, colaborou para a ascensão do nazismo e de Adolf Hitler ao cargo de chanceler da Alemanha, em 1933.

No poder, o *Führer* começou a militarizar a Alemanha, afrontando abertamente as imposições feitas pela França e pela Inglaterra no Tratado de Versalhes. A Itália de Mussolini também nutria fortes ressentimentos em relação à Inglaterra e à França, pois participara da Primeira Guerra ao lado desses países e não obtivera as compensações territoriais que lhe foram prometidas. O Japão, por sua vez, industrializava-se rapidamente e ambicionava ampliar seus mercados e áreas de influência.

Séc. XX. Aquarela. Coleção particular. Foto: Corbis/Latinstock

Desafiando a ordem internacional vigente na década de 1930, o **Japão**, a **Itália** e a **Alemanha** adotaram uma política declaradamente imperialista.

Dialogando

1 Você é capaz de identificar os personagens mostrados na imagem?

2 O que eles estão fazendo?

3 O que o autor pretendeu com esta charge?

O imperialismo japonês

No início do século XX, o Japão era uma potência industrial, a única de toda a Ásia. E tinha deixado de ser vítima do imperialismo para tornar-se, ele próprio, um país imperialista. Em 1931, o Japão ocupou a Manchúria, uma província chinesa rica em minérios e solos férteis. A Liga das Nações, que era controlada pela Inglaterra e pela França, nada fez para socorrer a China. Em 1937, o Japão atacou e ocupou boa parte da China. E, de novo, a Liga das Nações se mostrou impotente.

O expansionismo italiano

Em outubro de 1935, a Itália de Mussolini afirmou seu imperialismo invadindo a área que corresponde hoje à Etiópia, país situado no nordeste da África, e tomou Adis Abeba, sua capital.

Keystone-France/Gamma-Keystone via Getty Images

Em outubro de 1936, as tropas italianas entram triunfalmente em Adis Abeba, a capital do Império Etíope recém-anexado. A inscrição na faixa exalta a conquista: "A quem pertence o império? A nós! Duce! Duce! A nós!". Enquanto as tropas italianas exibiam suas armas modernas e uniformes novos nas ruas pobres da capital etíope, Mussolini anunciava em seus discursos que a conquista da Etiópia era o início da restauração da grandeza do Império Romano.

Diante disso, a Liga das Nações, orientada pela Inglaterra, proibiu os países-membros de comerciarem com a Itália. Essa proibição, porém, não afetou a economia italiana porque nações fortes, como os Estados Unidos e a Alemanha – que não faziam parte da Liga – continuaram a vender aos italianos matérias-primas essenciais, como petróleo e carvão. A conquista da Etiópia pela Itália se consumou em 1936; com isso, ficava provado que a Liga das Nações era incapaz de assegurar a paz mundial.

O nazismo alemão mostra suas garras

Afirmando que os alemães precisavam de **espaço vital**, em 1935, Hitler reintroduziu o serviço militar obrigatório e retomou o Sarre, área de mineração sob controle da Liga das Nações. No ano seguinte, militarizou a Renânia, região próxima à fronteira com a França. Tudo isso tinha sido proibido pelo Tratado de Versalhes, mas a França e a Inglaterra nada fizeram para detê-lo. Encorajado, Hitler aliou-se a Mussolini, em 1936, e, juntos, entraram na Guerra Civil Espanhola (1936-1939) ao lado do general Franco, a fim de testar seu poder de fogo e suas estratégias.

Espaço vital: ideia defendida pelos nazistas de que a Alemanha necessitava de mais territórios para realizar seu sonho de grandeza.

A seguir, Hitler e Mussolini solidificaram sua aliança, formando o Eixo Roma-Berlim, bloco político e militar que, com a entrada do Japão, constituiria o Eixo Roma-Berlim-Tóquio. Em março de 1938, a Alemanha hitlerista anexou a Áustria; essa anexação foi aprovada por 90% dos eleitores austríacos, o que mostra a popularidade do nazismo na Áustria. Daí Hitler passou a exigir os Sudetos, região da Tchecoslováquia habitada por 3 milhões de alemães. Para resolver a questão, ele, Mussolini, Chamberlain (Inglaterra) e Daladier (França) reuniram-se na **Conferência de Munique** e decidiram que a Alemanha podia ocupar os Sudetos. A principal interessada – a Tchecoslováquia – não foi convidada para a reunião. Era a **política de apaziguamento** do inglês Chamberlain sendo posta em prática.

Política de apaziguamento: política que consistia em ceder territórios à Alemanha a fim de evitar a guerra. É que muitos dirigentes franceses e ingleses viam em Hitler um guardião do capitalismo na luta contra o comunismo soviético, ou seja, um mal menor do que o "perigo comunista".

No ano seguinte, os nazistas invadiram a Tchecoslováquia, desrespeitando o que havia sido combinado em Munique. No passo seguinte, Hitler assinou um **pacto de não agressão** com seu adversário político, o líder comunista Josef Stalin, da União Soviética. Secretamente, decidiram também ocupar e dividir a Polônia. Com esse acordo, em caso de guerra, a Alemanha não teria de lutar em duas frentes.

DIALOGANDO

Observe a cena com atenção:

Belmonte

1 O que Hitler está fazendo?

2 Qual é a atitude do primeiro-ministro inglês Chamberlain?

3 O que ou quem a menina está representando?

4 O que o artista quis criticar?

Alemanha, 14 de junho de 1940. Ao ser informado da queda de Paris nas mãos das tropas nazistas, Hitler ensaia um passo de dança para manifestar sua satisfação. Após a ocupação nazista, a França foi dividida: uma parte (ao norte) ficou sob o domínio direto da Alemanha; a outra (ao sul) foi entregue a um militar francês que concordou em colaborar com os nazistas.

Keystone-France/Gamma-Keystone via Getty Images

Em 1º de setembro de 1939, os alemães invadiram o oeste da Polônia; dias depois, os soviéticos abocanharam o leste. A Inglaterra reagiu declarando guerra à Alemanha. Era 3 de setembro de 1939; para os europeus era o início da Segunda Grande Guerra.

No início da Segunda Guerra, a Alemanha adotou a **guerra-relâmpago** e, entre 9 de abril e 14 de junho de 1940, invadiu e conquistou cinco países: a Dinamarca, a Noruega, a Holanda, a Bélgica e a França.

Guerra-relâmpago: Os aviões começavam o bombardeio; a seguir, os tanques avançavam, abrindo caminho para a infantaria, que ocupava o território inimigo rapidamente.

PARA REFLETIR PARA REFLETIR PARA REFLETIR PARA REFLETIR

A RESISTÊNCIA AOS NAZISTAS

Veja o que um historiador nos diz sobre a resistência aos nazistas.

Corbis/Latinstock

Ao lado de um aparato bélico portentoso e tecnologicamente avançado, a Segunda Guerra Mundial apresentou também a participação anônima de grupos de cidadãos resistindo à opressão. Esses grupos de partisans ou maquis [guerrilheiros] tiveram atuação decisiva em muitas frentes de combate, principalmente na França, na Itália, na Iugoslávia, na Noruega e na União Soviética. Na França, depois da derrota do país diante do avanço alemão, foram os maquis que constituíram a base da França Livre, movimento de resistência militar e política à ocupação nazista, dirigido pelo general De Gaulle a partir de Londres.

Marco Chiaretti. *A Segunda Guerra Mundial*. São Paulo: Ática, 1997. p. 20.

Na Europa ocidental, só a Inglaterra continuava desafiando o poderio nazista. Liderados por Winston Churchill, os ingleses conseguiram resistir ao bombardeio aéreo sobre Londres. No ar, a aviação inglesa, a RAF (*Royal Air Force*), conseguiu várias vitórias contra a aviação alemã, a *Luftwaffe*. A mais importante delas foi a **Batalha da Inglaterra** (1940), decisiva para o desfecho da Segunda Guerra. Em homenagem à vitória dos pilotos ingleses nessa batalha, disse Churchill: "*Nunca [...] tantos deveram tanto a tão poucos*".

Quando a tentativa de conquistar a Inglaterra falhou, a Alemanha nazista voltou-se para o leste: seus exércitos conquistaram os Bálcãs e abriram caminho para a União Soviética.

Estados Unidos, Brasil e Japão

Interessado nas riquezas soviéticas (petróleo, minérios) e devotando ódio ao comunismo, Hitler traiu o pacto de não agressão firmado com Stalin e ordenou a invasão da União Soviética em junho de 1941.

Ofensiva nazifascista (1936-1942)

Maps World. Fonte: SERRYN, Pierre; BLASSELE, René. *Atlas Bordas – Geographique et Historique*. Paris: Bordas, 1993. p. 32

Em apenas 20 dias, os nazistas avançaram 750 km em território soviético e foram deixando atrás de si centenas de milhares de cadáveres. Acuados, os soviéticos recuavam, mas antes destruíam tudo que pudesse ser útil ao adversário: fábricas, hospitais, plantações. Era a **tática da terra arrasada**. Cedendo espaço, os soviéticos ganharam tempo e conseguiram reorganizar suas forças. Os nazistas atacaram então a cidade industrial de Stalingrado e lá travaram com os soviéticos a maior batalha da Segunda Guerra: **a Batalha de Stalingrado** (de novembro de 1942 a fevereiro de 1943).

Os soviéticos venceram essa batalha, quebrando, assim, o mito da invencibilidade nazista.

Depois da vitória de Stalingrado, os soviéticos passaram ao ataque e foram obrigando os nazistas a marchar de volta para a Alemanha. Durante a marcha, os soviéticos foram tomando dos nazistas os países ocupados por eles: Bulgária, Romênia, Hungria, Polônia, Tchecoslováquia, Iugoslávia (observe o mapa da página anterior).

A guerra no Oriente

Enquanto a guerra prosseguia no Ocidente, no Oriente, o Japão e os Estados Unidos disputavam entre si territórios e áreas de influência, o que tornou inevitável o choque entre eles. Em 7 de dezembro de 1941, o governo japonês desfechou um ataque surpresa à base militar norte-americana de **Pearl Harbor**, no Havaí, destruindo boa parte da sua poderosa frota. Os Estados Unidos reagiram declarando guerra ao Japão. Em 1942, o Brasil alinhou-se aos Estados Unidos e, após ter vários navios afundados pelos alemães, declarou guerra ao Eixo.

PARA SABER MAIS

O BRASIL NA GUERRA

Arquivo EM/D.A Press

Populares manifestam-se a favor da entrada do Brasil na Segunda Guerra Mundial, em agosto de 1942.

Em maio de 1941, o Brasil conseguiu que os Estados Unidos se comprometessem a financiar parte da construção da Usina Siderúrgica de Volta Redonda (RJ), essencial ao crescimento da economia brasileira. Em troca, o Brasil daria permissão para que os Estados Unidos instalassem bases aeronavais no Nordeste.

A Alemanha reagiu, mandando os seus submarinos torpedearem seis navios mercantes brasileiros, causando a morte de centenas de pessoas. Inconformados com a violência nazista, milhares de brasileiros saíram às ruas nas principais cidades do país exigindo que o Brasil entrasse na guerra ao lado dos Aliados.

As pressões populares e do governo norte-americano fizeram com que Vargas declarasse guerra ao Eixo em 22 de agosto de 1942. Para lutar contra os nazifascistas, o Brasil treinou e enviou para a Itália a FEB (Força Expedicionária Brasileira), formada por 25.334 homens e comandada pelo general Mascarenhas de Morais.

Expansionismo japonês no Oriente

Maps World/Fonte: *Atlas histórico*. São Paulo: Encyclopaedia Britannica do Brasil/Barcelona: Editorial Marine, 1995. p. 204

Enquanto isso, o Japão partiu para a conquista das colônias europeias e norte-americanas no Extremo Oriente (Campanha do Pacífico). Nessa campanha, iniciada em 1941, os japoneses conquistaram Hong Kong (na China), Cingapura (na Malásia), as Índias Orientais Holandesas, toda a Birmânia e quase todo o arquipélago das Filipinas, que desde 1898 era controlado pelos norte-americanos.

O objetivo do Império Japonês era o mesmo que o dos imperialistas europeus: dominar, conquistar, submeter povos e territórios.

A ofensiva dos Aliados

Ofensiva dos aliados (1943-1945)

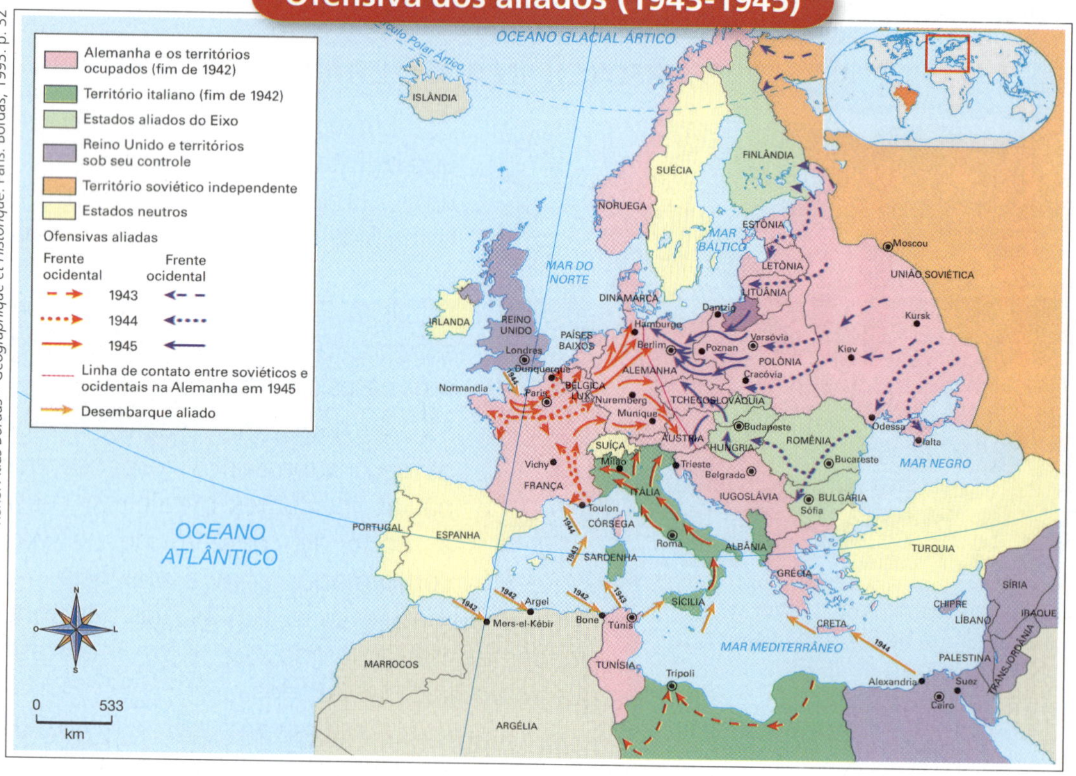

Maps World/Fonte: SERRYN, Pierre; BLASSELE, René. *Atlas Bordas – Geographique et Historique*. Paris: Bordas, 1993. p. 32

A partir de 1943, o exército soviético começou a marchar em direção a Berlim, capital da Alemanha, abrindo a **primeira frente de luta** dos Aliados contra o Eixo.

Enquanto isso, no Pacífico os Estados Unidos venciam o Japão na Batalha de Midway e assumiam a ofensiva na guerra. Assim, uma parte das tropas anglo-americanas partiu para a contraofensiva na Ásia, e a outra foi para o norte da África, onde depois de muitos combates conseguiu vencer a ocupação nazista.

Estabelecidos no norte da África, os Aliados reassumiram o controle do Mediterrâneo e puderam, então, abrir uma **segunda frente de luta** contra o Eixo: saindo do norte da África, desembarcaram na ilha da Sicília e partiram para a libertação da Itália.

Conforme as forças anglo-americanas avançavam, os próprios fascistas italianos forçaram a renúncia de Mussolini e assinaram um acordo de paz com os Aliados. Mussolini, porém, não se deu por vencido e, com a ajuda dos alemães, organizou um governo fascista no norte do país. Esse governo, porém, durou pouco: os próprios italianos, com a ajuda dos Aliados, libertaram Roma e, em abril de 1945, venceram os nazifascistas no norte da Itália. Mussolini e sua companheira foram capturados e mortos pela resistência popular italiana.

O Dia D na França e a derrota da Alemanha

Após a libertação da capital da Itália, os Aliados abriram a **terceira frente de guerra** contra os nazistas desembarcando na Normandia (no noroeste da França). O dia escolhido para o desembarque, 6 de junho de 1944, foi chamado de Dia D, em código, para que os alemães não pudessem identificar a data nas transmissões por rádio.

Os alemães foram pegos de surpresa e o avanço anglo-americano tornou-se irresistível: em agosto de 1944 eles libertaram Paris das mãos dos nazistas. A seguir, marcharam em direção a Berlim, que passou a ser bombardeada por anglo-americanos, de um lado, e soviéticos, de outro. Combatendo em várias frentes, o Terceiro Reich estava com os dias contados. Hitler exigiu então que todos os alemães entrassem na luta: idosos, mulheres e crianças receberam armas para lutar até a morte. Mas foi em vão. Em 30 de abril de 1945, diante da derrota iminente, Hitler e Eva Braun, com quem havia se casado quatro dias antes, suicidaram-se. Em 8 de maio de 1945 os alemães assinavam sua rendição incondicional. Era o fim da guerra na Europa.

Bombas sobre o Japão

No Extremo Oriente, entretanto, o Japão continuava resistindo ao avanço norte-americano das mais variadas formas. Uma delas assombrou o mundo: seus pilotos suicidas – os camicazes – atiravam-se sobre os navios americanos em aviões carregados de explosivos.

Hulton-Deutsch Collection/Corbis/Latinstock

Destemidos, camicazes posam para a última foto antes da missão suicida, em 1945. *Kamikaze* significa "vento divino" e é uma homenagem ao tufão que impediu que o Japão fosse invadido pelo exército de Kublai Khan, no século XIII. Os aviões pilotados pelos camicazes levavam combustível só para a ida.

Com o objetivo de apressar a rendição japonesa e demonstrar ao mundo o seu enorme poderio bélico, os Estados Unidos lançaram duas bombas atômicas sobre o Japão: a primeira em **Hiroshima** (6 de agosto) e a segunda em **Nagasaki** (9 de agosto).

Os sobreviventes da explosão atômica tiveram de suportar os terríveis efeitos da radiação nuclear: queda de cabelo, queimaduras, leucemia e vários tipos de câncer, principalmente de pele. Em 2 de setembro de 1945, o Japão assinou a rendição incondicional. Era o fim da Segunda Guerra no Extremo Oriente.

Em 20 de novembro do mesmo ano começou o julgamento dos dirigentes nazistas no Tribunal de Nuremberg, instalado na Alemanha. Apenas 22 foram condenados por crimes de guerra e contra a humanidade. Alguns foram executados, outros condenados à prisão. O pior crime que o Tribunal de Nuremberg comprovou ter sido cometido pelos nazistas foi o extermínio de milhões de judeus.

PARA SABER MAIS

A "SOLUÇÃO FINAL": FÁBRICAS DE MORTE

Em 1942, os líderes nazistas decidiram matar todos os judeus que pudessem. Eles chamaram seu plano de "solução final" e construíram campos de extermínio especialmente para essa finalidade.

Já existiam na Alemanha havia alguns anos campos de concentração, locais onde faziam os prisioneiros trabalharem como escravos, mas os campos de extermínio foram uma "novidade" introduzida em 1942. Dos países ocupados por Hitler, a Polônia era o que tinha o maior número de judeus, cerca de três milhões. Por isso, lá foram construídos os maiores campos de concentração, como Auschwitz, Treblinka e Sobibor.

Os campos de extermínio eram autênticas "fábricas de morte". Assim que chegavam aos campos, velhos, doentes e crianças eram mandados imediatamente para a morte nas câmaras de gás sem que soubessem disso. Em Auschwitz eram mortas cerca de 6 mil pessoas por dia. Os prisioneiros eram vítimas das piores humilhações e maus-tratos: eram obrigados a andar nus ou em trapos, as mulheres eram constantemente violentadas pelos guardas, e as condições de higiene eram as piores possíveis (o que favorecia a disseminação de doenças).

Antes de a guerra terminar, as notícias sobre o extermínio cometido nesses campos eram vistas como "exagero" ou "invenção" da propaganda dos Aliados. Mas com o fim da guerra vieram à tona inúmeras provas desse crime contra a humanidade, e não foi mais possível esconder o horror. Calcula-se que nesses campos foram mortos cerca de 6 milhões de judeus, 300 mil ciganos e centenas de milhares de soviéticos, homossexuais, deficientes físicos e religiosos.

DIALOGANDO

Que diferença há entre os campos de concentração e os campos de extermínio?

ATIVIDADES

1 Identifique a alternativa errada e corrija-a.

a) Em 1933, Hitler assumiu o poder e começou a militarizar a Alemanha.

b) O Japão tinha interesse em áreas produtoras de minérios, por isso invadiu a Manchúria.

c) A Itália de Benito Mussolini afirmou seu imperialismo invadindo Angola, país situado no norte da África.

d) A Liga das Nações não conseguiu impedir a ação dos países militaristas e foi incapaz de assegurar a paz mundial.

2 Observe a imagem com atenção:

Belmonte. 21 mar. 1939

No balão se lê: "Eh! Moço! O senhor está me pisando no calo".

a) Quem é a figura central e quem são as mulheres em sua volta?

b) Como esses personagens estão representados?

c) Quem é o personagem vestido de preto e do que ele está reclamando?

d) Belmonte faz duas duras críticas nesta charge; quais são elas?

3 Leia o texto a seguir com atenção.

AS LÍNGUAS PROIBIDAS

Ficam proibidos, a contar desta data, os hinos, cantos e saudações que lhe sejam peculiares, bem como o uso dos idiomas dos países acima apontados, dizia o edital, publicado em 25 de janeiro de 1942, da Secretaria de Negócios de Segurança Pública de Santa Catarina. Os países apontados eram Itália, Alemanha e Japão, os mesmos que compunham o Eixo. Os estrangeiros e descendentes destes países que moravam no estado catarinense se viram, de uma hora para outra, impedidos de falar seu idioma de origem. [...]

O Edital citado detonou uma onda de apedrejamento de casas, invasões e extorsões, especialmente por vizinhos e policiais que diziam agir em nome da lei e roubavam objetos de valor. A Delegacia de Ordem Política e Social (DOPS), que nos estados era chamada de DEOPS, também agiu na repressão ao idioma. Em Blumenau, Joinville, Florianópolis, foram criados Batalhões de Caçadores compostos de recrutas vindos do Rio de Janeiro para assegurar o "abrasileiramento" após a entrada do Brasil na Segunda Guerra, em agosto de 1942. [...]

Como lidar com as crianças, que geralmente só falavam na língua dos pais? Escondidas em baús quando havia visitas suspeitas, ou obrigadas a silenciar para não se traírem no sotaque ou na língua, sofreram tanto que os mais velhos ainda têm medo de falar sobre o assunto. Vera Molenda, 72 anos [...], recorda-se de que, em Florianópolis, um menino cortou o dedo e, ao ser levado para o hospital, ia "berrando em alemão". A mãe, temerosa, pedia que ele falasse em português. "Se quiser que eu fale em português então me dê uma barra de chocolate", exigia o garoto, mas em alemão!

Marlene Fáveri. Revista *Nossa História*, ano 2, n. 21, jul. 2005. p. 64-67.

a) O que levou as autoridades de Santa Catarina a publicar o edital citado no texto?

b) Que abusos foram praticados contra os imigrantes em decorrência do edital?

c) Em dupla Releiam, debatam e comentem o caso do menino alemão que cortou o dedo e não podia "berrar em alemão".

4 Observe a charge ao lado com atenção.

a) Quem são os personagens representados na charge?

b) O que diz a legenda?

c) O que a charge satiriza?

WONDER HOW LONG THE HONEYMOON WILL LAST?

1941. Biblioteca do Congresso, Washington

5 Leia o poema abaixo e depois responda às questões:

ROSA DE HIROSHIMA

Pensem nas crianças
Mudas telepáticas
Pensem nas meninas
Cegas inexatas
Pensem nas mulheres
Rotas alteradas
Pensem nas feridas
Como rosas cálidas
Mas oh não se esqueçam
Da rosa da rosa
Da rosa de Hiroshima
A rosa hereditária
A rosa radioativa
Estúpida e inválida
A rosa com cirrose
A antirrosa atômica
Sem cor sem perfume
Sem rosa sem nada

Vinícius de Moraes. *Soneto da fidelidade e outros poemas*. São Paulo: Ediouro, 2004. p. 29. (Clássicos de ouro).

a) A que acontecimento o poema se refere?

b) Onde e quando se deu esse acontecimento?

c) Em que contexto esse acontecimento se insere?

d) Quais os efeitos da explosão dessas bombas sobre o Japão e seu povo?

e) O que teria levado o governo dos Estados Unidos a se decidir pelo bombardeio nuclear?

f) Reflitam, debatam e opinem Alguns consideram as bombas lançadas sobre Hiroshima e Nagasaki como crime contra a humanidade; outros entendem que foi um desdobramento da guerra, e como tal o ato do governo estadunidense não pode ser enquadrado como crime. Qual a opinião de vocês sobre o assunto?

A IMAGEM COMO FONTE

A imagem da esquerda é um cartaz e a da direita, uma foto. Observe-as com atenção.

c. 1945. Litogravura. Coleção particular. Foto: David Pollack/Corbis/Latinstock

Bettmann/Corbis/Latinstock

1 Você consegue traduzir o que está escrito no alto e na parte central do cartaz?

2 Qual é a mensagem transmitida no cartaz?

3 O que mostra a foto da direita?

4 Que relação se pode estabelecer entre o cartaz e a foto?

5 Você saberia dizer em que contexto essas imagens foram produzidas?

O TEXTO COMO FONTE

BOA VIZINHANÇA

Silver Screen Collection/Getty Images

A atriz e cantora Carmem Miranda, c. 1950.

No esforço de conquista de aliança para a guerra, os Estados Unidos intensificaram sua política de "boa vizinhança". Seus fundamentos eram o intercâmbio econômico, político e cultural entre os Estados Unidos e seus vizinhos latino-americanos [...]

À medida que a sombra da guerra se espalhava pela Europa e atingia o Norte da África, e o Eixo conquistava cada vez mais simpatizantes na América do Sul, os esforços norte-americanos para garantir o apoio latino-americano às suas políticas iam sendo ampliados. Em agosto de 1940, foi criado o [...] "Birô Interamericano" ou simplesmente "Birô", e tinha sede no Rio de Janeiro. Suas funções eram promover medidas para estimular a recuperação das economias da América Latina e produzir programas de educação, cultura e propaganda que disseminassem os valores norte-americanos [...]

Das medidas de "boa vizinhança" empreendidas, as mais visíveis foram aquelas de caráter cultural. Hollywood "descobriu" a América Latina e vários filmes foram feitos utilizando suas temáticas, cenários e atores. No Brasil, a presença de Carmem Miranda em películas de Hollywood, a criação do personagem "Zé Carioca", por Walt Disney, e a produção nunca acabada de um filme do cineasta Orson Welles tornaram-se as "contribuições" mais notórias. [...]

Contudo, por mais que se apresentasse como uma via de mão dupla, na verdade a política de "boa vizinhança" consistiu na disseminação unilateral de valores e produtos de consumo norte-americanos. [...] Quando a guerra acabou, a presença cultural latino-americana nos Estados Unidos praticamente desapareceu e os ***estereótipos*** *pouco edificantes voltaram a preencher as telas do cinema, as páginas de jornais, revistas e livros e a própria política externa do país.*

Estereótipo: ideia ou visão preconcebida sobre alguém ou algo; preconceito.

Francisco César Ferraz. *Os brasileiros e a Segunda Guerra Mundial.* Rio de Janeiro: Jorge Zahar, 2005. p. 28-32.

1 Segundo o texto, em que momento da Segunda Guerra os Estados Unidos redobraram seus esforços para conquistar aliados na América Latina?

2 Visando estabelecer ou estreitar alianças na América Latina, os Estados Unidos criaram o "Birô Interamericano", com sede no Rio de Janeiro; quais eram suas funções ?

3 Em que contexto se deu a criação do personagem Zé Carioca?

4 Como o autor do texto analisa a política de boa vizinhança?

5 Em dupla Debatam, reflitam e respondam: qual a visão de vocês sobre a política da boa vizinhança? Se necessário, pesquisem sobre ela para argumentar com mais consistência.

Livros, *sites* e filmes

Livros

ARNAUT, Luiz; MOTTA, Rodrigo P. Sá. *A Segunda Grande Guerra: do nazi-fascismo à Guerra Fria*. São Paulo: Atual, 1994.

BROOMBY, Rob. *O homem que venceu Auschwitz*. Rio de Janeiro: Nova Fronteira, 2011.

Sites

O Dia D e o Ataque Americano a Hiroshima – <http://educacao.uol.com.br/historia/segunda-guerra-mundial-2-o-dia-d-e-o-ataque-americano-a-hiroshima.jhtm>. *Site* sobre o final da Segunda Guerra Mundial, a vitória dos aliados e a rendição do Japão.

Segunda Guerra Mundial – <www.segundaguerramundial.com.br>. *Site* com imagens, textos informativos, artigos e vídeos relativos à Segunda Guerra Mundial.

Filmes

A queda. Direção de Oliver Hirschbiegel. Alemanha, 2004 (156 min.). O filme retrata os momentos finais de Hitler e a acirrada disputa de poder entre os comandantes nazistas.

Stalingrado. Direção de Joseph Vilsmaier. Alemanha, 1993 (134 min.). A invasão da Rússia pelos nazistas é vista pela ótica do oficial alemão Hans von Witzland. Considerado um clássico antiguerra como *Caminhos de glória*, *Platoon* e *Apocalypse now*, *Stalingrado* reforça com imagens o antigo provérbio de que "a guerra é pior que o inferno".

O menino do pijama listrado. Direção de Mark Herman. EUA, 2008 (94 min.). No contexto da Segunda Guerra Mundial, na Alemanha, dois meninos, um alemão e um judeu (constantemente de pijama listrado) travam uma amizade que é abortada pelo antissemitismo radical dos nazistas.

CAPÍTULO 8

A Era Vargas

F. Campanella Neto/Arquivo André Carrazzoni/CPDOC/Fundação Getúlio Vargas - CPDOC, Rio de Janeiro

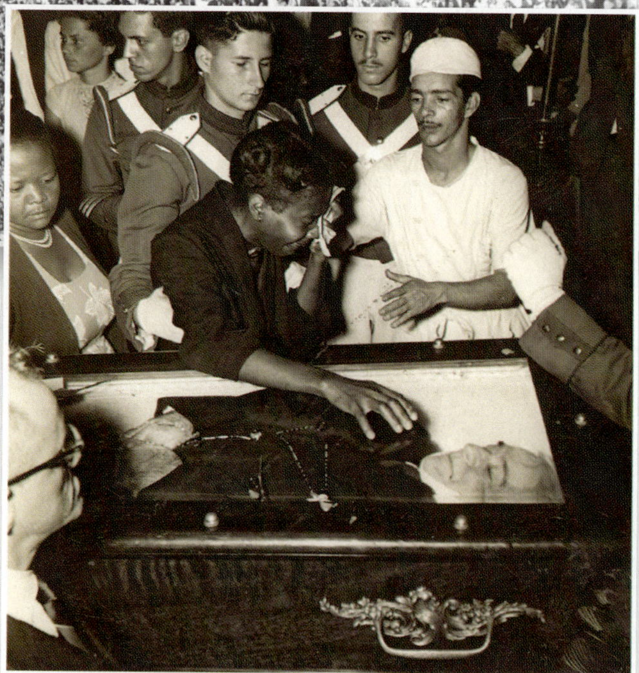

Keffel Filho/O Cruzeiro/EM/D.A Press

Getúlio Vargas é, talvez, a figura mais polêmica da história do Brasil. Para uns ele foi um ditador cruel a serviço das elites; para outros, era o pai dos trabalhadores e o maior estadista brasileiro. Você já ouviu falar de Vargas? Por que será que ele é ainda tão lembrado? Sabe-se que seu governo usou intensamente os meios de comunicação de massa (rádio, cinema etc.) para fazer propaganda do presidente e de seus feitos. Mas por que será que essa propaganda foi tão bem recebida pelo povo? Por que ele se tornou uma figura tão querida e acreditada pelo povo? Por que será que tanta gente foi ao seu enterro?

O tenentismo antes de 1930

Nos anos 1920, enquanto o nazifascismo ganhava espaço na Europa, no Brasil as oligarquias continuavam fazendo uso da corrupção e da violência para chegar e se conservar no poder. Essa situação opressiva contribuiu, como vimos, para gerar revoltas no campo e na cidade e uma grande insatisfação social. Nos anos 1920, um grupo de militares canalizou parte da insatisfação com as oligarquias e liderou um movimento conhecido como **tenentismo**.

Tenentismo: O nome deve-se ao fato de seus líderes serem jovens oficiais do exército (capitães e tenentes), chamados genericamente de tenentes.

Os Dezoito do Forte : o primeiro 5 de julho

O estopim da primeira revolta tenentista foi a publicação, por um jornal carioca, de cartas atribuídas a Artur Bernardes, candidato do governo à presidência da República nas eleições de 1922. Essas cartas ofendiam os militares, dizendo que eram "venais", e chamavam o presidente do Clube Militar, marechal Hermes da Fonseca, de "sargentão sem compostura".

As cartas, como se provou mais tarde, eram falsas, mas provocaram a indignação dos militares e de boa parte da opinião pública.

O clima de hostilidade aumentou ainda mais quando o governo mandou prender o Marechal Hermes da Fonseca, acusando-o de agitador. Foi a gota d'água. Em 5 de julho de 1922, os tenentes do Forte de Copacabana pegaram em armas contra o governo, dizendo-se dispostos a "salvar a honra do exército" e a moralizar o país.

O governo interveio e obrigou os revoltosos a se render. Centenas deles se renderam. Dezessete militares e um civil, porém, saíram pela Avenida Atlântica dispostos a tudo.

Zenóbio da Costa. Em: *O malho*, 1922. Coleção particular

A foto é muito conhecida. Da esquerda para a direita, vemos Eduardo Gomes, Siqueira Campos, Nilton Prado e o civil Octávio Correia. Na troca de tiros com o governo, só dois tenentes escaparam com vida: Siqueira Campos e Eduardo Gomes.

O Segundo 5 de julho

Dois anos depois explodiu outro levante tenentista, só que desta vez em São Paulo. Esse levante, ao contrário do primeiro, tinha objetivos bem definidos; os tenentes exigiam:

a) a deposição de Artur Bernardes (que havia sido eleito presidente da República);

b) a moralização da República por meio do voto secreto;

c) a obrigatoriedade do ensino primário;

d) a melhoria do ensino público.

Comandados pelo general Isidoro Dias Lopes e pelo major Miguel Costa, os rebeldes tentaram conquistar a cidade de São Paulo.

Quase ao mesmo tempo, explodiram outros levantes tenentistas nos seguintes estados: Mato Grosso, Sergipe, Amazonas, Pará e Rio Grande do Sul.

Com forças mais numerosas e o apoio da aviação militar, o governo venceu os tenentes. Porém, eles não desistiram: cerca de mil soldados formaram a coluna paulista e deixaram São Paulo em direção a Foz do Iguaçu, no Paraná. Os rebeldes gaúchos também decidiram continuar lutando – comandados pelo capitão Luís Carlos Prestes formaram a **coluna gaúcha** e marcharam até Foz do Iguaçu a fim de unir-se aos paulistas. Da junção da coluna paulista e da gaúcha nasceu a **Coluna Prestes**.

A Coluna Prestes

Com cerca de 1.800 homens, a Coluna Prestes partiu para a guerra de movimento: saiu pelo interior do Brasil buscando o apoio do povo para sua luta contra o governo. Nos locais onde eram bem recebidos, os rebeldes queimavam os registros de cobrança de impostos dizendo que, assim, livravam o povo dos abusos do governo. Movimentando-se com rapidez, conseguindo munição e armamento do próprio inimigo e evitando as grandes cidades, a Coluna Prestes percorreu 25 mil km através de 12 estados brasileiros. No início de 1927, os 600 homens que ainda integravam a Coluna decidiram se retirar para a Bolívia.

Mario Yoshida

Fonte: CAMPOS, F. de; DOLHNIKOFF, M. *Atlas de História do Brasil*. São Paulo: Scipione, 1997.

Arquivo Ítalo Landucci/Fundação Getúlio Vargas - CPDOC, Rio de Janeiro

O mapa mostra a trajetória da Coluna Prestes pelo território nacional. A foto capta um aspecto da campanha da famosa coluna: revolucionários estacionados no estado do Paraná. A foto é de 1924. O lema de Prestes era "marchando engrossaremos a coluna".

1930: um marco na história do Brasil

Em 1930, o presidente Washington Luís, que tinha sido indicado por São Paulo, decidiu indicar outro paulista para sucessor na presidência da República, Júlio Prestes. O governador de Minas Gerais, que esperava ser o escolhido, reagiu, aliando-se às oligarquias do Rio Grande do Sul e da Paraíba, formando com elas a **Aliança Liberal**.

Para disputar as eleições de 1930, a Aliança Liberal lançou o gaúcho Getúlio Vargas, para presidente, e o paraibano João Pessoa, para vice-presidente. Nos seus discursos Getúlio propunha voto secreto, incentivo à indústria nacional, leis trabalhistas e, com isso, ia conseguindo popularidade.

Em meio à campanha presidencial, a grande crise econômica de 1929 atingiu fortemente o Brasil. O país produziu naquele ano cerca de 29 milhões de sacas de café, mas só conseguiu vender a metade, e ainda assim por um preço muito menor do que o dos anos anteriores. A crise arruinou cafeicultores, empresários e deixou muitos trabalhadores sem seus empregos. Tudo isso contribuiu para aumentar o descontentamento com o governo de Washington Luís e elevar a popularidade de Vargas.

A candidatura de Vargas tinha aliados na imprensa. A caricatura abaixo, por exemplo, sugere que a vitória de Júlio Prestes significaria o triunfo dos velhos "caciques" que mandavam na política. A campanha para as eleições de 1930 foi agitada. Vargas era bastante aplaudido nos comícios que realizava nas grandes cidades do Sudeste.

J. Carlos (José Carlos de Brito e Cunha, 1884-1950). 17 ago. 1929. Coleção particular

Nas eleições, tanto a situação quanto a oposição usaram fraude e violência; no Rio Grande do Sul, Vargas obteve quase 100% dos votos; mas a vitória coube ao candidato governista, Júlio Prestes, pois a máquina de fabricar votos criada pela oligarquia paulista foi mais eficiente.

A oposição não se conformou com a derrota nas urnas e, contando com o apoio de parte dos militares, começou a conspirar contra o governo. Nesse clima tenso, o governador de Minas Gerais, Antônio Carlos, teria dito: "Façamos a Revolução, antes que o povo a faça". A frase traduz a consciência que ele tinha da enorme insatisfação reinante, e de que o momento era favorável à tomada do poder. Um fato novo acelerou os acontecimentos: em julho de 1930, João Pessoa, candidato a vice-presidente na chapa de Getúlio Vargas, foi assassinado, a mando de um rival na política da Paraíba.

Aproveitando-se disso, em 3 de outubro de 1930, rebeldes liderados por Getúlio Vargas partiram do Rio Grande do Sul em direção ao Rio de Janeiro, dispostos a derrubar o governo. Mas antes que chegassem à capital, uma junta militar conquistou o poder e o entregou a Getúlio Vargas, o líder civil do movimento.

Arquivo Antunes Maciel/Fundação Getúlio Vargas - CPDOC, Rio de Janeiro

População curitibana aguarda a chegada das forças revolucionárias gaúchas. Getúlio Vargas com seu estado-maior, no Paraná, durante a Revolução de 1930. Entre 17 e 24 de outubro de 1930.

Para refletir

"1930: REVOLUÇÃO OU GOLPE?"

A ascensão de Vargas ao poder foi de fato uma revolução?

Para alguns historiadores, como Boris Fausto, por exemplo, sim; o que ocorreu em 1930 foi uma revolução. Houve uma disputa de poder entre as oligarquias que acabou com a derrota da oligarquia cafeeira paulista e a vitória das oligarquias de Minas Gerais e Rio Grande do Sul, aliadas aos tenentes. Para tais historiadores, no pós-1930 o Estado (governo) passou a atuar como um juiz, conciliando interesses de diferentes grupos sociais: fazendeiros, industriais, operários. Por isso, é chamado de Estado de compromisso.

Já outros historiadores, como Edgar De Decca, por exemplo, discordam disso. Segundo esse historiador, o que ocorreu em 1930 foi um golpe da burguesia contra o operariado. E a ideia de que em 1930 houve uma revolução é uma "invenção" dos vencedores; isto é, de Getúlio Vargas e seus aliados. Para os vencidos, ou seja, para o operariado, a disputa pelo poder já tinha sido definida em 1928, quando o movimento operário foi esmagado. Assim, para esse historiador o Estado que nasceu após o golpe de 1930 **não** era um Estado de compromisso; era, sim, um Estado comprometido com as elites e o controle da classe operária.

Independentemente de uma versão ou de outra, 1930 se transformou em um importante marco da história do Brasil.

1 Como o historiador Boris Fausto vê o episódio que levou Vargas ao poder em 1930? Explique.

2 Como o historiador Edgar De Decca vê o episódio que levou Vargas ao poder em 1930?

3 Em dupla Debatam, reflitam e respondam: qual das duas versões vocês consideram mais convincente?

A Era Vargas

Durante o primeiro governo Vargas (1930-1945), o Brasil mudou bastante: a industrialização avançou e as cidades cresceram; o Estado se fortaleceu, interveio na economia e estabeleceu uma nova relação com os trabalhadores urbanos. Nesses 15 anos, Vargas foi chefe de um governo provisório (1930-34), presidente eleito pelo voto indireto (1934-37) e ditador (1937-45).

Governo provisório

No seu discurso de posse, Getúlio disse que seu governo era provisório. Mas assim que assumiu o poder procurou fortalecer o Estado brasileiro e a si próprio. Inicialmente, visando enfraquecer as oligarquias estaduais, demitiu os governadores e, em seu lugar, nomeou interventores de sua confiança.

A oposição paulista

Ao impor interventores aos estados, Getúlio desagradou as elites estaduais. Em São Paulo, por exemplo, a elite reagiu à nomeação do tenente João Alberto formando a **Frente Única Paulista** (FUP), que exigia uma nova Constituição para o Brasil e a nomeação de um interventor civil e paulista para o governo de São Paulo. Pressionado, Vargas nomeou o paulista Pedro de Toledo para o cargo. Apesar disso, os paulistas continuaram fazendo oposição a Vargas.

Foi quando uma tragédia ocorrida em São Paulo exaltou os ânimos: quatro estudantes (Martins, Miragaia, Dráusio e Camargo) foram mortos quando atacavam a sede de um jornal pró-Vargas. As iniciais de seus nomes – **MMDC** – passaram a ser sigla e símbolo do movimento paulista. Por fim, em 9 de julho de 1932, os paulistas, liderados pelo general Isidoro Dias Lopes e pelo civil Pedro de Toledo, pegaram em armas contra o governo federal no episódio conhecido como **Revolução Constitucionalista**.

1932. Coleção particular. Foto: Acervo Iconographia

Cartaz de alistamento do M.M.D.C., 1932, São Paulo, SP.

Boa parte dos jovens de classe média alistou-se para lutar no exército constitucionalista; os industriais paulistas, sob a liderança de Roberto Simonsen, também se engajaram na luta produzindo armas e munições. Além disso, para financiar a luta, os paulistas lançaram a campanha "Ouro para o bem de São Paulo".

Na sua guerra contra as tropas federais, os paulistas foram apoiados apenas pelo Mato Grosso. O governo federal tinha navios, mais soldados e maior poder de fogo, por isso venceu os paulistas em poucos meses. Embora derrotados militarmente, os paulistas se consideraram "moralmente" vitoriosos, pois em 16 de julho de 1934 uma Assembleia Constituinte votou e aprovou a terceira Constituição do Brasil.

1932. Coleção particular. Foto: Acervo Iconographia

Imagem da campanha "Ouro para o bem de São Paulo". Na imagem vê-se o bandeirante simbolizando a força paulista. Repare a diferença de tamanho entre as pessoas e o bandeirante.`

27 jul. 1934. Coleção particular

Na Assembleia Constituinte que elaborou a Constituição de 1934, via-se, entre os homens, uma única mulher. Seu nome era Carlota Pereira de Queirós. Foi ela a primeira mulher a ocupar o cargo de deputado no Brasil.

Conheça as principais mudanças introduzidas pela Constituição de 1934:

- **voto secreto:** o que dificultava bastante a prática da corrupção eleitoral, tão comum nas décadas anteriores;
- **voto feminino:** ganhando o direito de voto, as mulheres passaram a ter importância cada vez maior na política;
- **justiça eleitoral:** tinha como objetivo zelar pelas eleições;
- **ensino primário gratuito**, de frequência obrigatória;
- **nacionalização progressiva** de minas, jazidas minerais e quedas-d'água, julgadas essenciais ao país;
- **direitos trabalhistas:** foram reconhecidos direitos, como jornada de trabalho de 8 horas, descanso semanal remunerado, indenização por dispensa sem justa causa, proteção ao trabalho do menor e da mulher, férias anuais remuneradas, estabilidade à gestante etc.

A Constituição previa também que o próximo presidente seria escolhido por meio de **eleições indiretas**. A vitória nessas eleições coube a Getúlio Vargas. Essa vitória foi comentada na imprensa; observe a imagem a seguir.

Eleições indiretas: realizadas pelos representantes do povo, no caso brasileiro, o Congresso Nacional (Senado Federal e Câmara dos Deputados).

Belmonte, 20 jul. 1934. Coleção particular

Charge de Belmonte sobre a posse do presidente Getúlio Vargas em 1934.

Dialogando

1. O que a imagem mostra?
2. O que o autor da charge critica?
3. Como você chegou a essa conclusão?

Vargas assumiu o governo em um momento em que o Brasil sofria ainda os efeitos da Grande Depressão (1929-1933). As falências, o desemprego e a inflação em alta elevavam a tensão social; esse contexto conturbado facilitou a radicalização política, e o surgimento e crescimento de dois agrupamentos políticos rivais: os integralistas e os aliancistas.

Os integralistas

Os integralistas, liderados pelo escritor Plínio Salgado, seguiam os princípios do **fascismo** de Benito Mussolini. Em 1932, os integralistas fundaram a **Ação Integralista Brasileira (AIB)**, uma organização política que defendia: a) um governo autoritário dirigido por um chefe e um partido único; b) o predomínio dos interesses da nação sobre os do indivíduo; c) a censura aos meios de comunicação. Assim, como os fascistas, os integralistas faziam uso da violência contra adversários políticos, especialmente contra os comunistas.

Apelando para um nacionalismo exagerado e adotando o lema **Deus, Pátria e Família**, a AIB conseguiu o apoio de membros das camadas médias, do alto clero, do empresariado e das Forças Armadas. A AIB chegou a possuir mais de 100 mil filiados e mais de mil núcleos espalhados pelo país.

1937. Arquivo Público do Estado do Rio de Janeiro

Arquivo Oswaldo Aranha/Fundação Getúlio Vargas - CPDOC, Rio de Janeiro

Acima: desfile da Ação Integralista Brasileira na cidade do Rio de Janeiro, 25/11/1937. O sigma, décima oitava letra do alfabeto grego, que se vê nas bandeiras ao fundo, era o símbolo dos membros da AIB que, por causa da cor de suas camisas, eram chamados de "camisas-verdes". A saudação integralista era Anauê, palavra indígena de origem tupi que significa "você é meu parente"; ela devia ser gritada com o braço direito erguido, imitando a saudação nazista. Abaixo: imagem do I Congresso Integralista Regional das Províncias Meridionais do Brasil. Ao centro vê-se o líder Plínio Salgado.

Os aliancistas

Como oposição aos integralistas, fundou-se no Brasil, em 1935, a **Aliança Nacional Libertadora (ANL)**, uma frente popular liderada pelos comunistas chefiados por Luís Carlos Prestes. Os principais pontos do programa da ANL eram: a) não pagamento da dívida externa brasileira; b) a nacionalização das empresas estrangeiras; c) a reforma agrária; d) a formação de um governo popular.

Arquivo *O Cruzeiro*/EM/D.A Press

1934. Arquivo Público do Estado do Rio de Janeiro

Reunião das ativistas que participaram do Congresso da Federação da Juventude Comunista da União Feminina do Brasil. Rio de Janeiro, DF, 1934. Em detalhe, foto de Luís Carlos Prestes.

O levante comunista

Em 5 de julho de 1935, o líder comunista Luís Carlos Prestes lançou um manifesto que propunha a derrubada do governo Vargas e a formação de um governo popular revolucionário. O governo Vargas reagiu ao manifesto fechando a sede da ANL, bem como a maioria dos núcleos que ela possuía pelo país.

Diante disso, sem esperar as ordens de Prestes, um grupo de sargentos, cabos e soldados comunistas de Natal, Rio Grande do Norte, deu início à Revolta Vermelha ou **Intentona Comunista**. Seguiram-se levantes no Recife e no Rio. Agindo com rapidez, o governo Vargas sufocou os levantes e passou a prender e a torturar os simpatizantes da ANL, comunistas ou não. As cadeias das principais cidades brasileiras encheram-se de presos políticos, entre os quais estava o escritor alagoano Graciliano Ramos e a ativista Olga Benário, mulher de Prestes.

Governo ditatorial (O Estado Novo)

As eleições para presidente da República estavam marcadas para o início de 1938. Vargas, no entanto, não estava disposto a deixar o poder. Por isso, ele anunciou pelo rádio que havia descoberto o **Plano Cohen**, um plano segundo o qual os comunistas iriam provocar greves, incêndios em igrejas e o assassinato do presidente.

Arquivo Getúlio Vargas/Fundação Getúlio Vargas - CPDOC, Rio de Janeiro

Vargas lendo em cadeia nacional as razões que o levaram a desfechar o golpe, definido por ele como o início de uma revolução que mudaria o Brasil.

Na verdade, o Plano Cohen era **falso**, mas serviu de pretexto para que, em 10 de novembro de 1937, Vargas desse um golpe e implantasse uma ditadura, o **Estado Novo**. Naquele mesmo dia, ele fechou o Congresso Nacional, impôs ao país uma constituição – a Constituição de 1937 permitia ao presidente governar por decretos-leis (leis impostas). As eleições presidenciais foram suspensas, as greves, proibidas e os sindicatos passaram a ser controlados pelo governo.

Vargas iniciou seu novo governo decretando a extinção de todos os partidos políticos. Inconformados, os camisas-verdes atacaram o Palácio Guanabara, a residência do presidente, em maio de 1938. Ajudado por sua guarda pessoal, Vargas resistiu ao golpe à bala; a seguir, aproveitou-se do episódio para mandar prender seus adversários. Mas Vargas não se manteve no poder só por meio da violência; adotou também a propaganda para exercer sua dominação.

Economia: indústria e agricultura

Durante a Primeira República (1889-1930), a agricultura ocupou um papel de destaque na economia nacional. Na Era Vargas, a indústria assumiu a posição de liderança que antes cabia à agricultura. Observe a tabela.

Taxas anuais de crescimento (%)

Período	Agricultura	Indústria
1920-1929	4,1	2,8
1933-1939	1,7	11,2
1939-1945	1,7	5,4

Fonte: Sônia Regina de Mendonça. As bases do desenvolvimento capitalista dependente: da industrialização restringida à internacionalização. In: Maria Yedda Linhares (Org.). *História Geral do Brasil*. Rio de Janeiro: Campus, 2010. p. 331.

A industrialização ocorrida durante o governo Vargas se deveu, por um lado, à Grande Depressão e à Segunda Guerra Mundial, pois com seus parceiros comerciais em crise ou em guerra, o Brasil foi forçado a fabricar o que antes importava. Esse processo é conhecido como **industrialização por substituição de importações**. Por outro lado, o crescimento industrial desse período deveu-se às medidas tomadas pelo governo Vargas, tais como: empréstimos à indústria a juros reduzidos; diminuição dos impostos sobre bens e equipamentos industriais; abolição dos impostos interestaduais, facilitando a articulação de matérias-primas para a indústria; e fixação do salário mínimo (1940) (medida que amenizava o conflito entre empresários e trabalhadores).

Além disso, o governo Vargas criou:

a) o **Conselho Nacional do Petróleo** (1938) (no ano seguinte perfurava-se em Lobato, na Bahia, o primeiro poço de petróleo produtivo do Brasil);

b) a **Companhia Siderúrgica Nacional** (CSN), em 1941, iniciando naquele mesmo ano a construção da Usina de Volta Redonda, no Rio de Janeiro;

c) a **Companhia Vale do Rio Doce**, em 1942, em Minas Gerais, que explorava o minério de ferro, usado como matéria-prima na indústria siderúrgica;

d) a **Companhia Hidrelétrica do São Francisco** (1945).

Juca Martins/Olhar Imagem

Vista interna da Companhia Siderúrgica Nacional, em Volta Redonda (de 1941) em foto atual. A empresa era vista como um símbolo da indústria e do desenvolvimento do Brasil. O capital necessário para a criação da CSN foi de 45 milhões de dólares: 20 foram emprestados pelos Estados Unidos e 25 foram obtidos no Brasil.

O governo Vargas saiu também em defesa da agricultura. Para defender o preço do café, mandou queimar ou lançar ao mar 30 milhões de sacas, entre 1931 e 1939, e criou um imposto por pé de café, a fim de inibir novos plantios. Regulando a oferta e protegendo os preços do café, o governo garantia recursos para a importação de máquinas e equipamentos. Ao mesmo tempo, o governo Vargas optou pela diversificação da agricultura, incentivando a produção de algodão, açúcar, borracha, cacau e mate. Assim, o café foi deixando de ser o único produto importante na lista das nossas exportações.

O Estado Novo e os trabalhadores

Durante o Estado Novo, Vargas adotou uma política trabalhista conhecida como **trabalhismo**, cujo objetivo principal era a formação de um trabalhador produtivo e ordeiro. No seu livro *Multidões em cena*, a historiadora Maria Helena Capelato analisa a relação do Estado Novo com os trabalhadores.

A política trabalhista de Vargas consistia em conceder benefícios reais aos trabalhadores e, ao mesmo tempo, fazer uma **propaganda** do que foi concedido, com a intenção de despertar no trabalhador sentimentos de gratidão e retribuição. Foi o que aconteceu em 1943, por exemplo, quando o governo Vargas reuniu as **leis trabalhistas** na **CLT** (**Consolidação das Leis do Trabalho**).

Leis trabalhistas: salário mínimo, férias, limitação de horas de trabalho, carteira de trabalho, justiça do trabalho.

DIP: órgão criado em 1939 pelo governo Vargas e subordinado diretamente ao presidente da República.

Hora do Brasil: programa radiofônico criado em 1938 e transmitido diariamente por todas as estações de rádio.

A propaganda do governo era feita pelo **DIP** (**Departamento de Imprensa e Propaganda**) e buscava identificar Vargas ao povo e ao Brasil. Inspirado nas técnicas de propaganda nazifascistas, o DIP produzia programas de rádio, documentários cinematográficos, cartazes, folhetos e cartilhas que mostravam o presidente cumprimentando criancinhas, dando esmolas ou exaltando o trabalho e o patriotismo.

Mas, além disso, o DIP também exercia severa censura sobre jornais, revistas, rádio, cinema e demais manifestações culturais. O controle sobre os meios de comunicação era tão grande que, a partir de 1940, o DIP negou o registro a 420 jornais e 346 revistas. E, além disso, cassou o registro daqueles que faziam críticas ao governo. Os meios de comunicação de massa mais usados pelo governo Vargas foram a imprensa e o rádio. Por meio do rádio, o presidente fazia sua voz chegar à casa de cada trabalhador que, juntamente com a sua família, esperava a **Hora do Brasil** para ouvi-lo. Os discursos comoventes de Vargas eram veiculados também nos grandes "encontros" do presidente com os "trabalhadores do Brasil", em datas especiais, como 1º de maio (Dia do Trabalho).

c. 1940. Coleção particular

1942. Empresa Brasil de Comunicação, Brasília

Nas comemorações festivas, Vargas sempre discursava para a multidão. Seu discurso nessas ocasiões começava sempre com as palavras "Trabalhadores do Brasil...". Na foto, concentração trabalhista em homenagem a Getúlio Vargas no estádio do Vasco da Gama, Rio Janeiro, RJ, em 1942. O Estado Novo fez um grande investimento com o objetivo de transformar Getúlio Vargas em um mito.

O fim do Estado Novo e o "queremismo"

No Brasil, muitos políticos e estudantes universitários aproveitaram-se da luta contra as ditaduras nazifascistas para combater a "ditadura interna", chefiada por Vargas. Em outubro de 1943, os políticos de Minas Gerais lançaram o **Manifesto dos Mineiros**, exigindo a democratização do país. Nesse mesmo ano, em dezembro, estudantes da União Nacional dos Estudantes (UNE) saíram em passeata contra o governo.

Percebendo que a oposição ao seu governo se fortalecia, Vargas decidiu ele próprio liderar o processo de democratização do país. No início de 1945 anistiou os condenados políticos, liberou a atividade partidária e marcou as eleições presidenciais para dezembro daquele ano. Getúlio, no entanto, fazia um jogo duplo: ao mesmo tempo em que apoiava a candidatura do general Eurico Gaspar Dutra, incentivava o **queremismo**, movimento popular que, aos gritos de "Queremos Getúlio", pedia que ele continuasse no poder.

Assustados com a enorme popularidade do ditador, as oposições militares e civis uniram-se para derrubá-lo. Em 29 de outubro de 1945, tropas lideradas pelo general Góis Monteiro forçaram Vargas a renunciar. O Estado Novo chegava ao fim.

Atividades

1 Observe a imagem desse panfleto lançado pela liderança paulista do movimento de 1932.

a) Que estrada é essa que se vê na imagem?

b) O que o carro de bois representa?

c) E o automóvel?

d) O que os autores dessa imagem pretenderam dizer?

1932. Coleção particular

2 Observe a foto e leia o texto a seguir.

Arquivo DN/D.A Press

Posse de Alzira Soriano na prefeitura de Lages, Rio Grande do Norte.

A posse da primeira prefeita eleita da América Latina

Na foto feita em 1930, a solitária mulher ao centro [...] está rodeada exclusivamente por homens. Alzira [Soriano] teve de enfrentar fofocas e maledicências para conseguir um posto no staff da política do sertão central. Mas há 71 anos, cravou o nome na história mundial, abrindo caminho para as 285 mulheres eleitas no Estado nas últimas eleições, seja para o cargo de vereadoras ou prefeitas. [...]

Apoiada pelo então governador Juvenal Lamartine, Alzira Soriano foi obrigada a ouvir verdadeiros impropérios contra sua participação na política. A filha dela, Ivonilde Soriano, menciona que chegavam a cogitar que Alzira estava de namoro com o governador [...].

Extraído do *site*: <http://tribunadonorte.com.br/especiais/redescobrindorn/redescobrindorn_paginterna.php?id=150057>. Acesso em: 5 mar. 2012.

a) A fotografia nega, confirma ou relativiza o texto? Justifique.

b) O que a foto sugere sobre o Brasil daquela época?

c) Em dupla Debatam e opinem: o machismo continua presente na sociedade brasileira?

d) Em dupla Pesquisem e narrem a trajetória de mulheres que ocupam cargos importantes na política atual. Postem essas informações no *blog* da turma.

3 Em dupla **Embora estivesse esperando um filho de pai brasileiro, Olga Benário foi expulsa do Brasil e entregue aos nazistas por Filinto Müller, chefe da polícia política do Estado Novo. Pesquisem sobre a vida de Olga e apresentem um texto sobre esse caso de flagrante desrespeito à Constituição brasileira.**

4 **Os trechos a seguir são de um samba de Wilson Batista e Ataulfo Alves, antes e depois de passarem pela censura do DIP. Leia com atenção as versões e responda.**

O BONDE DE SÃO JANUÁRIO

(Primeira versão)
Quem trabalha não tem razão
Eu digo e não tenho medo de errar
O bonde de São Januário
Leva mais um sócio otário
Sou eu que não vou trabalhar

(Segunda versão)
Quem trabalha é quem tem razão
Eu digo e não tenho medo de errar
O bonde de São Januário
Leva mais um operário
Sou eu que vou trabalhar

Sonia de Deus Rodrigues Bercito. *Nos tempos de Getúlio: da revolução de 30 ao fim do Estado Novo.* São Paulo: Atual, 1990. p. 43. (História em documentos).

a) O que diferencia uma versão da outra?

b) Comparando as versões é possível saber o "conselho" que o DIP deu aos sambistas?

c) Qual era a intenção do governo Vargas com isso?

5 **Os versos a seguir são de autoria de poetas populares (cordelistas). Leia-os com atenção, depois responda:**

Fonte **1**

[...] Entoa um grito de dor
Te lembra operariado
Foi ele o teu protetor
O homem que nesse mundo
Trabalhou em teu favor.
Te lembra quem era tu
Naquele tempo de outrora
Trabalhava escravizado
Sem ter descanso uma hora
Teu patrão por qualquer coisa
Te expulsava para fora [...]

Poeta Fogo, A morte do Presidente Getúlio Vargas, [s.d.].

Fonte 2

[...] Hoje o homem que trabalha
para servir seu patrão,
sabe que tem suas férias
boa remuneração
e chega a invalidez
recebe sua pensão.
Mas antes de vir Getúlio
[...]
recebia como férias
pontapés e bofetão [...]

Delarme, A candidatura de Getúlio Vargas, [s.d.].

Sônia de Deus Rodrigues Bercito. *Nos tempos de Getúlio: Da revolução de 30 ao fim do Estado Novo.* São Paulo: Atual, 1990. p. 46-7. (História em documentos).

a) Como Getúlio Vargas é descrito nesses poemas? Explique.

b) Quais os direitos trabalhistas citados na fonte 2?

6 **A imagem é de uma página da cartilha distribuída nas escolas pelo DIP. Observe-a com atenção:**

Arquivo Getúlio Vargas/Fundação Getúlio Vargas - CPDOC, Rio de Janeiro

a) Descreva-a.

b) Que elementos da imagem evocam patriotismo e/ou civismo?

c) Qual foi a intenção do autor da imagem?

d) Em que contexto a imagem foi produzida?

A IMAGEM COMO FONTE

A charge mostrada é de autoria de Benedito Bastos Barbosa, o Belmonte, e foi publicada originalmente no jornal paulista *Folha da Manhã*, em 22 de junho de 1937. Observe-a com atenção.

Belmonte, 22 jun. 1937. Coleção particular

1 Note que em cada um dos quadrinhos Vargas aparece com uma expressão diferente; o que será que o artista quis dizer com isso? Por que será que a caricatura se chama *História de um governo*?

2 Como você explicaria o sorriso bonachão de Vargas em 1930? E o lenço que traz no pescoço?

3 Por que será que em 1932 seu semblante está fechado?

4 Por que Vargas teria voltado a sorrir entre 1933 e 1935?

5 Por que em 1936 Vargas está com uma expressão de poucos amigos?

6 Por que está tão carrancudo em 1937?

O TEXTO COMO FONTE

O texto a seguir é de uma cartilha distribuída às crianças pelo governo Vargas.

O BRASIL É BOM

O Brasil é bom. O menino já ficou sabendo isso na lição anterior. O menino já pode se considerar um bom brasileiro. Um bom brasileiro ama o seu país. Trabalha pela grandeza do Brasil. Conhece o Brasil e respeita as suas leis. Defende a ordem e a justiça.

Um operário é um bom brasileiro? Sim, menino, um operário é um bom brasileiro, porque é um brasileiro que trabalha.

Um soldado é um bom brasileiro? Sim, menino, porque é um brasileiro que defende a ordem, a lei e a justiça.

O pai do menino é um operário. O pai do pai do menino também foi um operário.

Quem é o pai do pai do menino? É avô do menino. O menino sabe que o avô foi pobre e se queixou de injustiças. Mas o pai do menino já não é tão pobre. Por quê? Porque o pai do menino já tem DIREITOS. O direito é a riqueza do homem honesto e trabalhador. Hoje, todos os brasileiros são iguais. O patrão e o operário são do mesmo tamanho. O Estado, isto é, o Brasil, é que é maior do que ambos. E por isso tem a autoridade necessária para resolver as divergências entre os dois. O menino sabe o que é uma divergência? Não, o menino não sabe. Já viu uma briga entre irmãos? Pois isso é uma divergência. Todos os brasileiros são irmãos. O Brasil não quer que os seus filhos, irmãos brasileiros, briguem uns com os outros. O Brasil não quer coisas feias. O Brasil não quer divergências. Aí está mais uma razão pela qual O BRASIL É BOM.

Maria H. R. Capelato. *Multidões em cena: propaganda política no varguismo e no peronismo.* São Paulo: Editora Unesp, 2009. p. 180.

1 Identifique e transcreva o trecho em que o governo Vargas divulga o trabalhismo.

2 A que "direitos" o texto está se referindo quando diz que o "pai já tem direitos"?

3 Pela linguagem, é possível saber para quem o texto foi escrito?

4 Que valores o texto procura transmitir?

LIVROS, *SITES* E FILMES

Livros

D'ARAUJO, Maria Celina. *O Estado Novo.* Rio de Janeiro: Jorge Zahar Editor, 2000. (Descobrindo o Brasil).

POMAR, Wladimir. *Era Vargas: a modernização conservadora.* São Paulo: Ática, 1998.

Sites

Getúlio Vargas – <http://cpdoc.fgv.br/nav_historia/htm/ev_main.htm>. Acervo organizado pelo CPDOC, com documentos digitalizados sobre o período do Estado Novo e prontos para serem lidos.

Filmes

Olga. Direção de Jaime Monjardim. Brasil, 2004. (141 min.). Filme baseado no livro homônimo recria a história da jovem alemã de origem judaica Olga Benário, que veio do exterior com a missão de proteger Luís Carlos Prestes e, no Brasil, luta ao lado dele pelo comunismo. Olga é presa e entregue aos nazistas pelo governo Vargas e na Alemanha acaba sendo morta.

Era Vargas – 1930-1935. Direção de Eduardo Escorel. Log On: Brasil, 2011 (196 min.). (Coleção com 3 DVDs). *1930 – Tempo de Revolução*. Direção de Eduardo Escorel. Brasil, 1990. *1932 – A Guerra Civil*. Direção de Eduardo Escorel. Brasil, 1992. *1935 – O Assalto ao Poder*. Direção de Eduardo Escorel. Brasil, 1993. Esses três documentários abordam um dos períodos mais determinantes da história brasileira no século XX: a Era Vargas. Narrados por personalidades brasileiras, como o ator Paulo Betti, os filmes mostram, por meio de imagens marcantes e entrevistas atuais, o processo histórico que ocasionou a consolidação de Getúlio Vargas no poder político, expondo o contexto histórico da época, momentos-chave na história brasileira, como o tenentismo de Luís Carlos Prestes, a Revolta dos 18 do Forte, o Golpe de 1930, a reação paulista na Revolta Constitucionalista de 1932 até as eleições de 1935, em que Vargas consolidou seu poder.

Heróis – O Brasil na Segunda Guerra. Direção de Guto Aeraphe. Brasil, 2011. Filme brasileiro para ser exibido primeiramente pela WEB e para comemorar os 65 anos do embarque da Força Expedicionária Brasileira à Itália, no final da Segunda Guerra. Esse filme se dedica a ir além de uma simples peça de reconstituição histórica; pretende expor a rotina excruciante das baixas patentes no inferno de viver por semanas dentro das trincheiras, observando a linha inimiga a algumas dezenas de metros ou nas saídas quase sempre sem volta para as patrulhas. (http://heroisofilme.blogspot.com/p/o-filme.html)

DEBATENDO E CONCLUINDO

Fonte 1

Em cerimônia de recepção à Seleção Brasileira de Futebol, campeã do 1º Torneio Panamericano de Futebol, em Santiago, no Chile, Getúlio Vargas entrega a taça ao jogador Ademir Menezes, no estádio do Maracanã, no Rio de Janeiro (RJ), em 26 de abril de 1952. O pernambucano Ademir jogava pelo Vasco e foi o artilheiro da Copa de 1950.

Acervo UH/Folhapress

Fonte 2

Keystone/Getty Images

Eva Perón (1919-1952), mais conhecida como Evita, era atriz e esposa do presidente Juan Perón; na foto ela é mostrada dando o primeiro chute do jogo, no Estádio Presidente Perón, em Buenos Aires.

Fonte 3

O trecho a seguir, publicado em um jornal argentino, comenta a vitória da Argentina nos Primeiros Jogos Esportivos Pan-Americanos, ocorridos em Buenos Aires, em 22 de março de 1951.

VICTÓRIA

[...] A juventude argentina venceu de forma inquestionável a todos seus oponentes [...] e muito especialmente à delegação dos Estados Unidos, até agora imbatível em todas as competições de atletismo em que haviam se apresentado.

Que poderoso milagre transformou a nossa juventude? Foi mudado o seu físico? Foi modificado seu temperamento? [...]. Nada disso.

Tudo se deve a apenas uma coisa. Ao General Perón, condutor de seu povo e esportista por excelência. À frente de sua juventude, pôde mudar o espírito, sua mística e seu sentimento. [...] . Ele fez milagre e, com essa juventude que há cinco anos nem sequer figurava nos resultados finais das provas atléticas internacionais, bateu os campeões do mundo. Os inumeráveis triunfos obtidos pela representação nacional simbolizam o ressurgimento de um potencial físico e uma força moral digna da Nova Argentina que o General Perón forjou. [...] (Mundo Deportivo, 22/3/1951, 26).

Extraído do *site*: <http://www.scielo.br/scielo.php?script=sci_arttext&pid=S0103-21862009000200005>. Acesso em: 12 abr. 2012.

Leia as fontes 1, 2, 3 e responda:

a) O que há de comum nas duas imagens?

b) Que relação se pode estabelecer entre as imagens e o texto; entre futebol e política no governo Vargas (1930-1945) e no governo Perón (1946-1955)?

c) Como Juan Perón é descrito nesse trecho do jornal argentino? O uso político do futebol continua sendo praticado na atualidade?

UNIDADE III

Armas e violência

Observe a imagem.

Sérgio Assis/Folhapress

Enterro do integrante da Torcida Jovem da Ponte Preta, Anderson Tomás, o Conde, no cemitério Parque Nossa Senhora Conceição, em Campinas (SP). Tomás foi morto em uma briga entre torcidas organizadas na porta de um estádio de futebol, 2005.

Leia a notícia:

Nos últimos 10 anos, 42 torcedores morreram em conflitos dentro, no entorno ou nos acessos aos estádios de futebol. Os dados foram contabilizados e estudados pelo sociólogo e professor da Universidade Federal do Rio de Janeiro (UFRJ) [...], Maurício Murad, baseado em dados fornecidos por jornais, revistas e rádios das principais cidades do país entre os anos de 1999 e 2008. As informações foram mais tarde checadas nos Institutos Médico Legais (IMLs) e nas delegacias de polícia das cidades onde as mortes ocorreram.

"Quando começamos a fazer o levantamento, o Brasil estava em terceiro lugar na comparação com outros países no número de óbitos. A ordem era Itália, Argentina e Brasil. Hoje, o Brasil conquistou o primeiro lugar. É uma conquista trágica, perversa", afirmou Murad.

Extraído do *site*: <http://esporte.uol.com.br/futebol/violencia-no-futebol/2009/07/20/ult7499u19.jhtm>. Acesso em: 19 abr. 2012.

Randes Nunes/Fotoarena/Folhapress

Jogadores pedem paz no futebol, no estádio Serra Dourada, em Goiânia (GO), 2011.

A violência nos estádios também inspira protestos e canções pedindo "paz em todos os estádios". Leia o trecho deste *rap*:

Paz no futebol
Autores: Will/Valtinho

[...]
O esporte cresce e com ele a paixão
Que se torna obsessão e domina a razão
Corrupção como nas ruas dentro dos estádios
Times dirigentes jogos sendo comprados
Adversários indignados agem sem pensar
Pais salvem seus filhos que a guerra vai começar
Torcidas organizadas gritando quebrando tudo
Tumulto discurso que vergonha é absurdo
Crianças mulheres idosos todos misturados
Pelo amor no esporte que nos deixa frustrados
Amargo é o gosto da dor gerada
De que adianta grades se a torcida vem armada
[...]

Extraído do *site*: <http://letras.terra.com.br/o-cla/1218229/?domain_redirect=_es>. Acesso em: 19 abr. 2012.

Você já presenciou algum tipo de violência verbal ou física em um estádio de futebol? Viu de perto, ou pela TV, uma briga entre torcidas organizadas? Você é a favor ou contra a existência desse tipo de torcida? O que poderia ser feito para combater a violência no mundo do futebol?

Ao longo desta unidade iremos ver diversos outros tipos de violência, como a violência verbal e psicológica durante a Guerra Fria; a violência do Estado nazista contra pessoas e grupos; a violência para impedir a independência de um povo e a resistência a ela; a violência do *apartheid*; a violência do Regime Militar e dos grupos armados no Brasil dos anos de 1970, e outras.

CAPÍTULO 9

A Guerra Fria

Rube Goldberg. 1948. Coleção particular. Foto: The Granger Collection/Otherimages

A charge que você vê é de 1948 e ganhou o Prêmio Pulitzer daquele ano. Reparou que a casa e a família repousam sobre uma bomba atômica? Reparou também que a bomba está prestes a cair em um precipício? Na rocha vê-se escrito *"world control"* e no precipício *"world destruction"*. Você sabe o significado dessas palavras? De posse desses elementos, saberia dizer o que o artista pretendeu com essa charge? Na época em que essa charge foi feita, o mundo vivia sob a Guerra Fria; você já ouviu falar dela? Será que essa imagem tem a ver com essa guerra?

O mundo dividido

Guerra Fria? Estranho, não é mesmo?

Quando ouvimos a palavra guerra, geralmente nos vêm à cabeça bombas, gritos desesperados, fogo e fumaça – uma série de imagens muito "quentes". Então, o que terá sido essa tal de Guerra Fria?

A Guerra Fria consistiu em uma guerra **não declarada** entre os Estados Unidos e a União Soviética, na qual os dois lados usaram a propaganda, a espionagem e a intervenção militar para defender seus interesses, ajudar seus aliados e expandir suas áreas de influência. A Guerra Fria foi também uma guerra de imagens e palavras: produziram-se muitos livros, revistas, gibis e filmes para criticar ou ridicularizar o lado oposto. Entre os filmes produzidos na época está *Dr. Fantástico*.

Filme de Stanley Kubrick - *Dr. Fantástico*. EUA. 1964

Filmado em 1964, no contexto da Guerra Fria, *Dr. Fantástico* conta a história de um ataque nuclear "acidental" à URSS, detonado por um general norte-americano que tinha ódio aos comunistas. Na foto, em primeiro plano, o presidente norte-americano, à dir., avisa ao chefe de Estado soviético que o país deste havia sido alvo de um ataque nuclear acidental.

Filme de Stanley Kubrick. *Dr. Fantástico*. EUA. 1964. Foto: The Granger Collection/Otherimages

Encontros entre os vencedores

Em fevereiro de 1945, antes mesmo do final da Segunda Guerra Mundial, três grandes líderes dos países vencedores – Roosevelt (**Estados Unidos**), Stalin (**União Soviética**) e Churchill (**Inglaterra**) – reuniram-se na **Conferência de Ialta**, na União Soviética, para discutir os rumos do mundo no pós-guerra. Na ocasião, ficou decidido que seria criada a Organização das Nações Unidas (ONU). Em julho do mesmo ano, após o final da guerra na Europa, os vencedores reuniram-se novamente na **Conferência de Potsdam**, na Alemanha.

AP/Glow Images

Winston Churchill (Inglaterra), Harry Truman (Estados Unidos) e Josef Stalin (União Soviética) encontram-se em Potsdam, em julho de 1945.

Nessa conferência decidiram dividir a Alemanha e sua capital, Berlim, em quatro setores de ocupação: norte-americano, soviético, inglês e francês. Observe o mapa.

Divisão e ocupação da Alemanha

Mario Yoshida

Fonte: SERRYN, Pierre; Blasselle, René. *Atlas Bordas - Géographique et Historique*. Paris: Bordas. p. 38.

A Organização das Nações Unidas

Ao final da Segunda Guerra, acentuou-se a preocupação com a paz mundial. Em 1945, representantes de 50 nações, reunidos na Conferência de São Francisco, criaram a **Organização das Nações Unidas** (ONU), cujos objetivos principais são preservar a paz e a segurança no mundo; promover a cooperação internacional e incentivar o respeito aos direitos dos seres humanos e às liberdades individuais. Com sede em Nova York, a ONU é ainda hoje o principal organismo internacional.

Os seis principais órgãos da ONU são o Conselho de Segurança, a Assembleia Geral, o Secretariado, o Conselho Econômico e Social, o Conselho de Tutela e a Corte Internacional de Justiça.

O **Conselho de Segurança** é responsável pela manutenção da paz e da segurança internacional e tem o direito de intervir em qualquer disputa ou confronto entre dois ou mais países. Ao Conselho de Segurança cabe também prestar ajuda humanitária em caso de catástrofes naturais. O Conselho é formado por 15 membros: 10 eleitos para um período de dois anos e cinco permanentes (Estados Unidos, Rússia, China, Reino Unido e França).

Brooks Kraft/Corbis/Latinstock

Conselho de Segurança das Nações Unidas, com sede em Nova York, em encontro ocorrido em 2007 que versou sobre a África.

Jewel Samad/AFP/Otherimages

Os famosos capacetes azuis, integrantes das forças de manutenção da paz da ONU, em missão humanitária quando do terremoto ocorrido no Haiti em janeiro de 2010.

Os membros permanentes do Conselho de Segurança têm **direito de veto** sobre as decisões do Conselho. Por vezes, esse direito de veto de cada um dos "cinco grandes" impediu o Conselho de Segurança de manter a paz. Em 1963, por exemplo, membros desse Conselho propuseram que os Estados Unidos não interviessem na Guerra do Vietnã. Os Estados Unidos usaram seu direito de veto e entraram na guerra. Por isso, analistas de várias partes do mundo criticam o enorme poder dos "cinco grandes" na ONU.

Dialogando

O Brasil, a Índia, o Japão e a Alemanha têm pleiteado a reforma do Conselho de Segurança.

1 Você sabe o que eles pretendem com essa reforma?

2 Isso é interessante para o Brasil?

A **Assembleia Geral** é formada por todos os países-membros, 192 desde 2006, e tem como função debater temas relacionados à segurança, à paz e à justiça.

O **Secretariado**, dirigido pelo secretário geral, tem a função de administrar a ONU.

Já o **Conselho Econômico e Social** é composto de vários órgãos especializados como a **Unesco** – Organização das Nações Unidas para a Educação, a Ciência e a Cultura; a **FAO** – Organização das Nações Unidas para a Agricultura e Alimentação; o **Unicef** – Fundo das Nações Unidas para a Infância; a **OMS** – Organização Mundial da Saúde; o **FMI** – Fundo Monetário Internacional; o **BIRD** – Banco Internacional para Reconstrução e Desenvolvimento (Banco Mundial), entre outros.

Um mundo bipolarizado

Hulton-Deutsch Collection/Corbis/Latinstock

Winston Churchill, à esquerda, com o presidente americano Harry Truman, no Missouri, quando Churchill fez seu famoso discurso falando sobre a "cortina de ferro".

Em 1946, o líder inglês Winston Churchill fez um discurso que é considerado o marco inicial da Guerra Fria. Eis o que ele disse:

> *[...] Ninguém sabe o que a Rússia Soviética e sua organização internacional comunista pretendem fazer no futuro imediato, ou quais são os limites, se é que os há, para as suas tendências expansionistas [...]. De Stettin, no [mar] Báltico, a Trieste, no [mar] Adriático, uma cortina de ferro desceu sobre o continente. [...]*

Edgard Luiz de Barros. *A Guerra Fria – A aliança entre russos e americanos. As origens da Guerra Fria. A destruição atômica é irreversível?* São Paulo: Atual, 1985. p. 19. (Discutindo a História).

Depois, Churchill afirmou que era preciso impedir, a qualquer custo, o avanço do comunismo soviético para além daquela "cortina" de ferro que dividia e opunha a Europa. A seguir, convocou o Ocidente para uma grande cruzada contra o comunismo soviético. No ano seguinte, o presidente norte-americano, Harry Truman, também se posicionou radicalmente contra a União Soviética afirmando que os Estados Unidos ajudariam a combater o comunismo em todo o mundo com armas, soldados e dinheiro. Era a chamada **Doutrina Truman**. O mundo se dividia, assim, em dois blocos rivais e inconciliáveis (o capitalista, liderado pelos Estados Unidos, e o comunista, comandado pela União Soviética). Daí dizer-se que, a partir de então, se estabeleceu uma **ordem internacional bipolarizada**.

O Plano Marshall

Enquanto isso, os partidos comunistas cresciam tanto no leste da Europa, onde chegaram ao poder, quanto no oeste, em países como Itália, Alemanha Ocidental, Inglaterra e França. Alarmado com essa situação, o governo dos Estados Unidos pôs em prática um plano idealizado pelo seu secretário de Estado, o general George Marshall, cujo objetivo principal era o enfraquecimento do comunismo e o fortalecimento do capitalismo europeu.

Hulton-Deutsch Collection/Corbis/Latinstock

Primeiro carregamento de açúcar enviado pelo Plano Marshall chega ao porto de Londres, 1949.

O **Plano Marshall**, anunciado pelo governo norte-americano em 1947, consistia em um vasto programa de ajuda econômica aos países capitalistas da Europa mais atingidos pela Segunda Guerra Mundial. A ajuda dos Estados Unidos incluiu empréstimos a longo prazo e juros reduzidos; concessão de tecnologia e investimentos volumosos. Em um tempo relativamente curto, o Plano Marshall atingiu seus objetivos, permitindo a rápida recuperação econômica de países como a Inglaterra, a Alemanha Ocidental e a França. Além disso, estimulou as exportações norte-americanas para a Europa, fortaleceu a liderança mundial dos Estados Unidos e diminuiu a força do comunismo no continente europeu.

A resposta da União Soviética não se fez esperar: ainda em 1947 Stalin criou o **Cominform**, Agência Comunista de Informação, com o objetivo de coordenar o movimento comunista no mundo. Os partidos comunistas do leste e do oeste da Europa (e também do resto do mundo) ficaram obrigados a obedecer totalmente às determinações desse organismo.

Nesse clima de alta tensão, os Estados Unidos e a União Soviética decidiram dividir o território alemão em dois países. Assim, em 1949 nasciam: a República Federal da Alemanha (**Alemanha Ocidental**), de regime capitalista, com capital em Bonn (área de influência dos Estados Unidos), e a República Democrática Alemã (**Alemanha Oriental**), de regime socialista, com capital em Berlim Oriental (área de influência da União Soviética). A cidade de Berlim também foi dividida em duas: Berlim Oriental (socialista) e Berlim Ocidental (capitalista).

Na década seguinte, graças à ajuda econômica norte-americana, a Alemanha Ocidental recuperou-se rapidamente e passou por um processo de intenso crescimento econômico ("milagre alemão"). Graças a isso e à propaganda capitalista, muitos habitantes da Berlim Oriental começaram a fugir para o outro lado da cidade em busca de uma vida melhor. Para impedir a fuga dos alemães orientais, em 1961 o governo da Alemanha comunista construiu o **Muro de Berlim**, separando fisicamente as duas partes da cidade, e fechou as fronteiras entre os dois países. O Muro de Berlim existiu por 28 anos, até 1989.

AP/Glow Images

Paul Schutzer/Time Life Pictures/Getty Images

À esquerda, vemos a construção do Muro de Berlim, com 45 quilômetros de extensão, três metros de altura e protegido por cercas de arame farpado, que separou os berlinenses entre 1961 e 1989; acima, jovem preso quando tentava saltar o muro.

Otan *versus* Pacto de Varsóvia

De sua parte, em 1949 os Estados Unidos, o Canadá e vários países da Europa ocidental firmaram o tratado de criação da aliança militar denominada **Otan** – Organização do Tratado do Atlântico Norte. O acordo previa a ajuda mútua no caso de uma agressão por parte de uma força externa. O ataque a um dos países-membros da Otan seria considerado um ataque a todos.

Em resposta à criação da Otan, em 1955 a União Soviética firmou com os países da sua esfera de influência o **Pacto de Varsóvia**, uma aliança militar destinada à segurança do bloco comunista. Observe o mapa.

A Europa dividida: Otan *versus* Pacto de Varsóvia

Mario Yoshida

Fonte: ARRUDA, José Jobson de. *Atlas histórico básico*. São Paulo: Ática, 1999. p. 32.

Abaixo, à esquerda, o pai ajuda a filha a entrar em um abrigo antiatômico nos Estados Unidos; à direita, a família no interior do abrigo. Repare que as caixas no canto direito servem para guardar comida e água. Como parte da Guerra Fria, os meios de comunicação norte-americanos veiculavam a ideia de que a qualquer momento a União Soviética lançaria uma bomba atômica sobre os Estados Unidos.

Bettmann/Corbis/Latinstock

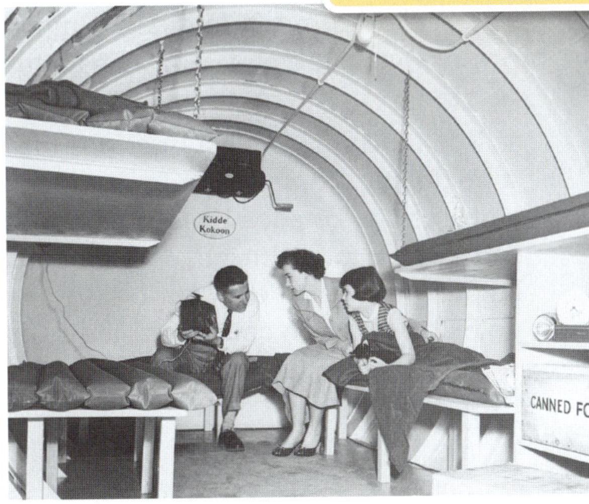

Bettmann/Corbis/Latinstock

Mas nem todos os países aceitaram obedecer cegamente às superpotências. Herói da Segunda Guerra, o marechal Tito, da Iugoslávia, levou seu país a romper com a União Soviética em 1948. A Iugoslávia continuou comunista, mas seguindo o seu próprio modelo.

A corrida armamentista

A competição entre os Estados Unidos e a União Soviética por áreas de influência e os interesses da lucrativa indústria bélica desencadearam uma **corrida armamentista**.

Em 1949, as duas superpotências possuíam a bomba atômica. Então passaram a investir quantias cada vez maiores em armas nucleares. No final de 1952, os Estados Unidos descobriram o modo de fazer a bomba H. A primeira delas, testada no Pacífico, tinha uma potência 4 mil vezes superior à da bomba atômica. No ano seguinte, a União Soviética já possuía a mesma arma.

Por um lado, essa corrida exigia altos investimentos do Estado, provocando o aumento de impostos, além de trazer sérios prejuízos ao meio ambiente. Por outro, enriquecia os envolvidos na fabricação de armas e outros equipamentos, como abrigos antiatômicos.

A Guerra da Coreia

Um dos momentos mais "quentes" da Guerra Fria foi o envolvimento dos Estados Unidos e da União Soviética na Guerra da Coreia.

Depois de ser libertada da ocupação japonesa, em 1945, a Coreia foi ocupada por norte-americanos e soviéticos. Três anos depois foi dividida em dois países: a Coreia do Norte, sob influência soviética, e a Coreia do Sul, sob influência norte-americana. A fronteira entre o Norte e o Sul, no entanto, era muito tensa, pois as duas Coreias queriam a reunificação sob seu comando.

Armistício: trégua, suspensão da luta como resultado de um acordo, mas sem terminar oficialmente a guerra.

Em 1950, a Coreia do Norte atacou a Coreia do Sul de surpresa. Os Estados Unidos, com o apoio da ONU, reagiram enviando tropas em apoio aos sul-coreanos. Os chineses – que tinham adotado o comunismo no ano anterior – entraram em defesa da Coreia do Norte. O conflito estendeu-se até 1953, quando foi assinado o **Armistício** de Panmunjon, que confirmou a divisão em dois países: Coreia do Norte, comunista, e Coreia do Sul, capitalista.

O elevado número de civis mortos na Guerra da Coreia (cerca de 4,5 milhões de pessoas) somado à corrida armamentista, provocou enorme indignação.

O fim da Guerra da Coreia, no entanto, não significou o fim da era do medo, que se iniciou com a Guerra Fria; nos últimos anos, o governo norte-coreano chefiado pelo filho do líder comunista Kim Jong-il, conhecido como "presidente eterno", fez repetidas ameaças aos Estados Unidos, sinalizando com a possibilidade de uma guerra atômica! Em 2012 ocorreram novos incidentes entre as duas Coreias, envolvendo a morte de alguns militares. Pesa aqui o fato de que, tecnicamente, a Coreia do Norte e a Coreia do Sul continuam em guerra já que os dois países nunca assinaram um tratado de paz.

Macarthismo

Tanto nos Estados Unidos quanto na União Soviética, as pessoas suspeitas de simpatizar com o país adversário eram perseguidas e duramente reprimidas. Nos Estados Unidos dos anos 1950, o inimigo número 1 do comunismo era o senador norte-americano Joseph McCarthy, conhecido como "caçador de comunistas". O **macarthismo** – movimento que recebeu esse nome por ter sido liderado por McCarthy – perseguiu e levou à prisão cientistas, escritores, artistas, professores e funcionários do governo. Até mesmo Charles Chaplin

Filme de Charles Chaplin. *O garoto*. EUA. 1921

Cena do filme *O garoto*, de Charles Chaplin (1889-1977). Ator, diretor, roteirista, um verdadeiro gênio do cinema, o criador de Carlitos foi perseguido pelo macarthismo. Em 1952, vendo sua segurança pessoal ameaçada, Chaplin deixou os Estados Unidos e foi viver na Suíça.

foi denunciado e perseguido pelo macarthismo, tendo sido obrigado a se exilar. Essa campanha anticomunista ocorreu entre 1950 e 1954, período em que McCarthy dirigiu o Comitê de Atividades Antiamericanas do Senado.

Na União Soviética, o ódio à superpotência rival também era alimentado por perseguições, queima de livros, prisões e mortes. O líder da luta contra o "imperialismo ianque" na União Soviética era o próprio chefe de Estado soviético, Joseph Stalin. Ele mandava fuzilar, prender em hospitais psiquiátricos ou trabalhar em regime de escravidão em campos de concentração todos aqueles que discordassem de suas ideias. Com sua morte, em 1953, seus crimes começaram a ser conhecidos, graças às denúncias de seu sucessor, Nikita Krushev.

Coexistência pacífica e corrida espacial

Durante o governo de Krushev (1953-1964) teve início a **coexistência pacífica**, fase da Guerra Fria em que a disputa entre os Estados Unidos e a União Soviética deslocou-se do campo militar para o da ciência e tecnologia. Cientes de que não era possível resolver a disputa militarmente, devido ao enorme poder de destruição de suas armas nucleares, os Estados Unidos e a União Soviética investiram na exploração do espaço a fim de demonstrar ao mundo que o seu sistema socioeconômico era o mais avançado. Na corrida espacial, a URSS saiu na frente: em 1957 lançou dois satélites artificiais o Sputnik 1 e o Sputnik 2 (que tinha a bordo uma cadela de raça chamada Laika). Quatro anos depois, a URSS lançava a primeira nave pilotada por um ser humano: o russo Yuri Gagarin.

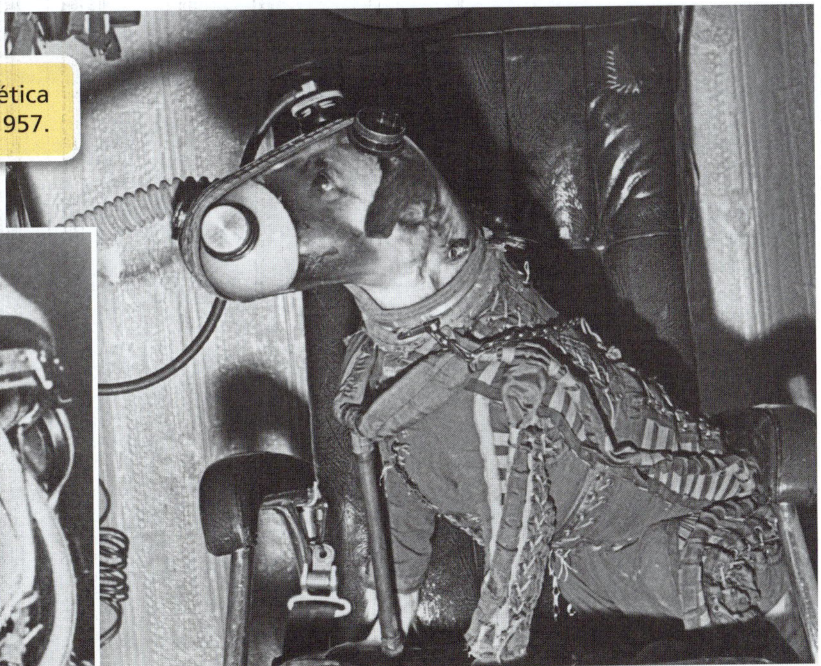

Foto da cadela soviética enviada ao espaço em 1957.

Friedrich/Interfoto/Glow Images

Blanche-Shone/Gamma/Otherimages

Gagarin, o primeiro ser humano a subir ao espaço, deu uma volta completa em órbita ao redor do planeta. É dele a famosa frase: "a Terra é azul!". A população soviética saiu às ruas para comemorar e Gagarin foi transformado em herói nacional.

Os norte-americanos redobraram, então, seus investimentos em pesquisa espacial. Em 20 de julho de 1969, viajando a bordo da nave Apolo 11, o astronauta norte-americano Neil Armstrong foi o primeiro a colocar o pé em solo lunar, onde fincou também a bandeira dos Estados Unidos.

Akg-Images/ NASA/ Latinstock

Recepção feita aos astronautas Neil A. Armstrong, Michael Collins e Edwin E. Aldrin Jr., tripulantes da Apolo 11.

Bob Dylan, Beatles e Rolling Stones

Enquanto os Estados Unidos investiam fábulas em armas nucleares e em segurança, o cantor e compositor norte-americano Bob Dylan liderava uma verdadeira revolução na música popular norte-americana, denunciando o racismo, o militarismo e a corrida armamentista na qual seu país se engajara.

Mas enquanto jovens norte-americanos manifestavam sua insatisfação cantando as músicas de protesto de seu ídolo, Bob Dylan, o *rock'n roll* ganhava os palcos da Inglaterra, e fazia dela um dos mais importantes centros difusores da cultura jovem.

Rex Features/Keystone

Bob Dylan, cantor e compositor norte-americano, 1978.

Na década de 1960, o *rock* inglês foi favorecido pelo clima de prosperidade reinante na Inglaterra (Plano Marshall), pelo fim do serviço militar obrigatório (muitos jovens ficaram com tempo livre para se dedicarem à música), pela popularidade da música *pop* norte-americana e, ainda, pelo fato de a língua materna do *rock* ser a inglesa. Duas bandas merecem destaque: The Beatles e Rolling Stones.

Os Beatles eram todos de origem humilde. Em 1962, com canções ingênuas e melodia atraente, que falavam de amor, como *Love me do* e *She loves you*, os Beatles já eram a banda de *rock* mais famosa da Inglaterra. As criações dos Beatles continuam sendo regravadas e ainda estão vivas na lembrança de seus milhões de fãs espalhados pelo mundo inteiro.

Os Rolling Stones, assim como os Beatles, começaram a carreira no início dos anos 1960. Mas as diferenças entre as duas bandas superavam as semelhanças. Enquanto os Beatles eram jovens de famílias operárias de Liverpool, os Stones pertenciam à classe média alta de Londres, a capital inglesa.

Os Rolling Stones permanecem um símbolo de longevidade e rebeldia, atravessando décadas e desafiando o tempo. ■

Marka/Age Fotostock/Easypix

Na foto, da esquerda para a direita, John Lennon, George Harrison, Paul McCartney e Ringo Starr (sentado). Os Beatles abriram as portas do mundo para as demais bandas inglesas. Nascida na cidade portuária de Liverpool, a banda era formada por Paul McCartney (vocal e baixo), John Lennon (vocal e guitarra), George Harrison (vocal e guitarra) e Ringo Starr (bateria).

GAB Archive/Redferns/Getty Images

Nesse período, os integrantes dos Rolling Stones eram, da esquerda para a direita, o baixista Bill Wyman, o guitarrista Brian Jones, o vocalista Mick Jagger, o guitarrista Keith Richards e o baterista Charlie Watts.

ATIVIDADES

1 Monte uma ficha sobre a Guerra Fria informando:

a) O que foi.

b) Sistemas socioeconômicos rivais.

c) Principais alianças militares.

d) Comportamento dos governos das superpotências em relação aos que manifestavam opiniões divergentes.

2 A cena ao lado é do filme *Moscou contra 007*, estrelado por Sean Connery e Daniela Bianchi. Nesse filme, o agente britânico James Bond luta contra uma organização secreta.

a) Levante uma hipótese: que organização era essa?

b) Pesquise e responda: esse filme pode ser visto como parte da guerra de propaganda entre os Estados Unidos e a União Soviética?

c) Escreva um período relacionando o filme à Guerra Fria.

Filme de Terence Young. *Moscou contra 007*. EUA. 1963. Foto: Bettmann/Corbis/Latinstock

3 Gerra Fria e Esporte A Guerra Fria também influenciou o esporte. A tabela a seguir apresenta as medalhas obtidas pelos Estados Unidos e pela União Soviética nas Olimpíadas ocorridas entre 1960 e 1988. Observe-a com atenção e responda.

Cidade	Ano	Estados Unidos	União Soviética
Roma	1960	71	103
Tóquio	1964	90	96
México	1968	107	91
Munique	1972	94	99
Montreal	1976	94	125
Moscou	1980	–	195
Los Angeles	1984	174	–
Seul	1988	94	132

a) O que se pode concluir lendo a tabela?

b) Levante uma hipótese: por que será que os Estados Unidos não ganharam nenhuma medalha em 1980, o mesmo acontecendo com a União Soviética quatro anos depois?

4 Elabore uma linha do tempo com acontecimentos importantes da Guerra Fria.

5 Em grupo Pesquisem sobre o macarthismo e o stalinismo e elaborem um jornal-mural relatando as consequências dessas doutrinas e práticas para os povos norte-americano e soviético, respectivamente.

A IMAGEM COMO FONTE

1952. Coleção particular. Foto: The Granger Collection/Otherimages

c. 1965. Coleção particular. Foto: Universal History Archive/Getty Images

Acima, imagem norte-americana sobre os tempos da Guerra Fria, 1952. Ao lado, imagem soviética sobre os tempos da Guerra Fria, cerca de 1965.

1 Que tipo de imagem vemos nesta página: imagens fotográficas, gravuras, pinturas, charges ou imagens fílmicas?

2 O que se vê na imagem à esquerda?

3 O que está escrito na lata de tinta que Stalin está derramando e o que isso significa?

4 O que mostra o cartaz da direita?

5 Com que objetivos essas imagens foram produzidas?

6 Em que contexto essas imagens foram produzidas?

O TEXTO COMO FONTE

MOVIMENTO *HIPPIE*

A juventude dos anos 1960 também manifestou sua insatisfação com o "sistema" por meio de movimentos pacifistas, como o movimento *hippie*, que tinha como lema a frase "Paz e amor". Para manifestar seu inconformismo, os *hippies* usavam cabelos compridos e sandálias. Os *hippies* adotavam certas ideias da Índia, especialmente as de Mahatma Gandhi, líder pacifista favorável à resistência não violenta. Por isso, os *hippies* norte-americanos fizeram muitos protestos pacifistas contra a Guerra do Vietnã, ostentando cartazes com os dizeres "Faça amor, não faça a guerra!".

Em pouco tempo, as grandes empresas perceberam o potencial mercadológico das mensagens e símbolos *hippies* e os incorporaram aos seus produtos. Exemplo disso, é o *slogan* usado para aumentar a venda de *jeans*: "Liberdade é uma calça velha, azul e desbotada"!

A foto é do festival de Woodstock. Quatrocentas mil pessoas compareceram para cantar e protestar contra as guerras e aplaudir seus ídolos, entre os quais estavam o guitarrista Jimi Hendrix e a cantora Janis Joplin.

Ullsteinbild/Easypix

1 Qual a característica principal do movimento *hippie* e contra o que lutava?

2 O que os *hippies* propunham como alternativa ao modo de vida de seus pais?

3 Em dupla Pode-se dizer que os *hippies* também fizeram política?

4 Debatam, reflitam e respondam Ideias condensadas no lema *hippie* "Faça amor, não faça a guerra" são aplicáveis ao mundo atual?

LIVROS, *SITES* E FILMES

Livros

KARNAL, Leandro. *A Guerra Fria*. São Paulo: FTD, 2000. (Para conhecer melhor).

ARBEX Jr, José. *Guerra Fria: terror de Estado, política e cultura*. São Paulo: Moderna, 2005.

Site

Estados Unidos e o início da Guerra Fria - <http://educaterra.terra.com.br/voltaire/mundo/guerra_fria.htm>.

Site sobre o período da Guerra Fria, com foco no bloco capitalista.

Filme

13 dias que abalaram o mundo. Direção de Roger Donaldson. EUA, 2000. (135 min.)

Em 1962 o serviço secreto norte-americano descobriu que os soviéticos haviam instalado uma base militar em Cuba, ilha relativamente próxima aos Estados Unidos. A descoberta intensificou as rivalidades entre as duas superpotências e o mundo viveu um dos momentos mais "quentes" da Guerra Fria.

CAPÍTULO 10

Independências: África e Ásia

Ian Trower/JAI/Corbis/Latinstock

Zute Lightfoot/Alamy/Otherimages

David Levinson/Rex Features/Keystone

Tom Cockrem/Age Fotostock/Easypix

Você sabe onde ficam essas cidades? Com qual ou quais cidades brasileiras se parecem? Dica: essas cidades ficam todas na África, e por duas delas (Luanda e Lagos) saíram ancestrais de milhões de brasileiros. Se a África possui cidades prósperas, como essas que você vê na foto, por que, então, na televisão e no cinema é mostrada quase sempre como uma grande savana habitada por leões, girafas e elefantes? Por que a mídia quase nunca mostra cidades africanas? O que isso pode significar?

Vimos que no século XIX os europeus se apossaram de grandes porções da Ásia e da África e submeteram seus povos. Nos 30 anos que se seguiram ao final da Segunda Guerra (1945), a imensa maioria das colônias europeias naqueles continentes conseguiu sua independência. Vejamos como isso se deu.

Razões da independência

Entre os principais fatores da independência dos povos afro-asiáticos podemos citar:

a) a luta dos nativos da África e da Ásia contra os dominadores europeus;

b) o enfraquecimento das potências europeias em razão das perdas sofridas durante a Segunda Guerra; várias delas tinham colônias na Ásia e na África;

c) a solidariedade dos países recém-libertos. Na **Conferência de Bandung**, realizada na cidade de Bandung, na Indonésia, 29 países independentes se autodenominaram **Terceiro Mundo**, declararam-se **não alinhados**, ou seja, neutros na Guerra Fria entre Estados Unidos e União Soviética, e prometeram apoiar as independências na África e na Ásia.

Terceiro Mundo: expressão criada em 1952 pelo estudioso francês Alfred Sauvy, que definia os países pobres independentes em contraste com as nações do Primeiro Mundo, lideradas pelos Estados Unidos, e as do Segundo Mundo, lideradas pela União Soviética.

AP/Glow Images

Topham Picturepoint/ TopFoto/ Keystone

Bettmann/Corbis/Latinstock

Três líderes dos países participantes da Conferência de Bandung. Da esquerda para a direita: Josip Broz Tito, presidente da Iugoslávia; Gamal Abdel Nasser, presidente do Egito; Jawaharlal Nehru, primeiro-ministro da Índia.

PARA REFLETIR PARA REFLETIR PARA REFLETIR PARA REFLETIR

Os dois textos a seguir tratam das independências na África e na Ásia. O texto nº 1 é da autoria dos professores Carlos Serrano e Kabengele Munanga, ambos da Universidade de São Paulo (USP). O texto nº 2 é de autoria de Letícia Bicalho Canêdo, doutora em Ciência Política, também pela USP. Leia-os com atenção.

Texto 1

Na visão de algumas pessoas, houve uma vontade deliberada das potências coloniais de abrir mão de seus direitos adquiridos, ou seja, de desfazer-se de seus impérios coloniais por livre iniciativa. O que significaria que as independências africanas e asiáticas não foram conquistadas, mas sim concedidas. No entanto, a história de lutas, às vezes violentas e trágicas, das antigas colônias desmente essa visão eurocêntrica da descolonização, substituindo-a por uma visão africana e asiática, mais fiel aos acontecimentos históricos. Desse ponto de vista, a descolonização é produto dos movimentos nacionais que encurralaram o colonialismo, obrigando-o pela força a abrir mão daquilo que tinha tomado pela força.

Carlos Serrano e Kabengele Munanga. *A revolta dos colonizados: o processo de descolonização e as independências da África e da Ásia*. São Paulo: Atual, 1995, p. 10. (História geral em documentos).

Texto 2

A Segunda Guerra provocou, de fato, a ruptura dos elos coloniais. As potências coloniais saíram extremamente enfraquecidas do combate, não só pelas perdas de guerra [...], mas também pela degradação da autoridade moral diante das vitórias temporárias dos alemães e dos japoneses.

O próprio desenrolar da guerra foi decisivo para revelar as possibilidades concretas de rompimento dos laços de dependência.

Nas colônias francesas, por exemplo, houve a necessidade de promessas substanciais de mudanças a fim de se obter o apoio das populações nativas contra o ***governo de Vichy***.

> **Governo de Vichy:** governo francês que administrava só uma parte do território da França, e que aceitou colaborar com os nazistas durante a Segunda Guerra.

Letícia Bicalho Canêdo. *A descolonização da Ásia e da África*. São Paulo: Atual, 1994. p. 46. (Discutindo a História).

1. Para os autores do texto 1, qual é a principal razão das independências na África e na Ásia?
2. E na visão do autor do texto 2, qual é a principal razão das independências afroasiáticas?
3. Debatam, reflitam e opinem: qual das versões vocês acham mais convincente?

Ásia

Na Ásia, vamos acompanhar o movimento pela independência na Índia.

Índia

Vimos que, no século XIX, a Índia era conhecida como a joia mais preciosa da Coroa Britânica, tal a grandeza do lucro obtido pelos britânicos no país. No início do século XX, a resistência indiana à dominação britânica passou a contar com a liderança de Mohandas Gandhi (1869-1948), mais conhecido como *Mahatma* (Grande Alma).

Keystone-France/Otherimages

Para enfrentar a dominação inglesa, Gandhi propôs e liderou a **resistência pacífica**, uma tática de luta baseada na **desobediência civil**. Ou seja, os indianos eram incentivados a não usar ou comprar produtos ingleses, a desobedecer às leis que os discriminavam dentro da própria Índia e a não pagar impostos como, por exemplo, o imposto sobre o sal.

Desobediência civil: representa a desobediência dos cidadãos, em sua sociedade, diante das leis que ofendem ou os agridem.
Letícia C. Bicalho. *A descolonização da Ásia e da África*. São Paulo: Atual, 1986. p. 44.

Mohandas Karamchand Gandhi (1869-1948) nasceu em Kathiawar, em uma família com prestígio na Índia (seu pai ocupou altos cargos políticos). Foi enviado pelo pai a Londres, na Inglaterra, onde se formou em Direito. Recém-formado, foi exercer advocacia na África do Sul, também colônia britânica. Lá iniciou sua luta em defesa dos hindus. Em 1914, retornou à Índia e passou a liderar a resistência ao domínio britânico. Gandhi foi preso várias vezes, mas não esmoreceu; sob sua liderança o movimento pela independência da Índia ganhou um impulso muito grande.

Para refletir

O trecho a seguir foi escrito por Mahatma Gandhi; leia-o com atenção:

A primeira coisa [...] é dizer-vos a vós mesmos: Não aceitarei mais o papel de escravo. Não obedecerei às ordens como tais, mas desobedecerei quando estiverem em conflito com a minha consciência. O assim chamado patrão poderá surrar-vos e tentar forçar-vos a servi-lo. Direis: Não, não vos servirei por vosso dinheiro ou sob ameaça. Isso poderá implicar sofrimentos. Vossa prontidão em sofrer acenderá a tocha da liberdade que não pode jamais ser apagada.

Mahatma Gandhi. In: Kabengele Munanga e Carlos Serrano. *A revolta dos colonizados: o processo de descolonização e as independências da África e da Ásia*. São Paulo: Atual, 1995. p. 52. (História geral em documentos).

1 A quem Gandhi está se dirigindo?

2 O que ele aconselha a seus seguidores?

3 Que nome se dá à estratégia proposta por Gandhi na luta contra os colonizadores?

Gandhi e seus seguidores fiavam algodão e faziam a própria roupa – era uma forma de dizer que não queriam mais comprar ou usar tecidos ingleses. Nos anos de 1930, o movimento de resistência pacífica alcançou grande popularidade e reconhecimento internacional. Internamente, Gandhi empenhou-se de várias formas (praticou até mesmo a greve de fome) para unir hindus e muçulmanos (24% da população na Índia), em torno da luta pela independência.

Pressionado pela resistência indiana e abalado pela crise decorrente das perdas sofridas com a Segunda Guerra, o governo inglês aceitou negociar com os indianos. Assim, em agosto de 1947, surgiram dois países independentes: a **Índia**, de maioria hindu, e o **Paquistão**, de maioria muçulmana. Em 1971, o Paquistão Oriental constituiu um país separado, de nome Bangladesh. Observe o mapa.

Independência e partilha da Índia

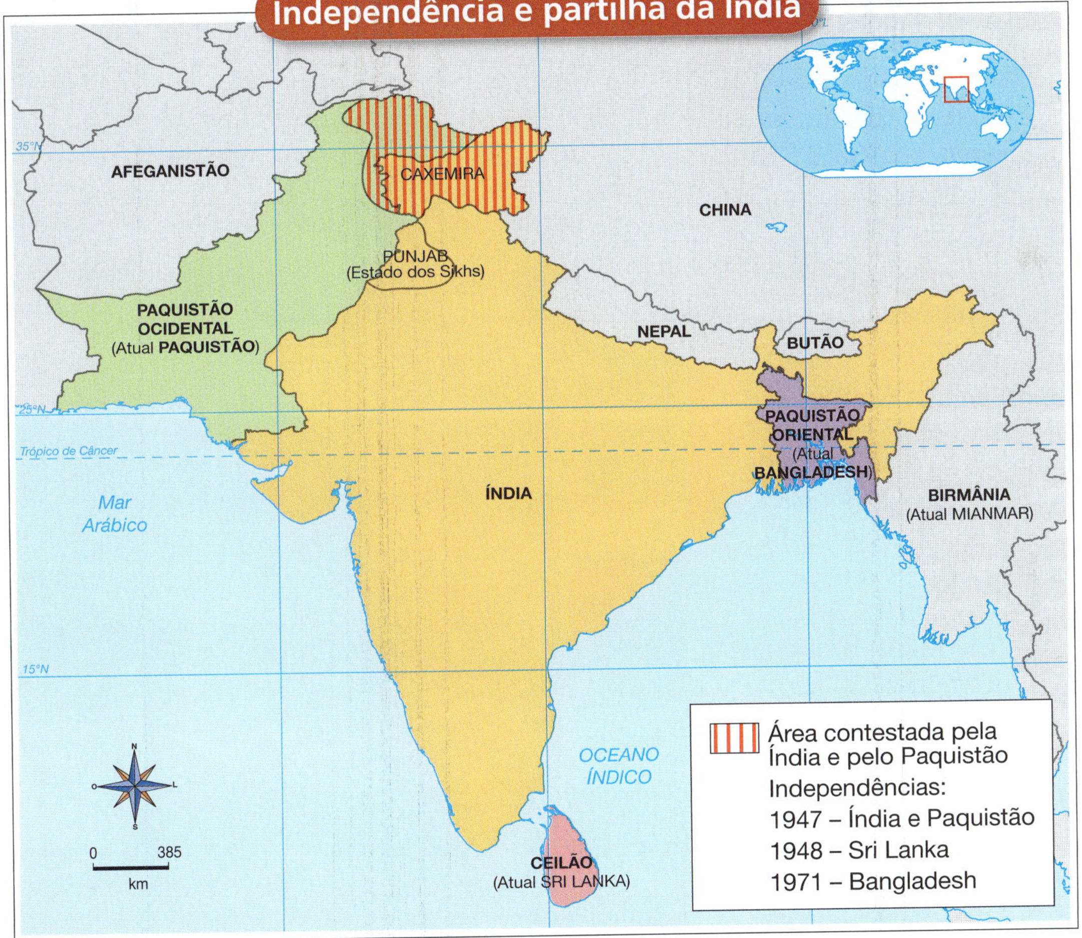

Fonte: *A sombra dos ditadores: 1925-1950*. São Paulo: Time-life/Abril, 1993. p. 108. (História em revista).

Dialogando

O movimento pela independência liderado por Gandhi foi vitorioso. No entanto, o esforço dele para conciliar hindus e muçulmanos atraiu o ódio de um radical hindu que o assassinou em 1948. O assassino o acusava de ser tolerante com os muçulmanos. O que você pensa sobre a intolerância religiosa?

África

Na África, as lutas pela independência também foram estimuladas pela negritude e pelo pan-africanismo

A **negritude** foi um movimento político-literário nascido nos anos de 1930, cujos principais representantes eram o senegalês Leopold Senghor, primeiro presidente do Senegal, e Aimé Césaire (natural da Martinica), ambos escritores e poetas. Eles rejeitavam a dominação colonial francesa, denunciavam o racismo e enfatizavam a necessidade de solidariedade entre os negros; a ideia central desse movimento era de que os africanos e seus descendentes tinham um patrimônio cultural comum, daí a necessidade de estreitamento e trocas culturais entre eles.

O **pan-africanismo**, por sua vez, era um movimento político que também criticava o racismo e defendia a necessidade de união de todos os africanos e seus descendentes para libertar a África de seus opressores, os dirigentes coloniais brancos. Diferentemente da negritude, porém, o pan-africanismo conseguiu enorme popularidade entre os povos negros da América, Europa e África.

Sophie Bassouls/Sygma/Corbis/Latinstock

Leopold Senghor (1906-2001), então presidente do Senegal, comparece à Academia de Letras de Paris, onde foi convidado a ocupar uma cadeira, em 1983, graças às suas poesias.

Estudos de caso

Em 1945, o número de países africanos independentes era muito reduzido. Nos 30 anos seguintes, a maioria dos países africanos tinha conseguido sua independência.

A Costa do Ouro (Gana)

Bettmann/Corbis/Latinstock

Kwame Nkrumah (1909-1972) fez seus estudos universitários nos Estados Unidos, onde colaborou para a formulação do pan-africanismo. Depois viajou para Londres, onde se doutorou em Filosofia. No ano em que concluiu seu doutorado (1945) participou do V Congresso Pan-Africano na cidade inglesa de Manchester. O referido Congresso reunia representantes de toda a África de expressão inglesa e afirmou, pela primeira vez, e de maneira explícita, que a meta principal das colônias africanas era a independência. Nkrumah foi preso duas vezes e chegou a vencer uma eleição por esmagadora maioria de votos, mesmo estando na cadeia.

Na Costa do Ouro, uma região rica em ouro, diamante, bauxita e cacau, viviam diversas etnias africanas como os Fanti, os Axanti, os Ewe e os Ga, cada qual com sua língua e cultura. Os britânicos, senhores da região, procuravam manter essas etnias desunidas, a fim de manter seu domínio sobre a região. Contra a opressão britânica organizou-se na Costa do Ouro um movimento de resistência liderado pelo doutor Kwame Nkrumah, que incentivava as etnias locais a deixarem de lado suas diferenças e a se unirem contra o colonialismo.

Inspirado na tática da **resistência pacífica** criada por Gandhi, Nkrumah propunha o boicote aos produtos ingleses e a desobediência civil. Para fazer oposição aos britânicos, fundou, em 1949, o **Partido da Convenção do Povo (CPP)**, cujo lema era "autonomia já"; ou seja, o autogoverno. Aos poucos, o movimento de desobediência civil cresceu e a Grã-Bretanha decidiu negociar com os africanos. Em 1957, a Costa do Ouro alcançava a independência e Kwame Nkrumah assumia a chefia do governo. Efetivada a independência, a Costa do Ouro passou a se chamar Gana, palavra enraizada na história antiga dos povos locais.

O Quênia

Nas terras da África Oriental inglesa, que incluía o Quênia, os africanos viviam em uma situação de extrema pobreza. No interior, as melhores terras, pertencentes aos **Kikuyu**, tinham sido usurpadas pelos ingleses; na maior cidade, Nairóbi, os ingleses mantinham os africanos segregados em bairros afastados do centro e reservavam a eles os piores serviços.

Kikuyu: nome da mais numerosa e mais combativa etnia da África Oriental inglesa.

Desde os anos de 1920, os Kikuyu lutavam para reaver suas terras. Seu principal líder era Kamau wa Ngengi, mais conhecido como **Jomo Kenyatta**.

Em 1944, Kenyatta fundou o **Kanu** (União Nacional Africana do Quênia), partido que se propunha a lutar por autonomia e terra para os africanos. Parte dos Kikuyu montou uma organização guerrilheira, conhecida como Mau-Mau, que atacava as propriedades dos colonos britânicos. A polícia britânica respondeu com mais violência, prendendo milhares de Kikuyu, inclusive Jomo Kenyatta. Diante do aumento da violência, a Grã-Bretanha decidiu negociar. Em 1963, nascia na África mais um Estado independente, a República do Quênia. No ano seguinte, Jomo Kenyatta foi eleito presidente e governou o país até 1978.

Bettmann/Corbis/Latinstock

Estadista, intelectual e jornalista, Jomo Kenyatta (1894-1978) (mostrado em destaque na foto) nasceu na África Oriental inglesa, que incluía o atual Quênia. Como representante do povo Kikuyu, ele fez várias viagens à Europa para defender o direito desse povo à terra. Estudou Economia em Moscou e depois em Londres, onde chegou a defender tese, que publicou como livro, em 1938.

Guiné

Assim como ocorreu em Gana e no Quênia, na Guiné francesa as lutas pela independência também foram conduzidas por um líder de prestígio, **Sékou Touré** (1922-1984), e um partido organizado, o **Partido Democrático da Guiné**. Mas o caso da Guiné francesa é peculiar.

Em 1958, o governo da França, liderado por Charles de Gaulle, adotou uma nova estratégia para manter o controle sobre suas colônias africanas: propôs um **referendo**, ou seja, os africanos que viviam sob domínio francês foram perguntados se queriam ou não fazer parte da Comunidade Francesa. Sob a liderança de Sékou Touré, a Guiné foi o único território da África francesa que disse "não" à França, e, com isso, obteve a sua independência em 1958. Eleito presidente da República da Guiné, em 1959, Sékou Touré permaneceu no cargo até sua morte, em 1984.

Referendo: consulta à população sobre assunto de seu interesse.

Alain Nogues/Sygma/Corbis/Latinstock

Ahmed Sékou Touré (1922-1984) foi militante sindicalista na antiga Guiné Francesa e, depois, secretário-geral do Partido Democrático Guineense. Em 1957, tornou-se prefeito de **Conacri**, deputado e vice-presidente do Conselho. Trabalhou pelo "não" no referendo de 1958, que indagava sobre a adesão das colônias francesas à comunidade franco-africana. [...].Joseph KI-ZERBO. *Para quando a África?: entrevista com René Holenstein.* Rio de Janeiro: Pallas, 2006. p. 36.

Conacri: capital e maior cidade da Guiné.

A França do general de Gaulle reagiu à independência da Guiné bloqueando as contas dos guineenses nos bancos franceses. Mas o governo de Sékou Touré, que adotara o socialismo, conseguiu o apoio de outros países africanos, como Gana, e também da União Soviética.

Contudo, para decepção do governo francês, os países africanos que integravam a Comunidade Francesa logo seguiram o exemplo da Guiné. Assim, em 1960, tornaram-se independentes: Camarões, Togo (a parte que coubera à França da partilha do Togo alemão), Senegal, Mali, Costa do Marfim, Daomé, Alto Volta, Níger, República Central Africana, Congo-Brazzaville, Gabão, Chade, Madagascar e Mauritânia. Todos esses países foram imediatamente admitidos na ONU. Não por acaso, o ano de 1960 é conhecido como "ano africano".

O Congo

Com um território 80 vezes maior que o da Bélgica e situado no coração da África, o Congo foi inicialmente propriedade particular do rei Leopoldo I; depois passou à administração da Bélgica. Rico em cobre, zinco, manganês, urânio e diamante, o Congo atraiu poderosas companhias internacionais, como a Unilever e a Companhia Mineira do Alto Katanga, que exploravam suas riquezas em troca de baixíssimos salários pagos aos congoleses.

A administração belga era autoritária e racista; os congoleses não tinham liberdade de expressão nem de representação e só podiam frequentar a escola por quatro anos. Para lutar contra a opressão e a discriminação racial, os congoleses criaram em 1956 a **Abako**, Associação do Baixo Congo, chefiada por J. Kasavubu, e no ano seguinte, o **Movimento Nacional Congolês** (**MNC**), liderado por **Patrice Lumumba**. Sob a liderança de Lumumba, os congoleses organizaram uma série de manifestações de rua e greves pela independência. Pressionados pela resistência congolesa, os belgas se retiraram e, em 30 de junho de 1960, o Congo tornou-se independente; o primeiro chefe de governo foi o próprio Patrice Lumumba.

Mas o projeto de Lumumba de unir os congoleses em torno de um Estado nacional não prosperou. Com o apoio dos Estados Unidos, a rica província de Katanga moveu uma guerra separatista contra as forças de Lumumba, que, por sua vez, recebiam ajuda da União Soviética. A guerra civil terminou com a vitória do coronel Mobuto Desiré, aliado dos norte-americanos, que assumiu o poder em 1961; Lumumba foi preso e assassinado em circunstâncias misteriosas, o que levou a ONU a intervir no país para assegurar a independência.

Em 1962, com o apoio da ONU, o vizinho do Congo, Ruanda-Burundi, também se livrou da Bélgica, formando os Estados independentes de Ruanda e de Burundi.

Bettmann/Corbis/Latinstock

Um grupo de congoleses ergue as mãos e grita de alegria durante a comemoração da independência de seu país, em 1960. Leopoldville, Congo.

Angola, Moçambique e Guiné-Bissau

Na África portuguesa, a vida dos africanos também era marcada por intensa exploração. Os angolanos, por exemplo, trabalhavam para os portugueses nas plantações (cana-de-açúcar, milho, café, amendoim), nas minas (diamantes) ou nas cidades, em troca basicamente de roupa e comida, já que os melhores empregos eram reservados aos portugueses vindos da Metrópole. Em 1930, esse sistema de trabalho foi substituído pelo **sistema de contrato**, por meio do qual o governo português prometia fixar os salários dos africanos e respeitar os seus costumes e valores. Mas, no interior do país, isso de pouco adiantou, pois a autoridade eram os próprios colonos portugueses. Nas décadas seguintes, a persistência da opressão colonial e a violência da Pide (polícia política do regime salazarista) provocaram um aumento da resistência ao colonialismo dentro e fora da África.

Regime salazarista: regime ditatorial comandado por Antônio de Oliveira Salazar, que governou Portugal de 1932 até sua morte, em 1968.

Em Lisboa (Portugal), em 1951, um grupo de universitários vindos da África fundou o **Centro de Estudos Africanos**. Entre esses jovens estavam **Amílcar Cabral** (Guiné-Bissau e Cabo Verde), **Agostinho Neto** e Mário Pinto de Andrade (Angola), **Francisco Tenreiro** (São Tomé e Príncipe) e **Noémia de Sousa** (Moçambique). Essa geração de militantes africanos – conhecida como "geração de 50" – foi perseguida pela polícia política salazarista e o Centro foi fechado, mas muitos integrantes desse grupo viriam a ser líderes dos movimentos de libertação da África de expressão portuguesa. Em 1956, Amílcar Cabral criou o **PAIGC** (**Partido Africano para a Independência da Guiné e Cabo Verde**), que liderou a luta pela independência de Cabo

Verde e da Guiné-Bissau. No mesmo ano, surgiu o **MPLA** (**Movimento Popular para a Libertação de Angola**), que logo passou a ser liderado por Agostinho Neto, e, em 1962, Eduardo Mondlane fundou a **Frelimo** (**Frente de Libertação de Moçambique**). Durante mais de uma década, essas forças africanas de inspiração socialista guerrearam contra as numerosas e bem armadas tropas portuguesas.

Bruno Fonseca/Epa/Corbis/Latinstock

Pessoas carregando o cartaz com a foto de Agostinho Neto nas eleições de 2008, em Angola. A liderança de Neto continua na memória do povo angolano. Agostinho Neto (1922-1979) nasceu em Angola, onde iniciou seus estudos, transferindo-se, depois, para Portugal, onde se formou em Medicina pela Universidade de Lisboa. Desde jovem, ele se engajou na luta anticolonialista e fez uso da poesia para combater a injustiça e a opressão. Ativista incansável, Neto foi preso pela PIDE diversas vezes, o que acabou servindo apenas para fortalecer sua determinação de lutar pela independência de Angola.

Em Portugal, os gastos com a guerra na África (cerca de 40% do orçamento nacional) e as mortes de milhares de jovens soldados todos os anos geraram forte descontentamento, o que contribuiu para a eclosão da **Revolução dos Cravos**, em 25 de abril de 1974. Esse movimento, liderado por jovens oficiais das Forças Armadas portuguesas, teve amplo apoio popular e derrubou a ditadura salazarista que vigorava em Portugal há 42 anos.

Jean-Claude Francolon/Gamma-Rapho via Getty Images

A população de Lisboa comemora nas ruas a Revolução dos Cravos (1974). Com cravos vermelhos nas mãos, as pessoas cantavam pelas ruas, demonstrando sua alegria pelo fim do regime ditatorial. Assim, os movimentos de libertação da África contribuíram também para a democratização de Portugal.

Vitorioso, o novo governo português dissolveu a polícia política portuguesa e encaminhou o reconhecimento das independências africanas. Moçambique teve a independência reconhecida em 25 de junho de 1974, sob a presidência de **Samora Machel**; Angola, em 11 de novembro de 1975, sob a presidência de **Agostinho Neto**. Machel governou seu país até 1986, quando morreu em um misterioso desastre aéreo, pois o avião em que viajava caiu (ou foi derrubado?) enquanto sobrevoava a África do Sul.

Bernard Bisson/Sygma/Corbis/Latinstock

Um cadeirante segura a foto de Samora Machel, que tinha acabado de morrer em um acidente aéreo para o qual ainda não há explicações plausíveis. Enfermeiro, soldado e líder da independência moçambicana, Samora adotou um governo popular de inspiração socialista. Durante sua trajetória, enfrentou 16 anos de guerra contra os países vizinhos de regimes racistas.

A luta contra o *apartheid* na África do Sul

Em alguns países africanos independentes, como na Rodésia e na África do Sul, os nativos tiveram de lutar contra a opressão de **regimes segregacionistas**.

> **Regimes segregacionistas:** regimes que adotam a segregação racial: isolamento de uma coletividade com base na cor da pele ou origem.
> ***Apartheid:*** palavra que em africâner quer dizer separação. Africâner é o nome da língua desenvolvida pelos descendentes de holandeses que foram para a África do Sul no século XVII, interessados nas minas de ouro e diamantes da região.

A África do Sul, país rico em recursos minerais, era habitada por povos negros, como os Bosquímano, os Xosa e os Zulu, e por descendentes de holandeses e ingleses (cerca de 15% da população). Essa minoria impôs à maioria negra uma série de leis segregacionistas, em 1911. Diante disso, os negros liderados pelo zulu Pixley Ka fundaram, no ano seguinte, uma organização para lutar por seus direitos, o **Congresso Nacional Africano (CNA)**.

Em 1948, a minoria branca decidiu oficializar o ***apartheid***: regime segregacionista que obrigava os negros a morar em lugares separados dos brancos, a frequentar escolas, praias e restaurantes só para negros e a andar constantemente com um passe, de modo que a polícia pudesse controlar seu deslocamento. Eram proibidos também de possuir terras em 87% do território nacional, apesar de serem muito mais numerosos do que os brancos.

Bernard Bisson/Sygma/Corbis/Latinstock

Senhora negra lava o piso de entrada de um banheiro público reservado a mulheres brancas. Na África do Sul, o regime do *apartheid*, em que a segregação da maioria negra se apoiava na lei, durou quase 80 anos.

Reagindo a essa situação, o CNA promoveu várias manifestações contra o governo racista de seu país. Em uma delas, em 1964, o governo prendeu oito líderes do CNA, entre eles Nelson Mandela, que foi condenado à prisão perpétua. Nas décadas seguintes, as lutas raciais se intensificaram. Em junho de 1976, milhares de estudantes negros foram às ruas de Johannesburgo, a maior cidade do país, em protesto contra a imposição da língua africâner nas escolas. A polícia atirou contra as crianças e os jovens que marchavam vestidos com seus uniformes escolares. Cento e setenta crianças foram mortas no episódio que ficou conhecido como **Massacre de Soweto**.

O fato chocou a opinião pública mundial: alguns países passaram a boicotar economicamente a África do Sul, e a ONU determinou a proibição da venda de armas ao país. Apesar da pressão externa e interna, o governo sul-africano só anulou a maioria das leis do *apartheid* em 1990. Nelson Mandela foi libertado da prisão e o CNA recuperou a legalidade. A Constituição foi alterada e os negros passaram a ter os mesmos direitos civis e políticos dos brancos.

Em 1994 ocorreram as primeiras eleições com a participação dos negros na África do Sul. Mandela foi eleito presidente da República e, com o apoio da maioria no Parlamento, conseguiu aprovar a Lei de Direitos sobre a Terra, que restituiu às famílias negras as terras que lhes tinham sido usurpadas havia décadas.

David Turnley/Corbis/Latinstock

Nelson Mandela, um dos mais respeitados líderes do século XX, sendo ovacionado por seu povo. Da prisão, ele liderou o processo de negociação que extinguiu o *apartheid*. Amado por seu povo e respeitado internacionalmente, Mandela recebeu, em 1993, o Prêmio Nobel da Paz. No ano seguinte foi eleito presidente da República de seu país.

Atividades

1 **Identifique a alternativa errada e corrija-a. Sobre as razões das independências da África e da Ásia, cabe citar:**

a) a luta dos nativos da África e da Ásia contra os dominadores europeus;

b) o fortalecimento das potências europeias devido aos ganhos obtidos durante a Segunda Guerra Mundial; várias delas tinham colônias na Ásia e na África;

c) a solidariedade dos países recém-libertados;

d) os movimentos como o pan-africanismo e a negritude também contribuíram para o processo de independência na África.

2 **No final da Conferência de Bandung, seus participantes formularam os dez princípios que apresentamos a seguir. Leia-os com atenção e responda:**

1º Respeito aos Direitos do Homem [...] e à Carta das Nações Unidas [...];
2º Respeito à soberania e à integridade de todas as nações;
3º Não ingerência nos assuntos internos de outros países;
4º Direito de cada nação de se defender só ou coletivamente;
5º Abstenção de recorrer a acordos [...] que tenham em vista servir aos interesses [...] de uma grande potência;
6º Abstenção de qualquer país de exercer pressão sobre outros países;
7º Não recurso à força contra outro país;
8º Resolução negociada dos problemas em **litígio** *e cooperação;*
9º Respeito pela justiça;
10º Respeito pelos compromissos internacionais.

Litígio: falta de acordo entre pessoas sobre determinado assunto.

Leila M. G. Leite Hernandez. *A África na sala de aula: visita à história contemporânea.* São Paulo: Selo Negro, 2005. p. 167.

a) Aponte o princípio que demonstra uma evidente preocupação com abusos decorrentes de acordos favoráveis aos mais fortes.

b) Qual dos princípios propõe o diálogo como solução para os problemas entre pessoas e países?

c) As 10 resoluções da Conferência de Bandug (1955) reafirmavam a *liberdade* e a *igualdade* entre os povos como elementos decisivos à preservação da paz. O que se pode fazer para termos um mundo com mais liberdade e mais igualdade?

3 **Sobre a independência da Costa do Ouro (Gana), responda:**

a) A quem pertencia e onde estava localizada?

b) Qual a estratégia adotada por Kwame Nkrumah nas lutas pela independência?

c) Pesquise e escreva um pequeno texto sobre a República de Gana na atualidade.

4 **A poesia a seguir foi escrita pelo angolano Antônio Jacinto, que lutou pela independência de seu país como poeta e como político. Leia-a com atenção:**

MONANGAMBA

Naquela roça grande não tem chuva
é o suor do meu rosto que rega as plantações.
Naquela roça grande tem café maduro
e aquele vermelho-cereja
são gotas do meu sangue feitas seiva.

O café vai ser torrado,
pisado, torturado,
vai ficar negro, negro da cor do contratado.
Negro da cor do contratado. [...].

Carlos Serrano e Kabengele Munanga. *A revolta dos colonizadores: o processo de descolonização e as independências da África e da Ásia.* São Paulo: Atual, 1995. p. 63.

a) Com base na poesia, é possível concluir que o trabalho nos cafezais dependia da mão de obra dos nativos? Explique.

b) Quem é o contratado a que o poema se refere?

c) Você considerou essa poesia uma crítica à exploração da mão de obra angolana? Explique.

d) Pesquise e escreva um pequeno texto sobre o autor da poesia.

5 Observe a imagem com atenção.

Patrick Durand/Sygma/Corbis/Latinstock

a) O que ela mostra?

b) Qual a mensagem transmitida pelos cartazes mostrados na foto?

c) Em que contexto essa foto se insere?

6 Preso sob a acusação de comunista e agitador, em 1964, o líder sul-africano Nelson Mandela, que era advogado, fez a sua própria defesa, perante um tribunal lotado. Leia e comente esse trecho da defesa:

Nossa luta é contra privações reais e não privações imaginárias [...]. Lutamos, basicamente, contra duas marcas características da vida africana na África do Sul defendidas por uma constituição que buscamos abolir. Essas marcas são a pobreza e a ausência de dignidade humana, e não precisamos dos comunistas ou dos "agitadores" para nos ensinar sobre elas. [...].

Mary Benson. *Nelson Mandela: o homem e o movimento.* São Paulo: Brasiliense, 1987. p. 168.

A IMAGEM COMO FONTE

As imagens desta página são de comemorações recentes da independência de dois países africanos: República do Congo e Moçambique. Observe-as com atenção:

Guy-Gervais Kitina/AFP/Otherimages

Liu Dalong/Xinhua Press/Corbis/Latinstock

1 O que se pode ver em cada uma das imagens?

2 Na imagem 2, ao fundo, vê-se uma faixa com os dizeres: *Viva a chama da unidade nacional*; o que isso quer dizer?

3 Nos itens anteriores, nós vimos o que as imagens mostram; perguntamos agora: o que elas escondem sobre o episódio comemorado?

4 Responda com base nas imagens: qual o significado da independência para os povos desses países?

O TEXTO COMO FONTE

A poesia, do livro *Sagrada esperança*, é do médico e poeta Agostinho Neto, líder da independência e primeiro presidente de Angola; leia-a com atenção:

ADEUS À HORA DA LARGADA

Minha Mãe
(todas as mães negras
cujos filhos partiram)
tu me ensinaste a esperar
como esperaste nas horas difíceis

Mas a vida
matou em mim essa mística espe-
rança

Eu já não espero
sou aquele por quem se espera
[...]

Hoje
somos as crianças nuas das senza-
las do mato
os garotos sem escola a jogar a
bola de trapos
nos areais ao meio-dia
somos nós mesmos
os contratados a queimar vidas nos
cafezais
[...]

somos os teus filhos
dos bairros de pretos
além aonde não chega a
luz elétrica
os homens bêbedos a cair

[...]

Amanhã
entoaremos hinos à liberdade
quando comemorarmos
a data da abolição desta escrava-
tura

[...]

Extraído do *site*: <www.sitedeliteratura.com/Poesias/A_neto1.htm>. Acesso em: 9 mar. 2012.

1 Como pode ser interpretado o trecho: "Eu já não espero / Sou aquele por quem se espera"?

2 Em que contexto essa poesia foi escrita?

3 O que o poeta quis dizer com: "*Somos nós mesmos os contratados a queimar vidas nos cafezais.*"?

LIVROS, *SITES* E FILMES

Livros

SERRANO, Carlos; MUNANGA, Kabengele. *A revolta dos colonizados: o processo de descolonização e as independências da África e da Ásia*. São Paulo: Atual, 1995. (História geral em documentos).

CANEDO, Letícia Bicalho. *A descolonização da Ásia e da África*. São Paulo: Atual, 1994. (Discutindo a História).

Site

A tradição de Gandhi - <www.culturabrasil.pro.br/gandhi.htm>.

Este *site* pode ajudar o aluno a conhecer melhor a política e a filosofia de Mohandas Gandhi.

Filme

Invictus - Clint Eastwood. EUA, 2009. (134 min.) Este filme recria a trajetória de Nelson Mandela e seu esforço para unir um país dividido pelo *apartheid*. Excelente para discutir a importância do Estado na formação da democracia e de uma nação unida.

CAPÍTULO 11

O socialismo real: China, Vietnã e Cuba

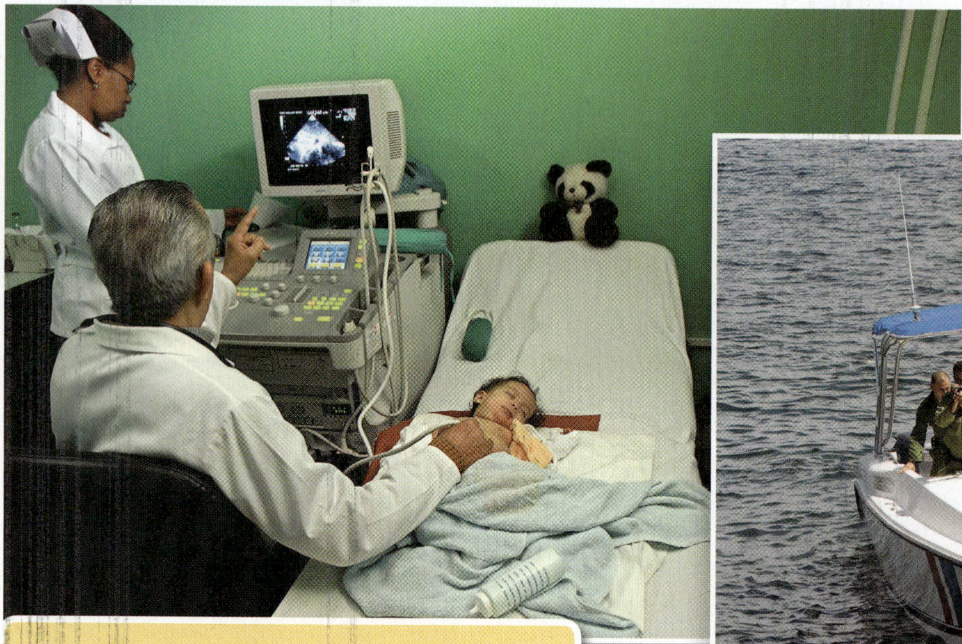

STR/AFP/Otherimages

Um médico examina uma menina no Hospital Infantil Willian Soler, em Havana, Cuba, 2010.

Adalberto Roque/AFP/Otherimages

Integrantes da guarda-costeira cubana impedindo a fuga de cubanos que tentavam deixar o país em 2009.

À esquerda vemos, em foto de 2010, um bebê passando por um exame do coração em Havana, Cuba. Note que o equipamento é de última geração. À direita, em foto de 2009, vê-se o exato momento em que uma lancha da guarda costeira cubana aprisiona um barco com cubanos que tentavam fugir do país. A foto 1 sugere que, sob o governo socialista de Fidel Castro, Cuba fez grandes avanços na saúde; já a foto 2 aponta em outra direção. Por que será que esses cubanos estão tentando fugir de Cuba? Por que estão sendo impedidos de deixar o país? Por que essa cena de fuga de cidadãos comuns tem se repetido nos últimos anos?
O que você sabe sobre o governo de Fidel Castro e seu irmão Raul?

No início do século XX, o Império Chinês era governado pela dinastia Qin (1641-1911), mas o seu território era dividido em áreas de influência de potências como a Inglaterra, a França, a Alemanha, o Japão e os Estados Unidos.

China: dominação e resistência

As potências estrangeiras exerciam sua dominação com o apoio do imperador Qin, que se deixava corromper por elas, e da elite chinesa liderada por **notáveis** e **mandarins**. A maioria da população era formada de camponeses que, com o seu trabalho, sustentavam as elites e os estrangeiros. Some-se a isso a imposição, aos chineses, de valores ocidentais e da religião cristã e se compreenderá por que os camponeses promoveram uma grande rebelião em 1898 – a Revolta dos Boxers (o nome vem do fato de seus membros pertencerem a seitas secretas que praticavam uma luta marcial). O *slogan* dos rebeldes era "Reviver Qin e destruir o estrangeiro", pois eles acreditavam que os chineses cristãos iludiam o imperador fazendo com que ele se voltasse contra o povo e as religiões da China.

Notáveis: funcionários públicos graduados.
Mandarins: chefes políticos locais com grande poder no interior da China.

PARA REFLETIR

Os versos a seguir foram produzidos pelos boxers; o que se pode saber sobre a revolta liderada por eles, com base nesses versos?

Não cai chuva dos Céus,
O solo está seco e crestado.
E tudo porque as igrejas
Têm o céu engarrafado.

Quando os demônios de fora
Forem expulsos até o fim,
O Grande Qing, unido, junto,
À nossa terra trará paz enfim.

Jonathan D. Spence. *Em busca da China moderna: quatro séculos de história*. São Paulo: Companhia das Letras, 1995. p. 236.

A Revolta dos Boxers chegou a Pequim, capital do Império, e muitos estrangeiros que ali residiam foram mortos pelos rebeldes. Dali o movimento rebelde se espalhou rapidamente e recebeu o apoio da família imperial. As potências imperialistas, por sua vez, revidaram invadindo a China em nome da "civilização" e, depois de massacrar milhares de chineses, impuseram ao país um tratado humilhante, que reforçava a subordinação chinesa ao Ocidente.

Em *Le Peti Journal*, 13/01/1901. Musee de La Presse, Paris. Foto: The Bridgeman Art Library/Glow Images

Tropas compostas por soldados franceses, italianos e alemães, sob o comando do general Maurice Bailloand, lutam contra os boxers com o objetivo de recapturar a província chinesa de Tcheli.

O fim do Império Chinês

Disposto a combater a dominação estrangeira e a corrupção na corte chinesa, em 1900, o médico Sun Yat-sen fundou o **Partido Nacional do Povo**, o Kuomintang. E, em 1911, esse partido conseguiu derrubar o Império Chinês e proclamar uma República.

AP/Glow Images

Pu Yi, o último imperador chinês.

Gideon Mendel/Corbis/Latinstock

Atrás das crianças, vê-se Sun Yat-sen, o primeiro presidente da República então proclamada. Partidário do nacionalismo e do modelo ocidental, Sun Yat-sen queria que a China se transformasse em um Estado moderno e republicano.

A República, no entanto, não se estabeleceu em todo o país, pois extensas áreas do território chinês ficaram nas mãos dos "senhores da guerra" (chefes militares que possuíam exércitos particulares e enorme poder local). Para alimentar e vestir seus exércitos, os senhores da guerra ofereciam "proteção" aos grandes proprietários exigindo em troca alimentos para os seus soldados. Os grandes proprietários respondiam à pressão aumentando os impostos sobre os camponeses, espalhando a fome e a revolta entre eles.

Ideias marxistas na China

Foi nesse clima de grande insatisfação social que o **marxismo** entrou na China e se propagou por intermédio de intelectuais como Li Ta-chao, professor da Universidade de Pequim e tradutor das obras de Marx e Engels. Os chineses convertidos ao Marxismo passaram a defender a destruição da antiga cultura baseada na hierarquia, na obediência e na submissão da mulher. Para organizar sua luta, os marxistas fundaram, em 1921, o Partido Comunista Chinês (PCCh), que tinha como principal líder Mao Tsé-tung.

Marxismo: teoria e filosofia criada pelo filósofo alemão Karl Marx (1818-1883) em colaboração com o também filósofo Friederich Engels (1820-1895). Segundo o marxismo, a história das sociedades humanas é a *história da luta de classes*. No capitalismo, essa luta se daria entre o operariado e a burguesia; Mao Tsé-tung divergiu de Marx nesse ponto, defendendo que, no caso da China, a principal força revolucionária seria o campesinato e não o operariado.

FIA/RDA/Hulton Archive/Getty Images

Mao Tsé-tung (1893-1976) nasceu no interior de uma família camponesa e, quando jovem, liderou uma organização que combatia vícios (bebida, ópio, jogos) e defendia a emancipação da mulher. Depois se mudou para Pequim para cursar Pedagogia. Enquanto estudava, trabalhou em uma biblioteca onde tomou contato com obras marxistas. Em 1921, foi um dos fundadores do Partido Comunista Chinês, e defendeu a tese de que os camponeses seriam a força principal na Revolução Socialista Chinesa. Em 1949, a revolução foi vitoriosa e Mao assumiu seu comando, tendo um papel decisivo na história da China até sua morte, em 1976.

Dialogando

Os chineses usavam tranças em sinal de submissão ao imperador. Na foto vê-se Mao Tsé-tung quando jovem. Por que será que ele aparece sem tranças?

Naquele mesmo ano, o nacionalista Sun Yat-sen foi reeleito presidente e, por meio de alianças com diferentes grupos políticos, inclusive os comunistas, conseguiu vencer os "senhores da guerra" e unificar o país.

Nacionalistas x comunistas

Com a morte de Sun Yat-sen em 1925, abriu-se uma luta pelo poder vencida pelo general Chiang Kai-shek, que rompeu com o Partido Comunista Chinês e colocou-o na ilegalidade. Com isso, teve início uma prolongada guerra civil (1927-1949) entre os **nacionalistas**, liderados por Chiang Kai-shek, e os **comunistas**, encabeçados por Mao Tsé-tung. Um dos episódios marcantes dessa guerra foi a "Longa Marcha".

PARA SABER MAIS PARA SABER MAIS PARA SABER MAIS

A LONGA MARCHA: PERIGO E AVENTURA

c. 1930. Coleção particular

A foto mostra uma aula na entrada de uma construção cavada na montanha, início do século XX.

A Longa Marcha foi uma retirada estratégica das forças lideradas por Mao Tsé-tung, a fim de escapar do cerco do exército de Chiang Kai-shek. Partindo de Ruijin, no sudeste, em outubro de 1934, as forças maoístas percorreram a pé 10 mil quilômetros em um ano. Durante a marcha enfrentaram inúmeros perigos: atravessaram rios, montanhas, desfiladeiros e pontes; suportaram sol escaldante, tempestades, neve e tiveram muitas vezes de se arranjar com mapas imprecisos. Além disso, travaram dezenas de combates contra o inimigo.

Nas aldeias procuravam alfabetizar os camponeses e convertê-los ao socialismo; nas cidades, eles paravam para conseguir comida, munição e roupas. Em outubro de 1935, os combatentes chegaram a Yan'nan, província de Shaan-xi, onde estabeleceram uma base de operações. Muitos morreram durante a caminhada; alguns desertaram; dos 100 mil que iniciaram a marcha, somente 20 mil chegaram com vida.

Reparem que eles iniciaram a marcha em Ruijin, no sudeste e, seguindo em direção ao noroeste, chegaram a Yan'nan, onde montaram uma base de operações. Da Longa Marcha participaram 35 mulheres.

A Longa Marcha

Maps World/Fonte: DUBY, Georges. *Atlas historique mondial*. Paris: Larousse, 2001. p. 194

A guerra contra o Japão

Em 1937, enquanto os chineses guerreavam entre si, o Japão lançou um violento ataque à China, saqueando e humilhando a população local. Os nacionalistas e os comunistas chineses decidiram, então, interromper a guerra entre eles e lutar contra os japoneses.

H. S. Wong/Getty Images

Com o corpo ensanguentado, uma criança chinesa chora sentada em uma estação rodoviária, em Xangai, após o bombardeio efetuado pelos japoneses. Os militares japoneses adotaram a tática dos "três tudos": matar tudo, queimar tudo, destruir tudo; muitas vilas chinesas foram queimadas juntamente com seus habitantes. A violência praticada pelos japoneses contra os civis chineses gerou na China um forte ressentimento contra o Japão.

Com a derrota do Japão no final da Segunda Guerra, os japoneses deixaram a China; foi o que bastou para que os comunistas e os nacionalistas chineses recomeçassem a guerra entre eles. Liderando a luta contra os japoneses, Mao conquistou um grande número de seguidores. Por meio da guerra de guerrilha, forças maoístas, autodenominadas **Exército Popular de Libertação** (EPL), venceram o conflito e, em 1949, proclamaram em Pequim a **República Popular da China**, governo marxista presidido por Mao Tsé-tung.

Keystone-France/Gamma-Keystone/Getty Images

Nick Ledger/Alamy/Otherimages

Populares e soldados comemoram a vitória da revolução marxista liderada por Mao Tsé-tung (foto) e a instalação da República Popular da China. A capital da República passou a ser Pequim; sua bandeira é vermelha, cor que simboliza o comunismo. A estrela grande representa o Partido Comunista Chinês e as quatro menores, o povo chinês. A disposição das cinco estrelas simboliza a união do povo com o PCCh.

Meses antes da proclamação da República Popular da China, Chiang Kai-shek tinha se retirado para a Ilha de Formosa (Taiwan) onde instalou a **China Nacionalista**.

O governo de Mao Tsé-tung

Nos primeiros anos de seu governo, Mao Tsé-tung adotou um conjunto de medidas socialmente importantes:

a) estatizou as grandes empresas;

b) expropriou e distribuiu terras aos camponeses;

c) implementou a industrialização com a ajuda da União Soviética;

d) concedeu às mulheres os mesmos direitos que os dos homens.

Com os incentivos governamentais, a economia chinesa passou a apresentar altas taxas de crescimento.

Animado com o crescimento da economia, o governo de Mao lançou, em 1958, o **Grande Salto Para Frente**: um plano de desenvolvimento ambicioso que pretendia transformar a China em um país desenvolvido no prazo de 15 anos. Para isso, o governo criou as Comunas Populares: comunidades autossuficientes formadas de 20 mil pessoas. Cada uma dessas comunidades devia produzir tudo o que precisasse: alimentos, roupas, calçados, ferramentas, além de ter seus próprios moinhos, lavanderias comunitárias, postos de saúde, escolas, central elétrica etc.

O **Grande Salto**, no entanto, não foi bem-sucedido: a economia se desorganizou, ocorreu a escassez de alimentos (a população chinesa na época era de 500 milhões de habitantes); milhões de pessoas morreram de fome; o desemprego e a especulação cresceram. Os relatórios do governo falseavam os números, o que contribuiu para abalar a popularidade de Mao Tsé-tung.

A Revolução Cultural Chinesa

No início dos anos de 1960, a desorganização econômica, a carestia e os privilégios dados aos altos funcionários do Partido Comunista Chinês geravam grande insatisfação social. Nas universidades, os estudantes exigiam a renovação dos métodos de ensino e diziam ser necessário combater os “Quatro Velhos”: velhos hábitos, velha cultura, velhas ideias e velhos costumes.

Percebendo que isso era uma ameaça ao seu poder, Mao canalizou a insatisfação popular e, em 1966, propôs a **Revolução Cultural**, movimento cujo objetivo era combater todos aqueles que discordavam dos princípios da Revolução de 1949.

PARA REFLETIR PARA REFLETIR PARA REFLETIR PARA REFLETIR

UM DEPOIMENTO

Veja o que uma estudante que viveu a Revolução Cultural diz:

Em minha escola, o ensino parou completamente a partir do início de junho, embora tivéssemos de continuar indo lá. Alto-falantes estrondeavam editoriais do Diário do Povo, e a primeira página do jornal, que tínhamos de estudar todo dia, era muitas vezes totalmente tomada por um retrato de página inteira de Mao. Havia uma coluna diária de citações de Mao. Ainda me lembro dos slogans em negrito, que, pela leitura repetida na classe, ficaram gravados nos mais profundos recessos de meu cérebro: "O presidente Mao é o rubro sol em nossos corações!", [...] "Esmagaremos quem se opuser ao presidente Mao!", "Pessoas em todo o mundo amam nosso Grande Líder presidente Mao!".

A leitura diária do jornal logo deu lugar à declamação e memorização de As citações do presidente Mao, coletadas num livro de bolso de capa plástica vermelha, conhecido como "O Livrinho Vermelho".

Jung Chang. *Cisnes selvagens: três filhas da China*. São Paulo: Companhia das Letras, 2006. 348-9.

Bettmann/Corbis/Latinstock

Membros da Comuna de Xiangyang, em Jiangsu, atuando na campanha de difamação de Lin Biao (adversário político de Mao), em 1974. O grupo amador encena uma crítica ao filósofo Confúcio para o grande público; esses jovens obedeciam ao ideário da Revolução Cultural imposta pelo governo chinês liderado por Mao Tsé-tung.

1 Que indícios há no texto de que o governo chinês promovia o culto à personalidade de Mao?

2 O que se pode concluir sobre a relação entre educação e política durante a Revolução Cultural com base nesse depoimento?

Tudo aquilo que provinha do Ocidente – o *jazz*, o *rock*, a pintura abstrata – foi condenado; as universidades foram fechadas e milhões de estudantes deixaram os estudos e foram trabalhar na agricultura. Parte deles constituiu uma organização militar, a **Guarda Vermelha**. Os guardas vermelhos espalharam-se por todo o território a fim de "reeducar" o povo, divulgar os ensinamentos de Mao e eliminar toda oposição ao seu governo. Para isso, o governo de Mao usou de violência contra pessoas comuns, intelectuais e políticos; perseguiu, mandou prender e castigar publicamente essas pessoas, acusando-as de "traição aos ideais da Revolução".

Estudantes e operários foram convocados a divulgar os pensamentos de Mao contidos em um pequeno livro: o *Livro vermelho*.

Ric Ergenbright/Corbis/Latinstock

Cartaz de propaganda mostra chineses de diferentes etnias e regiões sorrindo, com o *Livro vermelho* nas mãos. Repare que a menina ao centro aponta a mão direita para a capa, e um jovem da Guarda Vermelha traz o livro aberto. A legenda do cartaz diz: "Dirigente Mao é um eterno sol a brilhar nos nossos corações".

Assim, por meio da Revolução Cultural, Mao Tsé-tung conseguiu enfraquecer seus adversários dentro do PCCh e aumentar sua popularidade. Porém, ao estimular estudantes e operários a se rebelarem, perdeu o controle do processo e decidiu recuar: ordenou que o Exército Popular de Libertação desarmasse a Guarda Vermelha e que os estudantes voltassem às escolas e universidades. Os operários voltaram ao trabalho, e, a partir de 1969, a disciplina e a hierarquia foram restabelecidas. Ao fim desse processo, Mao tinha conseguido vencer seus adversários dentro do Partido Comunista e fortalecer seu poder.

O Vietnã

O Vietnã, o Laos e o Camboja fazem parte da Península da Indochina, situada no Sudeste Asiático.

A história do Vietnã é marcada fortemente pela luta contra a dominação estrangeira. Primeiramente, os vietnamitas resistiram aos seus vizinhos do norte, os chineses, que os dominaram durante séculos; depois, reagiram aos franceses que conquistaram a região, por volta de 1860, interessados nas suas riquezas agrícolas e minerais. Os camponeses vietnamitas trabalhavam para os colonos franceses de sol a sol, em regime de semiescravidão. Eles cultivavam arroz, borracha, chá e minérios, como o carvão. Os lucros aí obtidos pelos colonos franceses eram em sua maior parte enviados para a França. Além disso, os franceses que viviam no Vietnã não pagavam impostos.

A luta contra os franceses

Por volta de 1930, com o objetivo de libertar o país da dominação francesa, os vietnamitas se organizaram em vários pequenos partidos, entre os quais se destacava o Partido Comunista, liderado por Ho Chi Minh. Durante a Segunda Guerra (1939-1945), porém, os japoneses invadiram a Indochina, desalojando os franceses e impondo seu domínio sobre a região. Reagindo a isso, os vietnamitas fundaram a Liga Revolucionária para a independência do Vietnã, liderada por Ho Chi Minh. A Liga lutava tanto contra o imperialismo japonês como contra o francês. No final da Segunda Guerra, com a derrota do Japão, forças nacionalistas e socialistas lideradas por Ho Chi Minh libertaram o norte do país, onde proclamaram a **República Democrática do Vietnã** (Vietnã do Norte), com capital em Hanói.

Bettmann/Corbis/Latinstock

O presidente norte-vietnamita Ho Chi Minh, o primeiro a partir da esquerda, em visita a um jardim de infância em Pequim, na China, em 1955.

O sul do Vietnã, no entanto, foi reocupado pelos franceses, que instalaram um governo obediente aos seus interesses e partiram para a reconquista do norte do país. Os vietnamitas travaram, então, contra os franceses uma longa guerra de guerrilhas que terminou com a vitória deles na famosa batalha de Dien Bien Phu, em 1954.

Uma conferência ocorrida em Genebra, naquele mesmo ano, reconhecia o fim do domínio francês sobre o Vietnã e decidia que o país ficaria dividido em dois: ao norte do paralelo 17, o **Vietnã do Norte** (socialista), governado por Ho Chi Minh, e, ao sul daquele mesmo paralelo, o **Vietnã do Sul** (pró-capitalista), comandado por Ngo Dinh Diem. Ficou decidido, também, que haveria eleições em todo o país com vistas à reunificação.

Independência da Indochina: Vietnã, Laos e Camboja

Maps World/Fonte: ARRUDA, José Jobson de A. *Atlas histórico básico*. São Paulo: Ática, 1991. p. 34

A luta contra os norte-americanos

O governo sul-vietnamita, no entanto, suspendeu as eleições e implantou uma brutal ditadura no seu país. Além disso, retomou as terras distribuídas aos camponeses durante a luta contra a França e proibiu as aldeias de elegerem seus representantes. Reagindo a essa situação, os sul-vietnamitas organizaram, em 1960, a **Frente Nacional de Libertação** (FNL). Essa frente era liderada pelos comunistas e integrada por guerrilheiros conhecidos como vietcongues, que recebiam apoio e armas do Vietnã do Norte, da China e da União Soviética.

Percebendo que a maioria do povo vietnamita aderia ao comunismo, os Estados Unidos decidiram apoiar o governo ditatorial instalado no Vietnã do Sul. Em 1961, o então presidente dos Estados Unidos, John Kennedy, enviou armamentos e milhares de soldados para o Vietnã do Sul, dando início assim à **Guerra do Vietnã**, da qual participaram mais de 500 mil soldados norte-americanos.

Para saber mais PARA SABER MAIS PARA SABER MAIS

ARMAS QUÍMICAS E MEDO

Os vietcongues atacavam e desapareciam na mata, escondendo-se em túneis enormes, que eles próprios escavavam. Os norte-americanos respondiam com armas químicas, que destruíam a vegetação, eliminando os esconderijos. O agente laranja (que desfolhava as plantas) e o napalm (que incendiava as florestas) eram armas terríveis: o agente laranja é cancerígeno; o napalm é uma substância que se cola à pele e queima sem parar. Essas armas, além de matar e mutilar pessoas, trouxeram consequências quase irreparáveis para o meio ambiente.

Damian Dovarganes/AP Photo/Glow Images

Kim Phuc, sobrevivente da Guerra do Vietnã, em Newport Beach, EUA, 2007.

Bettmann/Corbis/Latinstock

Crianças fogem de sua aldeia, atingida por bombas de napalm lançadas pelo exército norte-americano, em junho de 1972. A pequena Phan Kim Phuc corre desesperada depois de arrancar a roupa que ardia em chamas. Veja a expressão de dor e pânico no rosto do menino que corre com ela. Essa foto chocou a opinião pública mundial e tornou-se um símbolo da Guerra do Vietnã.

A televisão levava, diariamente, aos povos do mundo todo, imagens da guerra: aldeias em chamas, vietnamitas mortos, corpos de recrutas norte-americanos retornando ao seu país. Isso começou a levantar protestos contra a guerra, nos Estados Unidos e em várias outras partes do mundo, e muitos jovens norte-americanos começaram a fugir do serviço militar obrigatório.

PARA REFLETIR

Os versos a seguir pertencem à letra de uma música muito tocada nos anos 1970 e que voltou a ser gravada na década de 1990 pelo grupo Engenheiros do Hawaii. Leia-os com atenção.

ERA UM GAROTO QUE COMO EU AMAVA OS BEATLES E OS ROLLING STONES

Composição: Migliacci / Lusini

[...] Era um garoto
Que como eu
Amava os Beatles
E os Rolling Stones
Girava o mundo
Mas acabou
Fazendo a guerra
No Vietnã...
[...]
Não tem amigos
Nem vê garotas
Só gente morta
Caída ao chão
Ao seu país
Não voltará
Pois está morto
No Vietnã...
Stop! Com Rolling Stones
Stop! Com Beatles songs
No peito um coração não há
Mas duas medalhas sim...
Rata-tá tá tá
Tatá-rá tá tá
[...]

Christiano Mazzola/AE

Humberto Gessinger, vocalista da banda gaúcha Engenheiros do Hawaii.

Extraído do *site*: <http://letras.terra.com.br/engenheiros-do-hawaii/12886/era-um-garoto-print.html#>. Acesso em: 12 mar. 2012.

1 Que história essa letra de música conta?

2 O problema abordado nessa letra gerou reações no mundo daquela época. Explique.

3 Em que contexto se desenrolou a Guerra do Vietnã?

Assim, as enormes perdas humanas, os crescentes protestos contra a guerra e a impossibilidade de vencer o povo vietnamita levaram os EUA a se retirarem do Vietnã, em 1973. A guerra, no entanto, prosseguiu por dois anos ainda, quando as forças socialistas ocuparam Saigon (atual Ho Chi Minh), a capital do Vietnã do Sul. Em 1976, foram realizadas eleições gerais e o país foi reunificado com o nome de **República Socialista do Vietnã**, com capital em Hanói. Em 1986, o governo vietnamita pôs em prática uma política de abertura econômica conhecida como Renovação Vietnamita, que consistiu em estimular a livre concorrência entre as empresas e a abertura do mercado aos investimentos estrangeiros. O Vietnã, hoje, adota um modelo semelhante ao da China, que combina abertura econômica com regime de partido único. O país é membro da Organização Mundial do Comércio (OMC) desde 2007 e tem os Estados Unidos como seu principal parceiro comercial. Nos últimos anos, tem sido o país que mais cresce no Sudeste Asiático.

Cuba

O socialismo também foi adotado em Cuba, a maior ilha do Caribe, na América Central, a apenas 170 quilômetros do litoral dos Estados Unidos.

Cuba: localização

Maps World/Fonte: THOMAS, Hugh. *Cuba or The pursuit of freedom*. Da Capo Press/Updated edition, 1998. p. 15

Na primeira metade do século XX, Cuba sobrevivia principalmente da produção do açúcar que vendia para os Estados Unidos e do turismo. Grande parte da riqueza da ilha concentrava-se em mãos de poucas famílias locais e de empresários norte-americanos. Enquanto isso, a maioria da população alimentava-se mal, morava em cortiços ou em cabanas de palha, sem assistência médica, sem saber ler ou escrever e sobrevivia de empregos temporários.

Nesse período, Cuba foi governada a maior parte do tempo por ditadores corruptos e violentos. Um deles, Fulgêncio Batista, desfechou um golpe de Estado em 1952 e governou com o apoio de empresários que exploravam os cassinos e a prostituição, lucrando com o jogo e a comercialização do sexo.

Comemoração da Revolução Cubana em 1959. Ao centro, com a mão direita erguida, se vê Fidel Castro.

A Revolução Cubana

Opondo-se a essa situação, em 1953, o advogado cubano Fidel Castro e um grupo de 120 pessoas tentaram tomar o quartel de Moncada, na cidade de Santiago de Cuba, com o objetivo de obter armas para derrubar a ditadura de Batista. Fidel Castro foi preso e, dois anos depois, conseguiu fugir para o México.

Tempos depois, Fidel Castro desembarcou em Cuba com 82 homens, mas em um confronto com as forças de Batista, perdeu a maioria deles; os 12 sobreviventes se embrenharam nas matas de **Sierra Maestra**, a cadeia de montanhas mais alta do país, e de lá iniciaram uma guerra de guerrilhas contra o governo. Nesse grupo estava o médico argentino Ernesto Che Guevara, que empolgou muitos jovens de sua geração em toda a América Latina.

Durante os dois anos de luta contra a ditadura de Batista, os "barbudos", como os rebeldes eram chamados, foram ganhando apoio popular, tanto entre os camponeses quanto entre a população da cidade. Em 1º de janeiro de 1959, Fidel Castro, Che Guevara e Camilo Cienfuegos, os principais líderes da Revolução Cubana, chegaram ao poder.

Estabelecido no poder, Fidel Castro tomou algumas medidas populares, tais como: a) reforma agrária, com distribuição de terras para 200 mil famílias; b) redução de 50% nos aluguéis residenciais e no preço dos medicamentos, nas tarifas telefônicas e de eletricidade; c) a nacionalização de bancos e de empresas consideradas estratégicas (refinarias de petróleo, companhia de eletricidade etc.), muitas delas norte-americanas.

Os Estados Unidos revidaram, rompendo relações diplomáticas com Cuba em janeiro de 1961. O governo de Fidel, por sua vez, declarou publicamente que a sua revolução era socialista e mandou fuzilar vários opositores. Naquele mesmo ano, exilados cubanos apoiados pela **Agência Central de Inteligência (CIA)** tentaram, sem êxito, invadir Cuba, mas foram vencidos pelas milícias populares cubanas.

Em 1962, os Estados Unidos impuseram um bloqueio econômico a Cuba, que se estende até a data de hoje (março de 2012).

Agência Central de Inteligência: serviço de inteligência dos Estados Unidos da América.

Cuba e a Guerra Fria

Conforme as relações entre os Estados Unidos e Cuba foram piorando, Fidel Castro estreitava laços com a União Soviética, chegando a permitir que os soviéticos construíssem uma base de lançamento de mísseis nucleares em território cubano.

Ao saber disso, o governo norte-americano reagiu impondo um bloqueio aéreo e naval à ilha, ameaçando usar armas nucleares se a União Soviética insistisse no projeto. Diante da gravidade da situação, a União Soviética fez retornar os navios que levavam os mísseis para o território cubano. O episódio, conhecido como **crise dos mísseis** (setembro-outubro de 1962), foi um dos momentos mais tensos da Guerra Fria, já que poderia ter ocorrido uma guerra nuclear.

Cuba: um balanço

No campo econômico, Cuba sofreu um baque com a dissolução da União Soviética, em 1991; é que, na época, cerca de 80% do açúcar cubano (seu principal produto de exportação) era vendido para a União Soviética e os países socialistas do Leste europeu; e, ao mesmo tempo, 80% do petróleo usado em Cuba vinha de lá. Assim, Cuba ficou sem as vendas garantidas de açúcar, sem os combustíveis, as máquinas, as peças, e sem os subsídios de 4 bilhões de dólares anuais que recebia da União Soviética havia décadas.

Outro problema enfrentado por Cuba é o boicote econômico imposto pelos Estados Unidos desde 1961, e que continua em vigência até hoje (início de 2012). Esses fatores, somados à baixa produtividade da economia cubana, ajudaram a deflagrar uma crise socioeconômica persistente, cujos sintomas são o reaparecimento da prostituição e da corrupção, o aumento da marginalidade e a ânsia dos jovens de migrar em busca de oportunidade.

A partir de 1995, Cuba iniciou uma tímida abertura econômica: abriu-se para o turismo, buscando atrair dólares, e permitiu investimentos externos em algumas áreas, o que tem ajudado a sobrevivência econômica da ilha.

No campo político, continua havendo um só partido e um só chefe – Raul Castro, irmão de Fidel. O novo chefe de governo cubano ensaiou uma tímida abertura política libertando 2900 presos políticos, em 2011; mas, ao mesmo tempo, continua impondo rigorosa censura aos meios de comunicação e à internet. Um exemplo: apenas 15,12% da população (11 milhões e duzentos e cinquenta mil habitantes, em 2010) tem acesso à internet, importante ferramenta de comunicação e de acesso à informação. Isso ganha forte conotação política; ainda mais quando se sabe que as redes sociais ajudaram a derrubar várias ditaduras atuais, como as que governaram a Tunísia, o Egito e a Líbia. ■

Na imagem vê-se a figura de dois importantes líderes da Revolução Cubana (Ernesto Che Guevara e Camilo Cienfuegos, os dois primeiros da esquerda para a direita) pintados em um muro da capital cubana; vê-se, também, um carro antigo circulando pelas ruas. Esses dois elementos remetem à Cuba atual – um deles diz respeito à insistência do governo cubano em conservar e reavivar uma determinada memória da Revolução; o outro refere-se às dificuldades que a economia cubana vem atravessando.

Patrick Frilet/Hemis/Corbis/Latinstock

ATIVIDADES

1 Li Dazhao, professor da Universidade de Pequim nos anos de 1920, foi um dos principais divulgadores do **marxismo** na China. Leia o que ele diz neste trecho:

Nossa China é uma nação rural e a maioria da classe trabalhadora é composta de camponeses. Se eles não forem libertados, toda a nossa nação não será libertada também; os sofrimentos deles são os de toda a nação; as vantagens e deficiências da vida deles são as vantagens e deficiências de toda a nossa política. Saiam e desenvolvam-nos e façam-nos saber [que eles devem] exigir libertação, falem sobre os sofrimentos deles, acabem com a ignorância deles para que se tornem gente que irá planejar sua própria vida.

Jonathan D. Spence. *Em busca da China moderna: quatro séculos de história.* São Paulo: Companhia das Letras, 1996. p. 304.

a) O que Li Dazhao quis comunicar aos seus leitores nesse trecho?

b) Em que trecho isso fica mais claro?

c) O texto afirma ou nega a tese de Mao sobre o papel do campesinato na revolução?

2 Identifique a alternativa errada e corrija-a no caderno.

a) Um movimento popular liderado pelo médico Sun Yat-sen conseguiu derrubar o Império Chinês e proclamar uma república (1911).

b) A República proclamada em 1911 não se estabeleceu em todo país, pois boa parte do território Chinês continuou sob o controle dos "senhores da guerra".

c) Para organizar sua luta, os marxistas chineses fundaram, em 1921, o Partido Verde Chinês, que tinha como principal líder Sun Yat-sen.

d) Com a morte de Sun Yat-sen, em 1925, abriu-se uma luta pelo poder vencida pelo general Chiang Kai-shek.

3 Monte uma ficha sobre a Revolução Chinesa de 1949 com as seguintes informações: nome do país após a Revolução; líder; superpotência aliada; superpotência adversária; medidas do governo revolucionário.

4 Entre os opositores do ditador Batista estava o então jovem advogado Fidel Castro; veja como ele se referiu ao golpe de Estado que colocou Batista no poder em 1952.

Era uma vez uma República. Tinha uma Constituição, suas leis, suas liberdades; possuía presidente, congresso, tribunais; todo mundo podia reunir-se, associar-se, falar e escrever com inteira liberdade. O governo não satisfazia o povo, mas o povo podia substituí-lo e só faltavam alguns dias para fazê-lo. Existia uma opinião pública, respeitada e acatada, e todos os problemas de interesse coletivo eram discutidos livremente. Havia partidos políticos, hora de doutrinação pelo rádio, programas polêmicos de televisão, atos públicos, e o povo palpitava de entusiasmo... Pobre povo! Certa manhã, a população despertou estarrecida... Não. Não era um pesadelo. Tratava-se da triste e terrível realidade: um homem chamado Fulgêncio Batista acabava de cometer o terrível crime que ninguém esperava.

Luis Fernando Ayerbe. *A revolução cubana.* São Paulo: Editora Unesp, 2004. p. 26. (Revoluções do século XX).

a) Como Fidel descreve Cuba antes do golpe de Batista?

b) A que crime Fidel se refere?

c) Pode-se afirmar que, como chefe de Estado em Cuba (entre 1959 e 2006), Fidel praticou o autoritarismo que ele critica nesse texto?

A IMAGEM COMO FONTE

O cartum, de autoria de Ziraldo, foi publicado no final da década de 1960 e faz parte de uma série intitulada *Zeróis* (um trocadilho com "heróis" e "zero"), publicada nas décadas de 1960 e de 1970 no *Jornal do Brasil* (um dos maiores do Rio de Janeiro) e em revistas de diversas partes do mundo.

Em *Ziraldo*. Rio de Janeiro: Salamandra, 1998

1 Você sabe quem são os personagens em primeiro plano?

2 E o personagem que está ao fundo, quem é?

3 Qual o significado do "*Ho*" na imagem?

4 O que está acontecendo na cena?

5 O que o artista pretendeu com esse cartum?

6 Pesquise Quem produziu o Capitão América e por quê?

O TEXTO COMO FONTE

Imaginechina/Corbis/Latinstock

Vista noturna de Xangai, China, 20 de janeiro de 2010. A iluminação mostrada na foto se utiliza de lâmpadas de LED. Um dos projetos do Ministério da Ciência e Tecnologia da China é substituir todas as lâmpadas atuais existentes na cidade pelas de LED no prazo de três a cinco anos.

O texto a seguir é uma entrevista do Portal Unicamp com Clodoaldo Hugueney, embaixador do Brasil na China. Leia-a com atenção:

[...] **Portal Unicamp** — *Como o senhor analisa a importância da criação de um grupo de estudos em China pela Unicamp?*

Clodoaldo Hugueney — *[...] A China hoje é o maior parceiro comercial do Brasil, é o maior investidor no Brasil e há um interesse enorme na China sobre o Brasil. As universidades chinesas têm cada vez mais cursos de português e institutos acadêmicos chineses que desenvolvem estudos sobre o Brasil. [...]*

Portal Unicamp — *Quais os principais desafios para os dois países em suas relações?*

Clodoaldo Hugueney — *A relação Brasil-China tem muitas oportunidades e muitos desafios. [...] Há dez anos o comércio exterior com a China era pequeno, da ordem de 3 bilhões de dólares. No ano passado chegou a quase 80 bilhões de dólares. A China, até dois anos atrás, era um investidor marginal no Brasil. O estoque do investimento chinês no Brasil era da ordem de 400 milhões de dólares. Hoje, chega a 30 bilhões de dólares. Então, quando você tem mudanças dessa ordem num curto espaço de tempo, cria-se um reboliço na relação – as coisas mudam. Uma parte muda para o bem. Mas em outra parte, têm-se os desafios. O desafio, por exemplo, da competitividade chinesa, o desafio do tamanho da China [...] o desafio do sistema político-econômico chinês, que é diferente do nosso. E o desafio imenso da especificidade da China e da cultura chinesa. Temos, pela primeira vez, o maior parceiro econômico do Brasil do outro lado do mundo, com uma história de 5 mil anos, uma cultura completamente diferente [...] Os desafios são enormes. Eu acho que o Brasil tem tudo para construir uma relação duradoura, crescente e profunda com a China. E tem tudo para enfrentar bem estes desafios.*

Portal Unicamp — *A China é o maior exportador mundial. Em que medida as ações de proteção comercial brasileira podem abalar essa relação já que o Brasil está enfrentando uma verdadeira invasão de produtos chineses...*

Clodoaldo Hugueney — *[...] A questão da competitividade chinesa e da adoção de medidas de proteção não é um problema específico do Brasil. Grandes países no mundo estão adotando medidas para tentar encontrar uma fórmula que consiga minimamente controlar a avalanche de produtos chineses, que se dirigiam aos mercados dos Estados Unidos e Europa e com a crise estão se dirigindo aos* **países emergentes**. *A grande vantagem do Brasil é que existe uma complementariedade com a China. O Brasil é um grande produtor de matérias-primas, de produtos agrícolas, de modo que o Brasil tem hoje um* **superávit** *enorme no comércio com a China. [...]*

Países emergentes: são os países em desenvolvimento entre os quais estão: Brasil, Rússia, Índia, China e África do Sul (BRICS).
Superávit: saldo positivo na balança comercial.

Extraído do *site*: <www.unicamp.br/unicamp/divulgacao/2012/03/02/vertiginoso-crescimento-chines-impoe-novos-desafios-para-relacao-brasil-china>. Acesso em: 12 mar. 2012.

1 O que se pode concluir sobre o comércio exterior entre o Brasil e a China, com base no texto?

2 O embaixador brasileiro na China aponta alguns desafios a serem vencidos na relação entre o Brasil e a China. Qual deles você considera mais importante? Justifique.

3 Em dupla Debatam, reflitam e respondam: a "avalanche de produtos chineses" que entra no mercado brasileiro tem prejudicado a indústria brasileira? Justifique.

4 Em grupo Pesquisem sobre a participação da China na economia mundial e postem o resultado da pesquisa no *blog* da turma.

LIVROS, *SITES* E FILMES

Livros

BANDEIRA, Luiz Alberto Moniz. *Fórmula para o caos: a derrubada de Salvador Allende*. São Paulo: Civilização Brasileira, 2008.

HILLS, Ken. *A Guerra do Vietnã*. São Paulo: Ática, 1999. (Guerras que mudaram o mundo).

MAO Jr, José. *A revolução chinesa: até onde vai a força do Dragão?* São Paulo: Scipione, 1998. (Ponto de apoio).

Site

Socialismo utópico e socialismo real - <http://e-groups.unb.br/ics/sol/itinerancias/grupo/barbara/familisterio.pdf>.
Artigo sobre as diferentes correntes no interior da doutrina socialista.

Filmes

A culpa é do Fidel. Direção de Julie Gavras. França, 2006. (99 min.)
O filme trabalha com as inquietações e estranhamentos de uma menina de 9 anos, Anna de La Mesa, diante do engajamento de seus pais na luta de Salvador Allende pelo ideal socialista. Com o tempo, Anna aumenta sua compreensão da vida e da política.

Platoon. Direção de Oliver Stone. EUA, 1986. (120 min.)
Platoon aborda a Guerra do Vietnã de forma bastante realista, trazendo à tona as dificuldades das tropas norte-americanas na luta contra os vietcongues.

CAPÍTULO 12 Brasil de 1945 a 1964: uma experiência democrática

Dmitri Kessel/Time Life Pictures/Getty Images

dpa/Corbis/Latinstock

Arquivo/AE

Nos anos de 1945 a 1964, ocorreram muitas novidades no cenário brasileiro, como a construção de Brasília e da sua emblemática catedral (imagem 1); o brilhantismo de Pelé (imagem 2); o sucesso do poeta Vinicius de Moraes, do maestro Antônio Carlos Jobim e do cantor Agostinho dos Santos (imagem 3) – tudo isso marcou os brasileiros que viveram aqueles tempos. Você gosta de música? E de futebol? Você acha bonito o projeto da Catedral de Brasília? Você sabe quem a projetou?

Segundo o historiador Jorge Ferreira, de 1945 a 1964 o Brasil viveu um período de experiência democrática. Com a volta da liberdade de imprensa e da livre manifestação de ideias, os grupos organizados da sociedade civil formularam dois grandes projetos de Nação, que disputaram entre si a preferência dos eleitores brasileiros.

Um desses projetos pode ser chamado de **nacional-estatismo**. Seus defensores estavam reunidos em torno do PTB (Partido Trabalhista Brasileiro), fundado por Getúlio Vargas. O outro projeto era liberal no campo da economia e conservador na política, daí ser chamado de **liberalismo-conservador**. Seu principal defensor era Carlos Lacerda, o líder da UDN. Conheças os principais pontos desses projetos observando a tabela.

Nacional-estatismo	***Liberalismo-conservador***
Líder: Getúlio Vargas	**Líder: Carlos Lacerda**
1. O fortalecimento do Estado e das empresas estatais.	1. A economia devia ser regulada pelas leis do mercado.
2. O Estado devia intervir na economia, investindo em áreas estratégicas como petróleo, siderurgia e transportes.	2. A economia devia caminhar sem a interferência do Estado. O desenvolvimento devia apoiar-se na empresa privada.
3. A entrada do capital estrangeiro devia ser limitada e controlada.	3. O capital e as empresas estrangeiras deviam ter liberdade para operar no Brasil.
4. O governo devia manter uma posição de distanciamento ou de oposição aos Estados Unidos.	4. O governo devia se aliar aos Estados Unidos de forma incondicional.

As eleições de 1945

Com a deposição de Vargas, em 1945, os brasileiros, incluindo-se aí as mulheres, exerceram pela primeira vez o voto direto e secreto em eleições para presidente da República. Para disputar essas eleições foram criados novos partidos. Observe a tabela.

Brasil: partidos políticos (1945)

Siglas	Nomes	Perfil
UDN	União Democrática Nacional	Partido antigetulista contrário à intervenção do Estado na economia e favorável à abertura ao capital estrangeiro
PSD	Partido Social Democrático	Partido getulista ligado às oligarquias agrárias e aos interventores nomeados por Vargas.
PTB	Partido Trabalhista Brasileiro	Partido getulista ligado ao Ministério do Trabalho e aos sindicatos de trabalhadores.

Durante o processo de redemocratização, o Partido Comunista do Brasil se reorganizou e também lançou candidato às eleições presidenciais. Mas as eleições foram vencidas pelo general Eurico Gaspar Dutra, candidato da coligação PSD + PTB, que obteve 55% de votos. Outro grande vencedor nessas eleições foi Getúlio Vargas, que, além de ter apoiado o presidente eleito, elegeu-se senador por dois estados: São Paulo e Rio Grande do Sul.

Governo Dutra

O governo do general Dutra (1946-1950) coincidiu com o início da Guerra Fria, que, como vimos, colocou em lados opostos os Estados Unidos e a União Soviética.

Dutra optou por aliar-se declaradamente aos Estados Unidos; por isso rompeu relações diplomáticas com a União Soviética, cassou o registro do Partido Comunista do Brasil e o mandato dos políticos eleitos por esse partido, como o do escritor Jorge Amado.

Arquivo/AE

General Eurico Gaspar Dutra, que governou o país de janeiro de 1946 a janeiro de 1951.

Stephanie Maze/Corbis/Latinstock

Jorge Amado (1912-2001) nascido na cidade de Itabuna, Bahia, é um dos grandes nomes da literatura brasileira. É autor de *Mar morto*, *Capitães de areia*, *São Jorge dos Ilhéus*, entre outros. Durante a ditadura getulista foi obrigado a deixar o país. Ao retornar ao Brasil, além de romances como *Tenda dos milagres*, *Tieta do Agreste*, *Dona Flor e seus dois maridos*, escreveu contos, poesias, biografias, peças de teatro e histórias infantis. Suas obras foram traduzidas para dezenas de idiomas e adaptadas para cinema, teatro, rádio, televisão e até histórias em quadrinhos.

Durante o governo Dutra, também foi discutida, votada e aprovada uma nova Constituição, a quinta do Brasil.

A Constituição de 1946

A Constituição de 18 de setembro de 1946:

- definia o Brasil como uma República federativa presidencialista;
- garantia ampla liberdade de pensamento, de expressão e de associação;
- concedia grande autonomia a cada um dos três poderes;
- permitia o direito de voto a todos os brasileiros maiores de 18 anos, de ambos os sexos, mas mantinha a restrição aos analfabetos (metade da população brasileira);
- garantia aos trabalhadores o direito de greve, mas proibia as greves em “atividades essenciais”, como transporte, saúde, segurança etc.

Economia

Inicialmente, o governo Dutra adotou o liberalismo econômico, facilitando a **livre importação de mercadorias**. O Brasil passou, então, a importar uma grande quantidade de bens de consumo, como cigarros, chicletes, perfumes, carros, geladeiras etc. Com isso, em apenas um ano e meio, esgotou quase todas as reservas que tinha acumulado durante a Segunda Guerra. Posteriormente, Dutra restabeleceu o controle sobre as importações: dificultou a entrada de bens de consumo e incentivou a compra de produtos, como máquinas e equipamentos, necessários à indústria nacional. Ao mesmo tempo, houve um aumento do preço do café no exterior; assim, a economia brasileira voltou a crescer.

PARA SABER MAIS PARA SABER MAIS PARA SABER MAIS

O NASCIMENTO DA TV BRASILEIRA

Em 1950, último ano do governo Dutra, a televisão fazia sua estreia entre nós. A primeira emissora de televisão brasileira foi a TV Tupi de São Paulo, fundada por Assis Chateaubriand, dono da rede de jornais Diários Associados e da revista *O Cruzeiro*.

Peter Scheier/Arquivo Histórico Judaico Brasileiro, São Paulo

Família assistindo à televisão em São Paulo no ano de 1950.

Os primeiros profissionais da TV brasileira vinham do rádio; por isso, os primeiros programas televisivos se pareciam bastante com os radiofônicos. Havia programas musicais, de humor, esportivos e telejornais. Na época, só as pessoas muito ricas podiam ter um televisor em casa; no dia da inauguração da TV Tupi, havia apenas cinco aparelhos de TV particulares em São Paulo. Chateaubriand, então, comprou e espalhou televisores em pontos estratégicos da cidade para que as pessoas pudessem assistir aos programas no dia da inauguração. Naquele tempo, a transmissão era em preto e branco e os programas eram quase todos ao vivo, pois ainda não havia gravação em videoteipe. Era comum locutores e artistas cometerem erros, tanto durante os programas quanto nos anúncios.

DIALOGANDO

Em 1960, 10 anos após a estreia da televisão no Brasil, menos de 5% da população brasileira possuía um televisor.

1 Na sua casa há mais de um televisor?

2 Quantas horas você fica diante da televisão por dia?

As eleições de 1950

No ano em que a televisão fez sua estreia no Brasil, ocorreu uma nova campanha eleitoral para presidência da República. Os comícios voltaram a lotar as praças do país. Defendendo o fortalecimento do Estado, a **indústria de base** e a ampliação das leis trabalhistas, Getúlio Vargas obteve 48,7% dos votos, vencendo as eleições presidenciais de 1950 com folga.

Indústria de base: indústria que fabrica matérias-primas e demais produtos necessários a outras indústrias, como aço, máquinas, motores, energia etc.

Acervo Iconographia

DIALOGANDO

Observe a imagem com atenção.

1 O que está ocorrendo na cena?

2 O que explica o fato de um "ditador" continuar sendo tão popular?

3 Já assistiu ou participou de uma campanha política?

O segundo governo Vargas

No segundo governo Vargas, a rivalidade entre os nacionalistas e os liberais se intensificou devido à questão do petróleo. Os nacionalistas, liderados por Vargas, defendiam que a exploração e o refino do petróleo deviam ser feitos pela indústria brasileira. Já os liberais, encabeçados pela UDN, eram favoráveis a que fossem feitos por empresas estrangeiras que já atuavam no Brasil, como Esso, Texaco, Shell etc.

Para defender sua posição, os nacionalistas organizaram uma campanha nacional com o *slogan* "**O petróleo é nosso**".

Acervo Iconographia

A vitória nessa disputa coube aos nacionalistas. Em 3 de outubro de 1953 foi criada a Petrobras, uma empresa estatal que tinha o **monopólio** da extração, do refino e do transporte marítimo do petróleo brasileiro. Levando adiante seu nacionalismo, Vargas propôs também uma lei que limitava a remessa de lucros das empresas estrangeiras instaladas no Brasil. Dessa vez, porém, a oposição venceu e a lei foi barrada no Congresso.

Monopólio: exclusividade, controle.

A radicalização política

Desde a campanha presidencial, Vargas esforçou-se para apagar da memória dos brasileiros a imagem de ditador e reforçar a de pai dos trabalhadores; e, uma vez eleito, voltou a praticar a política de massas que tinha caracterizado seu primeiro governo.

No início desse segundo governo Vargas, a insatisfação entre os trabalhadores era grande, pois havia tempos os salários não acompanhavam a alta da inflação. Por isso, em 1953, explodiram greves por aumentos salarial em todo o país.

Acervo UH/Folhapress

Em São Paulo, destacou-se a greve geral, envolvendo tecelões, marceneiros, carpinteiros, gráficos e outros; na foto, vemos soldados do Corpo de Bombeiros reprimindo os manifestantes. No Rio de Janeiro, a maior greve foi a dos marítimos, da qual participaram cerca de 100 mil trabalhadores.

Para enfrentar essa situação, Vargas nomeou para o Ministério do Trabalho o político gaúcho João Goulart, mais conhecido como Jango. À frente do Ministério do Trabalho, Jango negociou com os grevistas e prometeu aumentar o salário mínimo em 100%. Isso, porém, irritou a UDN e seus aliados nos meios militares. Pressionado por eles, Vargas demitiu Jango. Em compensação, pôs em prática a política de massas autorizando o aumento de 100% no salário mínimo (1º de maio de 1954). O aumento do salário mínimo forneceu argumento para que o jornalista Carlos Lacerda iniciasse uma campanha difamatória contra Vargas. No final de seus discursos inflamados ou entrevistas à grande imprensa, Lacerda exigia a renúncia do presidente.

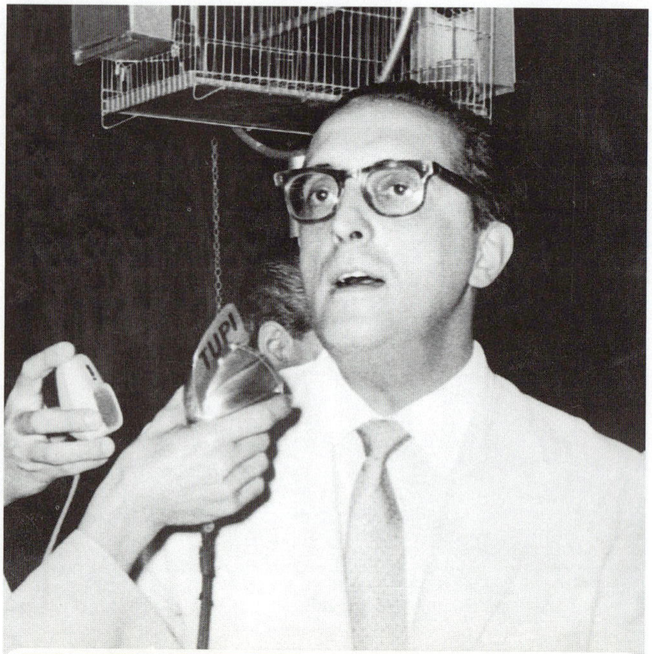

Rubens Américo/O Cruzeiro/EM/D.A Press

Na foto, Carlos Lacerda, líder da UDN, dono do jornal carioca *Tribuna da imprensa* e inimigo número 1 de Getúlio Vargas, em uma de suas muitas entrevistas dadas à grande imprensa.

Getúlio surpreende seus adversários

Nesse ambiente de radicalização política ocorreu um fato novo: Carlos Lacerda foi vítima de um atentado a bala; ele escapou com vida, mas o seu acompanhante, o major da Aeronáutica, Rubens Vaz, morreu. Ao investigar o caso, os oficiais da Aeronáutica descobriram que Gregório Fortunato, chefe da guarda pessoal de Vargas, era o mandante do crime.

Os jornais da oposição, como o *Estado de S. Paulo* e *O Globo* (do Rio de Janeiro), aproveitaram o ocorrido para dizer que havia um "mar de lama" sob o palácio presidencial. Carlos Lacerda, por sua vez, pedia aos generais que derrubassem Getúlio. No dia 22 de agosto, oficiais da Aeronáutica lançaram um manifesto exigindo a renúncia de Vargas. No dia seguinte, os generais do Exército fizeram essa mesma exigência. Sob forte pressão, Vargas escreveu uma carta ao povo e, em seguida, matou-se com um tiro no coração.

Rafael Andrade/Folhapress

Na imagem, vê-se o pijama usado por Vargas no dia de sua morte. Quando o locutor do telejornal *Repórter Esso* informou que Vargas tinha se suicidado, em 24 de agosto de 1954, uma onda de dor e indignação percorreu o país. O comércio e a indústria fecharam as portas. Uma multidão enfurecida tombou e incendiou os caminhões de entrega de jornais da oposição. A embaixada dos Estados Unidos foi atacada e apedrejada por populares. Os principais adversários de Vargas, entre eles Carlos Lacerda, fugiram do país, com medo da fúria popular.

Lott garante a posse de JK

No ano seguinte ao da morte de Getúlio Vargas, 1955, o povo brasileiro elegeu Juscelino Kubitschek de Oliveira, do PSD, como presidente da República, e João Goulart, do PTB, como vice-presidente.

A UDN não se conformou com a derrota nas eleições; Carlos Lacerda, seu principal líder, passou a dizer que os eleitos não tinham a maioria absoluta (50% mais um), que eram apoiados pelos comunistas e que era necessário um golpe militar para impedir a posse de Juscelino e Jango. Mas o golpe não aconteceu: o general legalista Henrique Teixeira Lott colocou seus soldados nas ruas e obrigou os golpistas a fugirem. Com isso, ele garantiu a posse de Juscelino Kubitschek.

Legalista: favorável ao cumprimento da lei, da Constituição.

Governo Juscelino: "50 anos em 5"

Juscelino Kubitschek elegeu-se prometendo que faria o Brasil progredir 50 anos em 5 (tempo de duração de seu mandato). Sua política de desenvolvimento é chamada de **desenvolvimentismo** e pode ser mais bem compreendida se comparada ao nacional-estatismo de Vargas.

O Cruzeiro. 7 maio 1960. DA Press

Tanto Vargas quanto Juscelino defendiam a industrialização acelerada como forma de desenvolver e modernizar o país. Mas enquanto para Vargas o governo devia **limitar a entrada de capital estrangeiro**, para Juscelino, o governo devia **atrair capitais estrangeiros**, facilitando às empresas multinacionais aqui instaladas a importação de máquinas e equipamentos e concedendo a elas isenção de impostos por vários anos.

Em um estilo otimista e arrojado, Juscelino iniciou seu mandato apresentando ao país o seu **Plano de Metas**: um plano de governo que previa investimentos públicos em cinco grandes áreas: energia, transporte, indústria, alimentação e educação.

Verbas por setor

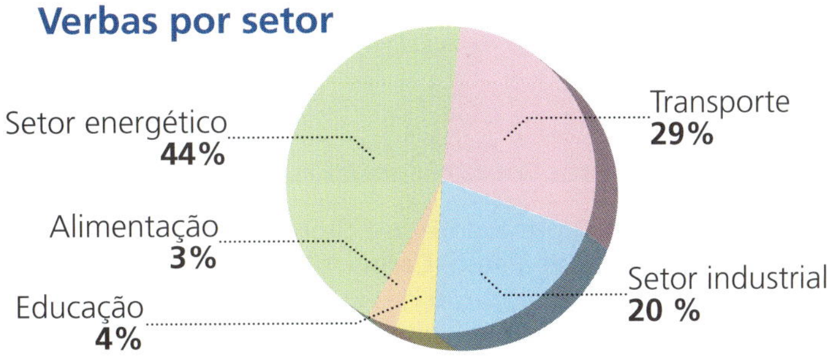

Editoria de arte

Fonte: Ricardo Maranhão. *O governo de Juscelino Kubitschek*. São Paulo: Brasiliense, 1981. p. 75.

Dialogando

Com base no gráfico da página anterior, o que se pode dizer sobre o modo como o governo JK distribuiu as verbas públicas?

Coerente com seu plano, o governo investiu milhões na indústria de base, construindo siderúrgicas, como Usiminas e Cosipa; hidrelétricas, como Três Marias e Furnas; portos e mais de 20 mil quilômetros de estradas de rodagem.

Lalo de Almeida/Folhapress

Bobinas de aço fabricadas na Companhia Siderúrgica Paulista (Cosipa), em uma foto atual.

Ao mesmo tempo, o governo ofereceu facilidades e incentivos e com isso atraiu empresas multinacionais que instalaram fábricas no Brasil para produzir **bens de consumo**. Entre essas empresas estavam fábricas de veículos do ABC paulista, como a Willys Overland, a Ford, a Volkswagen e a General Motors.

Bens de consumo: bens voltados para o consumo individual; podem ser classificados em bens de consumo imediato, como alimentos, e bens de consumo duráveis, como automóveis, fogões, televisores etc.

Acervo UH/Folhapress

O presidente Juscelino Kubitschek ao lado do governador de São Paulo, Carlos Alberto Alves de Carvalho Pinto, durante inauguração das fábricas da montadora Volkswagen, em São Bernardo Campo (SP), 19/11/1959. Durante o governo de JK, a produção industrial cresceu 80%.

Em termos empresariais, a indústria automobilística foi um sucesso. Mas ao incentivar a produção de **veículos**, o governo deixou de lado os meios de transporte coletivo, como o trem; as ferrovias foram praticamente abandonadas, e o transporte passou a depender cada vez mais das rodovias, do petróleo e de seus derivados. Puxada pela indústria, a economia brasileira cresceu a uma taxa média anual de 8,1%, indício de que, no geral, o Plano de Metas foi bem-sucedido. Muitas de suas metas foram alcançadas, inclusive a construção de Brasília, conhecida como **meta-síntese**.

Veículos: automóveis, jipes, utilitários e caminhões.

A ideia da construção de Brasília não era nova. Havia muito se pensava em mudar a capital para o interior do país. Coube, no entanto, ao governo Juscelino a glória dessa obra planejada pelo arquiteto Oscar Niemeyer e pelo urbanista Lúcio Costa. Mas para que essa ideia se transformasse em realidade, foi necessário que milhares de pessoas humildes e desconhecidas, vindas de vários cantos do país, trabalhassem muito durante três anos consecutivos. Graças principalmente a esses trabalhadores – chamados candangos –, Juscelino pôde inaugurar Brasília em 21 de abril de 1960.

Se, por um lado, o governo JK conseguiu promover uma arrancada industrial, por outro, permitiu que a inflação disparasse e chegasse a 30,5% ao ano. A industrialização verificada no governo JK criou um clima de otimismo e gerou muitos empregos, mas não beneficiou igualmente todas as regiões brasileiras.

As indústrias recém-criadas instalaram-se quase todas no Centro-Sul, o que aumentou ainda mais as diferenças socioeconômicas entre as regiões do país. Isso contribuiu para que ocorresse na época uma forte **migração** para o Centro-Sul; milhares de nordestinos e de mineiros (do interior do estado) deixaram sua terra natal e se mudaram para São Paulo, Rio e Belo Horizonte em busca de emprego na indústria.

Juan Villa/Opção Brasil

Instalações do Centro Luiz Gonzaga de Tradições Nordestinas, na cidade do Rio de Janeiro; o centro abriga a Feira de São Cristóvão e possui espaços para *shows* e eventos ligados à cultura, aos costumes e à culinária nordestina, 2010.

JK governou com o apoio do Congresso e respeitou a liberdade de imprensa, conseguindo com isso manter a estabilidade política. Por isso pode-se dizer que os anos JK combinaram estabilidade política e crescimento industrial; mas aqueles anos foram também tempos de inflação alta e de aumento das desigualdades sociais e regionais.

No final do mandato de JK, em 1960, ocorreram eleições presidenciais que foram vencidas pelo advogado e professor Jânio da Silva Quadros, candidato apoiado pela UDN. Para vice-presidente, venceu João Goulart (PTB coligado ao PSD), adversário político de Jânio Quadros. Isso foi possível porque, na época, permitia-se que o eleitor votasse no candidato de uma chapa para presidente e no de outra chapa para vice-presidente.

George Torok/O Cruzeiro/EM/D.A Press

O candidato Jânio Quadros com a vassoura, símbolo de sua campanha.

O governo de Jânio Quadros

Para ganhar votos, Jânio prometia, em um português correto, que, se eleito, iria "varrer a corrupção" no governo. E, para reforçar essa imagem de honestidade, usava uma vassoura como símbolo de sua campanha. O *jingle* da campanha de Jânio possuía um versinho muito repetido na época: "*Varre, varre, varre, varre vassourinha / varre, varre a bandalheira / que o povo já tá cansado / de sofrer dessa maneira*".

Quando Jânio assumiu o governo, em 1961, a inflação e a dívida externa brasileira estavam altas. O governo Jânio decidiu então restringir os gastos; para isso, diminuiu o crédito aos empresários; congelou salários e cortou a ajuda governamental às importações de trigo e de petróleo, o que provocou um aumento de 100% nos preços do pão e dos combustíveis.

Com essa política, o governo ganhou a confiança do FMI (Fundo Monetário Internacional) e conseguiu renegociar a dívida externa, mas descontentou a população brasileira e perdeu popularidade. Outro fator de desgaste da figura de Jânio Quadros foi seu envolvimento com questões incompatíveis com o cargo de presidente da República: ele proibiu as brigas de galo, o uso de lança-perfume nos bailes carnavalescos e o uso do biquíni nas praias.

A política externa independente

O governo Jânio negou-se a manter o alinhamento do Brasil aos Estados Unidos e iniciou conversações para reatar relações diplomáticas com a União Soviética e com a China comunista. Além disso, Quadros colocou-se contra a invasão de Cuba pelos Estados Unidos e declarou seu apoio aos países africanos que lutavam para se tornarem independentes de Portugal.

Essa **política externa independente** descontentou profundamente os Estados Unidos, boa parte dos chefes militares brasileiros e os líderes da UDN, entre os quais estava Carlos Lacerda. Sem se importar com isso, em 19 de agosto de 1961, Jânio condecorou o ministro cubano e ex-guerrilheiro Ernesto "Che" Guevara com a mais alta honraria da nação brasileira: a Ordem do Cruzeiro do Sul.

A renúncia de Jânio

Depois da homenagem a "Che", Carlos Lacerda passou a acusar Jânio de ser aliado dos comunistas e de pretender instalar uma ditadura no Brasil. Em 25 de agosto de 1961, Jânio surpreendeu tanto seus eleitores quanto seus opositores: renunciou à presidência da República e deixou uma carta para ser entregue ao Congresso.

Para alguns historiadores, a renúncia de Jânio Quadros foi uma tentativa de golpe; Jânio queria ter poderes para governar sem consultar o Congresso. Se essa foi a intenção dele, o golpe falhou: a população não exigiu a volta dele e o Congresso aceitou seu pedido de renúncia. Jânio tinha adversários poderosos: a maioria no Congresso era da oposição (PSD e/ou PTB); muitos empresários e chefes militares eram contrários à sua política externa independente; e as camadas populares estavam insatisfeitas com a compressão dos salários e a inflação.

Governo João Goulart

Com a renúncia do presidente, o governo devia ser entregue ao vice-presidente João Goulart. Era isso o que dizia a Constituição. Mas nem todos eram favoráveis à posse de Jango.

A UDN, vários chefes militares, grandes empresários nacionais e estrangeiros eram **contrários à posse** de Jango; ministros militares chegaram a acusar Jango de ligação com o comunismo internacional.

Líderes de movimentos sociais e estudantis e alguns governadores de Estado – especialmente o do Rio Grande do Sul, Leonel Brizola – eram **favoráveis à posse** de Jango.

Tonio Roner/Arquivo *O Cruzeiro*/EM/D.A Press

Ivo Barreti/AE

Para defender a posse de Jango, Leonel Brizola (no alto) organizou no Sul a Rede da Legalidade; dela faziam parte centenas de emissoras de rádio que transmitiam mensagens favoráveis à posse. Jango tinha o apoio do comandante do III Exército, general Machado Lopes. Na foto maior, de 30/8/1961, soldados erguem uma barricada para defender o Palácio Piratini, em Porto Alegre, de um eventual ataque ao governo legalmente constituído.

O país caminhava em direção a uma guerra civil quando o Congresso propôs uma solução política para a crise. João Goulart poderia assumir desde que aceitasse o **parlamentarismo**. Jango aceitou; mas logo que tomou posse, em setembro de 1961, começou a articular a volta do presidencialismo. Estava prevista em lei a realização de um **plebiscito** para ver se o povo queria o parlamentarismo ou o presidencialismo; em 6 de janeiro de 1963, quase 80% dos eleitores (9,5 milhões de eleitores) disseram **não ao parlamentarismo**, devolvendo a chefia do governo a João Goulart.

> **Parlamentarismo:** sistema em que o chefe do governo é o primeiro-ministro, não o presidente da República.
> **Plebiscito:** consulta à população.

Em *Manchete*. 22 dez. 1962. Coleção particular

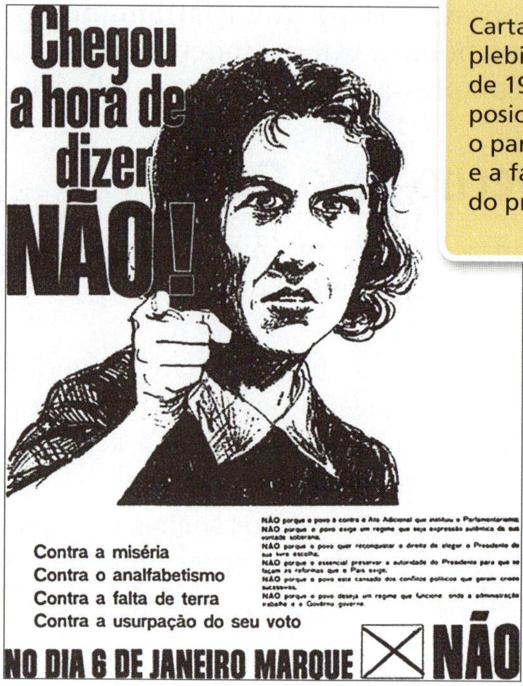

Em *Manchete*. 22 dez. 1962. Coleção particular

Cartazes do plebiscito de 1963 se posicionando contra o parlamentarismo e a favor da volta do presidencialismo.

O nacionalismo reformista

O governo Jango foi conturbado. Parte do empresariado desconfiava dele e diminuiu seus investimentos na produção, ocasionando queda do emprego. Além disso, o custo das obras públicas consideradas essenciais obrigava o governo a emitir dinheiro. A queda da produção e a emissão de dinheiro elevaram a inflação, diminuindo o poder de compra dos salários e gerando tensão entre patrões e empregados. Observe o gráfico.

A escalada da inflação no governo Goulart

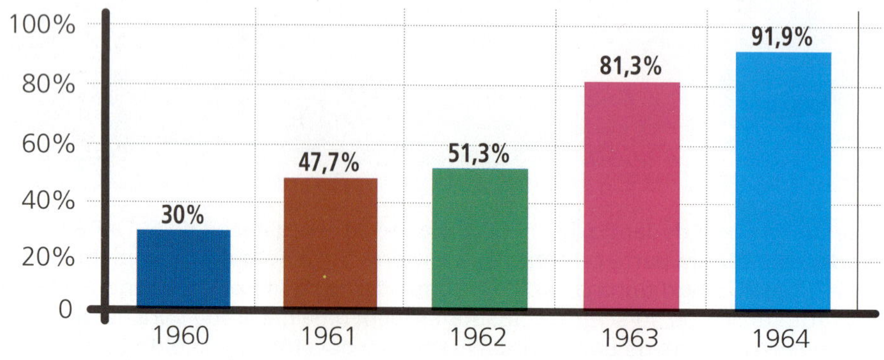

Editoria de arte

Fonte: Francisco Carlos Teixeira da Silva. A modernização autoritária: do golpe militar à redemocratização. In: Maria Yedda Linhares. (Org.). *História geral do Brasil*. 9. ed. Rio de Janeiro: Campus, 1990. p. 363.

DIALOGANDO

O que se pode dizer com base no gráfico da página anterior?

As reformas de base

Como chefe de governo, Jango prometeu realizar as **reformas de base**: agrária, administrativa, bancária, tributária, eleitoral e educacional. Com isso, buscava se aproximar das camadas populares e de setores das camadas médias favoráveis à mudança social. Mas a sociedade brasileira logo se dividiu em relação a essas reformas.

Eram favoráveis às reformas de base os movimentos sociais organizados. No meio estudantil, destacava-se a União Nacional dos Estudantes (UNE), que reivindicava justiça social e o fim do analfabetismo. No meio católico, as organizações mais importantes eram a Juventude Operária Católica (JOC) e a Juventude Universitária Católica (JUC). Já entre os trabalhadores urbanos sobressaiu-se o Comando Geral dos Trabalhadores (CGT), fundado em 1962. A mobilização também chegou ao campo com a formação das **Ligas Camponesas**, lideradas pelo advogado pernambucano Francisco Julião. Ele defendia uma reforma agrária que limitasse a quantidade de terras que cada pessoa podia possuir, a sindicalização do trabalhador rural e a adoção de um imposto progressivo sobre as terras não cultivadas.

Ligas Camponesas: associações de defesa dos trabalhadores rurais, surgidas inicialmente em Pernambuco, se fizeram presentes em vários outros estados brasileiros. Seu principal líder foi Francisco Julião e seu lema era: "Reforma Agrária na Lei ou na Marra".

Agência Estado

Manifestação das Ligas Camponesas de Pernambuco. A Primeira Liga Camponesa foi fundada em 1954, em Vitória de Santo Antão, em Pernambuco.

Eram contrários às reformas de base: grandes empresários, parte do alto clero e dos oficiais do Exército e organizações como o Instituto Brasileiro de Ação Democrática (**Ibad**) e o Instituto de Pesquisas e Estudos Sociais (**Ipes**), ambos mantidas com o dinheiro de empresários brasileiros e norte-americanos. Essas organizações investiam milhões de dólares em propaganda contra o governo Jango. Grandes jornais, como *O Estado de S. Paulo e a Tribuna da Imprensa* (de Carlos Lacerda) também atacavam o governo.

João Goulart durante o comício das reformas de base na Praça Cristiano Otoni, conhecida como Central do Brasil. Ele está acompanhado da primeira dama, Maria Tereza Goulart, à esquerda, e do chefe do gabinete civil, Darcy Ribeiro, à direita, 1964.

As posições se radicalizavam: os movimentos sociais exigiam as reformas de base que Goulart havia prometido; a oposição acusava o presidente de ter perdido a autoridade e de ser cúmplice do comunismo internacional. Sem o apoio do Parlamento, o presidente João Goulart optou por se aproximar dos movimentos sociais. Em 13 de março de 1964, liderou um gigantesco **comício pelas reformas de base** em frente à estação da Central do Brasil, no Rio de Janeiro.

Nesse comício, diante de cerca de 300 mil pessoas, o presidente assinou dois decretos de grande impacto popular. Um deles nacionalizava todas as refinarias de petróleo particulares. O outro desapropriava – para fins de reforma agrária – as terras com mais de 100 hectares situadas em uma faixa de 10 quilômetros às margens das rodovias e ferrovias federais.

A resposta ao comício do dia 13 não se fez esperar: seis dias depois (19 de março) autoridades civis e religiosas promoveram no centro da capital paulista uma gigantesca passeata contra as reformas de João Goulart: a **Marcha da Família com Deus pela Liberdade**. Note que nessa marcha o número de manifestantes foi igualmente grande.

Na foto, pessoas que participam da Marcha da Família com Deus pela Liberdade, em março de 1964, na cidade de Santos, no litoral de São Paulo. Note que há uma moça com um cartaz em defesa da legalidade.

O golpe de 1964

Na semana seguinte, um episódio ajudou a atear mais lenha à fogueira: um grupo de fuzileiros navais enviados para prender os mais de mil marinheiros que estavam promovendo uma manifestação no Sindicato dos Metalúrgicos, na Guanabara, solidarizou-se com os manifestantes. O governo Goulart pôs fim à rebelião, mas não puniu os rebeldes. Foi a gota d'água. Os oficiais das Forças Armadas consideraram essa atitude um incentivo à quebra da disciplina e da hierarquia. E, reunindo-se a alguns civis, deram um golpe de Estado.

Em 31 de março de 1964, as tropas do general Olímpio Mourão Filho, vindas de Minas Gerais, marcharam em direção ao Rio de Janeiro a fim de derrubar João Goulart e logo receberam o apoio do comandante do II Exército (São Paulo) e dos governadores Magalhães Pinto (Minas Gerais), Ademar de Barros (São Paulo) e Carlos Lacerda (Guanabara). João Goulart não resistiu; os militares então assumiram o poder afirmando que salvavam o país da anarquia e do comunismo. Era o fim da experiência democrática iniciada no governo de Eurico Gaspar Dutra. ■

Atividades

1 Identifique a alternativa errada e corrija-a no caderno.

A Constituição de 18 de setembro de 1946:

a) definia o Brasil como uma República federativa presidencialista;

b) garantia ampla liberdade de pensamento, de expressão e de associação;

c) concedia grande autonomia a cada um dos três poderes;

d) permitia o direito de voto a todos os brasileiros inclusive os analfabetos, cerca de 1/5 da população brasileira na época.

2 As imagens abaixo são de produtos importados pelo Brasil nos anos de 1950.

Em *O Cruzeiro*. 22/12/1951. Coleção particular

Em *Manchete*. 4/9/1954. Coleção particular

Em *O Cruzeiro*. 16/1/1954. Coleção particular

Que relação se pode estabelecer entre essas imagens e a política econômica de Dutra?

3 **Em 1950, último ano do governo Dutra, a televisão fez sua estreia ao Brasil; duas décadas e meia depois um artista fez esta charge. Observe-a com atenção.**

a) O que a charge mostra?

b) Qual a posição do autor da charge frente à televisão?

c) E você, o que pensa sobre a televisão?

4 **Compare o nacional-estatismo ao liberalismo conservador quanto:**

a) ao papel do Estado.

b) ao modo como veem o relacionamento entre Brasil e Estados Unidos.

5 **A fonte 1 é um cordel e a fonte 2 é um texto da historiadora Ângela de Castro Gomes. Leia-as com atenção.**

Fonte 1

Jesus Cristo, pelo povo
Padeceu morte e paixão,
Getúlio foi outro Cristo,
Varou o seu coração
Com uma bala sublime
Para salvar a nação!
Morreu, mas ressuscitou
E subiu ao céu com glória,
Assim há de ser Getúlio,
Que vai ficar na memória,
Viverá eternamente
Alumbrando a nossa História.

Em Orígenes Lessa, Getúlio Vargas na literatura de cordel, de. *Revista Nossa História*, ano 1, n. 10, agosto de 2004. p. 17.

Fonte 2

Vivo ou morto, Getúlio é o grande mito político da nossa história recente. Seu suicídio foi um golpe de mestre. Imobilizando os inimigos, ele possibilitou a manutenção da ordem democrática e a eleição de Juscelino, em 1955.

Ângela de Castro Gomes. Getúlio: os 50 anos do suicidio que abalou o país. Em *Revista Nossa História*, ano 1, n. 10, agosto de 2004. p. 1.

a) Como Getúlio é descrito na fonte 1?

b) Como o poeta popular vê a sua morte?

c) Como a historiadora vê a morte de Vargas?

d) Há um ponto de concordância entre a versão do cordelista e a da historiadora sobre a morte de Vargas; qual é ele?

6 No ano de 1960, o maestro Antônio Carlos Jobim e o poeta Vinicius de Moraes lançaram *Brasília – sinfonia da Alvorada*, disco e encarte. Leia um trecho dessa obra com atenção.

O TRABALHO E A CONSTRUÇÃO

Foi necessário muito mais do que [...] tenacidade e invenção. Foi necessário 1 milhão de metros cúbicos de concreto, e foram necessárias 100 000 toneladas de ferro redondo e foram necessários milhares e milhares de sacos de cimento e 500 000 metros cúbicos de areia e 2 000 quilômetros de fios.

Luiz Carlos Barreto/O Cruzeiro/EM/D.A Press

Operário trabalha na construção da cidade de Brasília; ao fundo vê-se o Palácio da Alvorada; junho de 1956.

E um milhão de metros cúbicos de **brita** *foi necessário e 400 quilômetros de laminados e toneladas e toneladas de madeira foram necessários. E 60 000 operários! Foram necessários 60 000 trabalhadores vindos de todos os cantos da imensa pátria, sobretudo do Norte! 60 000 candangos foram necessários para desbastar, cavar, estaquear, cortar, serrar, pregar, soldar, empurrar, cimentar, aplainar, polir [...].*

Brita: pedaços de pedra de diversos diâmetros. É muito utilizada na fabricação de concreto.

José Dantas Filho e Francisco F. M. Doratioto. *A República bossa-nova: a democracia populista: 1954-1964*. São Paulo: Atual, 1991. p. 34-5.

a) O que os autores quiseram destacar com esse texto?

b) É correto afirmar que os autores desses versos desprezaram a criatividade do arquiteto Oscar Niemeyer e do urbanista Lúcio Costa na construção de Brasília?

c) Em dupla Vocês concordam com o destaque dado aos candangos na construção de Brasília?

7 Leia o *jingle* abaixo e responda ao que se pede.

Varre, varre, varre, varre,
vassourinha.
Varre, varre a bandalheira,
Que o povo já está cansado
De sofrer desta maneira.
Jânio Quadros é a esperança
deste povo abandonado.
Jânio Quadros é a certeza
De um Brasil moralizado
Alerta, meu irmão
Vassoura, conterrâneo
Vamos vencer com Jânio.

Nosso Século. São Paulo: Abril Cultural, 1980.

a) O que esse *jingle* permite concluir sobre a campanha de Jânio?

b) Identifique e transcreva uma frase em que Jânio é mostrado como redentor do povo brasileiro.

c) Qual o símbolo da campanha?

d) Cite duas medidas adotadas por Jânio Quadros que revelam a preocupação dele com a "moral e os bons costumes".

A IMAGEM COMO FONTE

A imagem é de uma charge de Théo, na *Revista Careta*, de 13/4/1960. Observe-a com atenção.

Théo. *Careta* 13 abr. 1960. Biblioteca Nacional, Rio de Janeiro.

JK – Tenho apelado para o patriotismo dos dois, Jeca, eles porém não se entendem!

1 O que cada um dos animais mostrados na imagem representa?

2 O leão parece estar querendo engolir o cachorrinho; o que o artista quis dizer com isso?

3 Como você interpreta a frase atribuída a JK na legenda?

4 A imagem é de 1960. Em que contexto político e econômico ela foi produzida?

O TEXTO COMO FONTE

A LUTA DOS AFRO-AMERICANOS

As décadas de 1950 e 1960 foram também de luta por cidadania plena em toda a América. Nos Estados Unidos, os afrodescendentes intensificaram a campanha pelos direitos que a sociedade lhes negava; em alguns estados norte-americanos, por exemplo, os negros eram proibidos de andar no mesmo ônibus, tomar banho na mesma piscina ou frequentar a mesma escola que os brancos.

No Estado sulista do Alabama, a legislação obrigava o afrodescendente (homem ou mulher) a ceder seu assento em um ônibus a qualquer branco que estivesse em pé. Em 1º de dezembro de 1955, a costureira negra Rosa Parks se negou a ceder seu lugar no ônibus a um homem branco e, por isso, foi detida, multada e processada. Reagindo à detenção de Rosa Parks, as famílias negras da cidade de Montgomery (Alabama), lideradas pelo pastor pacifista Martin Luther King, iniciaram um boicote ao sistema de ônibus local: ficaram um ano e 16 dias sem utilizá-lo para protestar contra o racismo no transporte público.

Don Cravens/Time & Life Pictures/Getty Images

Rosa Parks viajando em um ônibus após o final do boicote às empresas de ônibus, em Montgomery, Alabama, em 1956. Por sua determinação, Rosa Parks se transformou em um ícone da luta dos afro-americanos para conquistar e fazer valer seus direitos.

Enquanto durou esse movimento, a casa de King foi atacada e ele foi ameaçado de morte; mas o movimento foi vitorioso: a Suprema Corte proibiu qualquer tipo de segregação no transporte público.

Entretanto, como o desrespeito aos negros persistiu, a luta antirracista continuou. Em 1960, Luther King comandou uma campanha nacional de protestos pacíficos; a principal tática de luta dessa campanha era o *sit-in*, isto é, os ativistas negros entravam em lugares reservados a brancos – hotéis, clubes, repartições – e sentavam-se no chão, de onde, sem revidar agressões e xingamentos, negavam-se a sair. Em 28 de agosto de 1963, a campanha antirracista chegou ao auge: uma multidão de negros concentrou-se diante do monumento de Abraham Lincoln para ouvir o discurso de King: *"Eu tenho um sonho"*, no qual ele pregava a união entre negros e brancos e chamava tanto uns quanto outros de crianças de Deus.

Francis Miller/Time & Life Pictures/Getty Images

Assim, depois de um longo processo de lutas, os afro-americanos conseguiram fazer aprovar, em 1964, a **Lei dos Direitos Civis**, que proibia a discriminação racial em locais e órgãos públicos e no registro de eleitores; essa lei é considerada uma importante vitória dos afro-americanos na luta pela conquista da cidadania. Em 1968 Martin Luther King foi assassinado por um branco, o que aumentou a intolerância racial nos EUA e gerou uma gigantesca onda de violência pelo país inteiro.

Nascido em Atlanta, na Geórgia, Martin Luther King (1929-1968) era filho e neto de pastores batistas. Estudioso e perseverante, King conseguiu o título de doutor em teologia pela Universidade de Boston. Adepto do pacifismo de Gandhi, King defendia a **não violência e a desobediência civil** (a toda lei racista). Por seu desempenho na campanha pelos direitos civis dos afro-americanos (homens e mulheres), é um dos mais respeitados líderes do século XX.

1 Em dupla Reflitam, debatam e opinem sobre a atitude da costureira Rosa Parks narrada no texto.

2 Em grupo Debatam, reflitam e opinem sobre o seguinte trecho da Lei dos Direitos Civis.

> *O título II proíbe a discriminação racial e religiosa em lugares de acomodação pública, em cuja definição estão incluídos teatros, arenas esportivas, hotéis e outros locais de alojamento [...], restaurantes, postos de gasolina, lojas e estabelecimentos de comércio localizados no interior das instalações acima nomeadas, ou que os contenham.*

Harold C. Syrett (Org.). *Documentos históricos dos Estados Unidos*. São Paulo: Cultrix, 1980. p. 337-8.

LIVROS, *SITES* E FILMES

Livros

ALMEIDA, Cláudio Aguiar. *Cultura e sociedade do Brasil: 1940-1968*. São Paulo: Atual, 1996.

D´ARAUJO, Maria Celina Soares. *A Era Vargas*. São Paulo: Moderna, 1998.

Sites

O movimento de 64 e as formas de resistência - <www1.folha.uol.com.br/folha/educacao/ult305u14904.shtml>.
Artigo sobre a implantação e a vigência do Regime Militar no Brasil.

Anos "dourados" e Brasil - <http://educacao.uol.com.br/historia-brasil/governo-juscelino-kubitschek-1956-1961-anos-dourados-e-brasilia.jhtm>.
Artigo sobre o governo JK e a sua proposta de fazer o Brasil crescer "50 anos em 5".

Filme

1958, o ano em que o mundo conheceu o Brasil. Direção de José Carlos Asbeg. Brasil, 2008. (88 min.). Documentário sobre a primeira vitória do Brasil em Copas do Mundo; a obra conta com os depoimentos de importantes jogadores como Didi, Zagalo, Djalma Santos, Nilton Santos, entre outros. Na política, o Brasil vivia a euforia desenvolvimentista.

CAPÍTULO 13 Regime Militar: de Castelo Branco a Médici

Filme de Ricardo Calil e Renato Terra. *Uma Noite em 67*. Brasil. 2010.

A imagem que se vê é da capa do DVD de um documentário de 2010 sobre um festival de música dos tempos do Regime Militar.

Quais dos artistas fotografados você conhece? Já curtiu o som de alguns deles? Sabe que tipo de música eles cantam ou fazem? Já ouviu falar de canção de protesto? Como terá sido essa noite de que o filme fala? Você conhece alguma música atual que critica a sociedade em que vivemos?

Dizendo que era necessário livrar o país da ameaça comunista e restabelecer a hierarquia, os militares derrubaram João Goulart e tomaram o poder. O regime estabelecido por eles durou 21 anos e é chamado de Regime Militar (1964-1985). Logo nos primeiros dias de abril de 1964, os militares perseguiram e prenderam estudantes, jornalistas e políticos ligados ao governo anterior e atacaram suas organizações, como, por exemplo, a **UNE** (União Nacional dos Estudantes), que teve o seu prédio incendiado. Ao mesmo tempo, porém, buscaram dar uma aparência de legalidade ao novo regime por meio dos **Atos Institucionais**.

> **Ato Institucional:** é uma medida, com força de lei, imposta por um governo, sem que a população, o poder legislativo ou o judiciário tenham sido consultados.
> **Cassar:** retirar do indivíduo seus direitos políticos ou de cidadão.
> **Estado de sítio:** situação na qual as competências das autoridades civis são transferidas para as autoridades militares e são estabelecidas restrições à liberdade dos cidadãos, por meio da suspensão de alguns direitos constitucionais.

O **Ato Institucional nº 1** (AI-1), de 9 de abril de 1964, permitia ao presidente suspender os direitos políticos de qualquer cidadão por 10 anos, **cassar** mandatos de parlamentares e decretar o **estado de sítio**. Nesse mesmo dia, os militares divulgaram a lista dos cem primeiros cassados, entre os quais estavam o ex-presidente Jânio Quadros, o governador de Pernambuco, Miguel Arraes, o deputado federal Leonel Brizola e o líder das Ligas Camponesas e também deputado Francisco Julião.

Appe. 7 jul. 1964. Biblioteca Nacional. Rio de Janeiro

Dialogando

1 Quem seriam as pessoas sem cabeça?

2 Quem é o homem que está com as cabeças nas mãos?

3 O que o artista quis dizer com esta charge?

PARA SABER MAIS PARA SABER MAIS PARA SABER MAIS

CASTELISTAS *VERSUS* LINHA-DURA

Os militares que governaram o Brasil entre 1964 e 1985 eram todos anticomunistas e contrários à quebra da hierarquia nos meios militares. Mas havia também discordâncias entre eles, o que permite reuni-los em dois grupos.

Um deles, o dos *castelistas*, era liderado pelos generais Golbery do Couto e Silva, Ernesto Geisel e Castelo Branco (daí esse grupo ser conhecido como castelista). O outro grupo, o da "linha-dura", tinha como porta-voz o general Artur da Costa e Silva, e era contrário ao dos castelistas, por considerá-los moderados demais. Os generais da linha-dura defendiam a radicalização do regime no combate à subversão e ao comunismo; eram homens mais pragmáticos e menos teóricos que os castelistas.

Arquivo/AE

Acervo UH/Folhapress

À esquerda, o general Golbery do Couto e Silva (**castelista**); à direita, o general Costa e Silva (**linha-dura**). Durante o Regime Militar, os castelistas e os da "linha-dura" disputaram entre si o controle do poder.

O governo de Castelo Branco

Com uma parte dos parlamentares apenas (pois muitos deles tinham sido cassados), o Congresso Nacional elegeu como presidente o marechal Castelo Branco (1964-1967). O seu governo orientava-se pela **Doutrina de Segurança Nacional**, cujo objetivo era combater o comunismo na América. Essa doutrina dizia que: a) a **segurança** é a condição básica para o **desenvolvimento**; b) uma grande ameaça à segurança de um país são seus **inimigos internos**, os chamados "subversivos". Rotulados de subversivos, líderes sindicais e estudantis foram presos; funcionários públicos foram demitidos e políticos de vários partidos, exceto da UDN, foram cassados.

Doutrina de Segurança Nacional: Doutrina elaborada por militares norte-americanos no contexto da Guerra Fria e aperfeiçoada por estrategistas brasileiros na Escola Superior de Guerra (ESG).

Na política externa, Castelo Branco alinhou-se aos Estados Unidos e rompeu relações diplomáticas com Cuba que, na época, já tinha optado pelo socialismo.

Para equilibrar suas contas e combater a inflação, que chegava a mais de 90% ao ano, o governo Castelo Branco cortou gastos, aumentou os impostos e comprimiu os salários dos trabalhadores (fixando reajustes sempre menores do que a inflação). Paralelamente a isso, eliminou a estabilidade de emprego após 10 anos de serviço e criou, em seu lugar, o Fundo de Garantia por Tempo de Serviço (FGTS).

Presidência da República Federativa do Brasil

Castelo Branco com a faixa presidencial.

Com o corte nos gastos públicos e o aumento da arrecadação, a inflação caiu e a economia cresceu. Mas os sacrifícios impostos à sociedade, especialmente aos assalariados, elevaram a impopularidade de Castelo Branco e influenciaram no resultado das eleições para governador, em 1965.

Como nessas eleições a oposição venceu em vários estados, o governo endureceu baixando o **Ato Institucional nº 2 (AI-2)**, que **extinguiu todos os partidos políticos**. Formaram-se, então, apenas dois partidos: a Aliança Renovadora Nacional (**Arena**), para dar apoio ao governo, e o Movimento Democrático Brasileiro (**MDB**), para fazer oposição.

PARA REFLETIR PARA REFLETIR PARA REFLETIR PARA REFLETIR

A CANÇÃO DE PROTESTO

Intelectuais e artistas brasileiros reagiram ao golpe de 1964 por meio do teatro, do cinema, da pintura e também da música.

Arquivo/AE

Elis Regina cantando em um dos festivais promovidos pela TV Record no Teatro Paramount, 1967.

No I Festival da Música Popular Brasileira ocorrido em 1965, a vitória coube à música *Arrastão*, de Edu Lobo e Vinicius de Moraes, interpretada por Elis Regina, que era uma presença constante nas eliminatórias dos festivais. Com *Arrastão* e, depois, com a música *Ponteio*, Edu Lobo colaborou fortemente para o sucesso da *canção de protesto*, que, com a ajuda da televisão, alcançava um público cada vez mais amplo.

No II Festival da MPB, ocorrido em 1966, as finalistas foram *A banda*, de Chico Buarque, e *Disparada*, de Geraldo Vandré e Theo de Barros. Diante das pressões do próprio Chico Buarque, que ameaçou rejeitar a premiação se ele fosse o vitorioso, o júri decidiu pelo empate entre as duas músicas. Com isso, essa segunda edição do Festival terminou com as duas em primeiro lugar. O trecho a seguir é da letra de *Disparada*; leia-o com atenção:

Arquivo/AE

Jair Rodrigues interpretando *Disparada*, 1966.

Prepare o seu coração
Pras coisas
Que eu vou contar
Eu venho lá do sertão
Eu venho lá do sertão
Eu venho lá do sertão
E posso não lhe agradar...

Aprendi a dizer não
Ver a morte sem chorar
E a morte, o destino, tudo
A morte e o destino, tudo
Estava fora do lugar
Eu vivo pra consertar...

[...]

Mas o mundo foi rodando
Nas patas do meu cavalo
E nos sonhos
Que fui sonhando
As visões se clareando
As visões se clareando
Até que um dia acordei...

Então não pude seguir
Valente em lugar tenente
E dono de gado e gente
Porque gado a gente marca
Tange, ferra, engorda e mata
Mas com gente é diferente...
[...]

Extraído do *site*: <http://letras.terra.com.br/jair-rodrigues/67649>. Acesso em: 20 mar. 2012.

1 O que essa letra conta?

2 O que será que ele quis dizer com "Na boiada já fui boi"?

3 Em que trecho da letra fica evidente a crítica ao Regime Militar?

No ano seguinte, o governo limitou ainda mais a participação dos cidadãos, baixando o **Ato Institucional nº 3 (AI-3)**, que estabelecia eleições indiretas para governadores dos estados. O presidente indicava os governadores e estes nomeavam os prefeitos das capitais. Assim, após os três primeiros atos institucionais, os cidadãos perdiam o direito de escolher seus governantes, fato que limitou ainda mais a cidadania no país. Preocupado em manter a aparência de legalidade, o governo baixou o AI-4 por meio do qual reabriu o Congresso para que aprovasse uma nova carta magna, a Constituição de 24 de janeiro de 1967, que ampliava os poderes do presidente da República e restringia o direito de greve. Com seus poderes ampliados, o presidente decretou duas leis opressivas: a **Lei de Imprensa**, por meio da qual passou a exercer forte censura sobre jornais e revistas, e a **Lei de Segurança Nacional**, que conferia à Justiça Militar o direito de julgar os crimes de "subversão" (comícios, reuniões políticas etc.).

Fortuna. 7 out. 1966. Biblioteca Nacional, Rio de Janeiro

Esta charge de Fortuna foi feita meses antes de o governo ter aprovado a Lei de Imprensa. Repare que o personagem está de pijama e chinelo, o que sugere a ideia de invasão da intimidade do cidadão.

Castelo Branco foi substituído por um general da "linha-dura", Arthur da Costa e Silva, que tomou posse em 15 de março de 1967.

Governo Costa e Silva

Com a ascensão de Costa e Silva (1967-1969), a repressão aumentou, mas as manifestações contra o Regime Militar também se tornaram mais intensas.

Estudantes, operários e políticos

Arquivo Agência O Globo

Passeata dos Cem Mil, contra o Regime Militar, no Rio de Janeiro, em 26 de junho de 1968. Ao centro, vê-se o cantor e compositor Gilberto Gil.

No ano de 1968, cresceu o movimento estudantil em várias partes do mundo, inclusive no Brasil. Em uma manifestação ocorrida em março, no Rio de Janeiro, contra a qualidade da alimentação fornecida aos estudantes no restaurante universitário Calabouço, o paraense Edson Luís Lima Souto, de 17 anos, foi morto pela polícia. Isso provocou uma onda de protestos, e o maior deles foi a **Passeata dos Cem Mil**, composta por estudantes, políticos, artistas, trabalhadores e familiares de presos políticos que saíram às ruas do Rio de Janeiro em protesto contra o Regime Militar.

Em outubro de 1968, os estudantes voltaram a desafiar o Regime Militar realizando, em Ibiúna, no interior de São Paulo, o 30º Congresso da UNE. Mas a polícia invadiu o local e prendeu cerca de 700 estudantes que participavam do Congresso.

Nesse mesmo ano, o movimento operário também mostrou sua disposição de luta em duas grandes greves por aumentos de salários. Uma em Contagem, perto de Belo Horizonte (MG), envolvendo cerca de 15 mil trabalhadores, e outra em Osasco, na Grande São Paulo. Essa última foi reprimida com muita violência, com a invasão do Sindicato dos Metalúrgicos de Osasco e a prisão de 400 trabalhadores por tropas do Exército.

Os políticos, por sua vez, também resistiam. O deputado do MDB, Márcio Moreira Alves, por exemplo, fez um discurso, em 1968, no qual conclamava a população a não comparecer à parada militar para comemorar o 7 de Setembro e pedia às mulheres para não namorarem oficiais que participavam da repressão. O discurso de Moreira Alves serviu de pretexto para que o governo Costa e Silva decretasse o **Ato Institucional nº 5 (AI-5)**, o mais opressivo de todos os atos da ditadura militar.

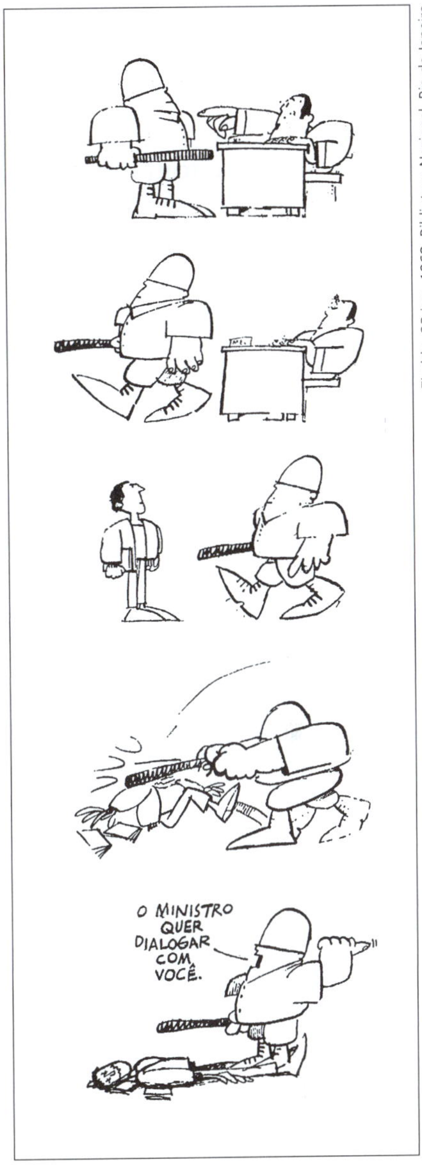

Ziraldo. 23 jun. 1968. Biblioteca Nacional, Rio de Janeiro

Essa charge de Ziraldo ironiza a truculência do Regime Militar.

Pelo AI-5, o presidente da República passava a ter o poder de:

- fechar o Congresso Nacional;
- fazer leis;
- ordenar a intervenção nos estados e municípios;
- cassar políticos eleitos pelo povo;
- demitir, transferir e aposentar funcionários públicos;
- decretar estado de sítio e suspender o direito de ***habeas corpus*** aos acusados de crimes contra a segurança nacional.

Com base no AI-5, o governo militar fechou o Congresso, cassou o mandato de centenas de políticos e prendeu milhares de pessoas de oposição em todo o país.

Habeas corpus: recurso jurídico que protege o cidadão de ser preso em razão de abuso de poder ou ilegalidade.

Nesse clima de grande tensão, Costa e Silva foi vítima de um derrame e afastou-se da presidência. Por lei, deveria assumir o vice-presidente, o civil Pedro Aleixo, mas uma Junta Militar desrespeitou a Constituição e ocupou o governo do país por quase dois meses – de agosto a outubro de 1969 – e, nesse período, fez aprovar a **Emenda Constitucional** de 1969, que ampliava os poderes do presidente da República e incorporava à Constituição a pena de morte e a prisão perpétua em caso de "guerra revolucionária ou subversiva".

Governo Médici

Em outubro de 1969, o Congresso foi reaberto apenas para aprovar a indicação de outro general à presidência da República: Emílio Garrastazu Médici (1969 a 1974), cujo governo foi o mais repressivo da história brasileira.

Qualquer cidadão suspeito de ser "subversivo" – nome que o governo dava aos que discordavam dele – podia ser detido, torturado e morto, sem que a família soubesse de seu paradeiro e sem que nenhuma autoridade jurídica fosse consultada. Universidades foram invadidas; professores, jornalistas, artistas, estudantes, religiosos e militares contrários à ditadura foram perseguidos; os órgãos de repressão como o **SNI** (Serviço Nacional de Informação) e o **Dops** (Departamento de Ordem Política e Social) foram aperfeiçoados. Seus agentes praticavam espancamentos, afogamentos, choques elétricos e outras formas de tortura.

Arquivo/AE

Posse do general Emílio Garrastazu Médici no cargo de presidente da República; 1969.

Com o aumento da repressão cresceu também a resistência cultural ao Regime Militar, por meio de jornais, de espetáculos teatrais e de festivais de música popular brasileira.

A resistência armada

Uma pequena parte da oposição montou organizações guerrilheiras e partiu para a luta armada contra o governo. Os principais líderes guerrilheiros na época eram o ex-deputado Carlos Marighella e o ex-capitão Carlos Lamarca. Eles praticavam vários tipos de ações violentas, como assaltos a bancos para financiar a guerrilha e o sequestro de diplomatas estrangeiros para trocá-los por presos políticos. Em 1969, os guerrilheiros sequestraram o embaixador norte-americano Charles Burke Elbrick e, no ano seguinte, o embaixador da Alemanha Ocidental, Ehrenfried von Holleben.

Ainda durante o governo Médici, um grupo de 69 membros do Partido Comunista do Brasil instalou-se no Araguaia, na área conhecida como Bico do Papagaio, entre os estados do Pará, Maranhão e Tocantins, a fim de montar núcleos guerrilheiros na região. O governo, porém, reagiu enviando para a região milhares de soldados que liquidaram os focos de guerrilha ali existentes. No final do governo Médici, a guerrilha já tinha sido desmantelada e seus integrantes estavam presos, mortos ou exilados.

PARA REFLETIR PARA REFLETIR PARA REFLETIR PARA REFLETIR

A RESISTÊNCIA NA IMPRENSA: *O PASQUIM*

> **Pasquim:** esse era o nome dado aos jornalecos do século XIX, que desacatavam as autoridades, e cujos editores viviam às voltas com a polícia.

Em 26 de junho de 1969 foi lançado no Rio de Janeiro *O Pasquim*, um jornal que, com humor e irreverência, tornou-se "uma pedra no sapato" do Regime Militar. Seu editor era o cartunista e ex-bancário Jaguar, nome artístico de Sérgio de Magalhães Gomes Jaguaribe, conhecido pelos seus cartuns irônicos. Além de textos leves, engraçados e das entrevistas descontraídas, *O Pasquim* publicava charges e quadrinhos de cartunistas, como Ziraldo, Henfil e Millôr Fernandes.

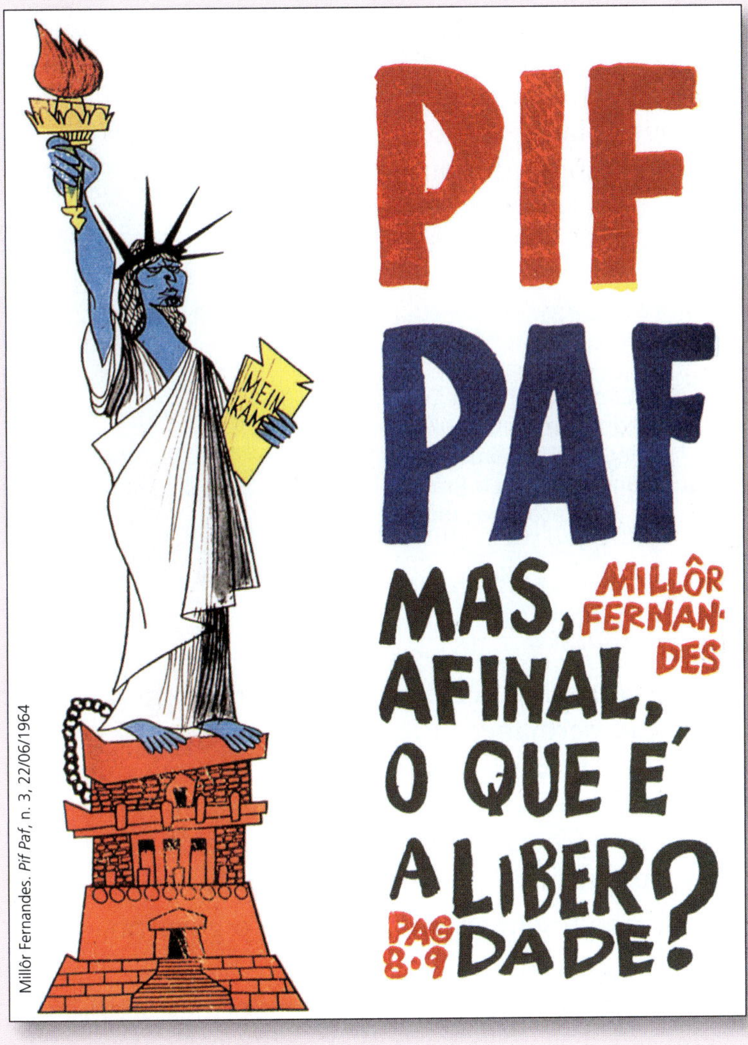

Millôr Fernandes. *Pif Paf*, n. 3, 22/06/1964

Observe a charge de Millôr Fernandes:

1 Que diferenças há entre esta estátua e a da Liberdade, localizada em Nova York?

2 Que livro é esse que a estátua tem na mão esquerda?

3 Em que contexto a imagem foi produzida?

A propaganda de massa

Além da violência, Médici recorreu também à propaganda, martelando por meio dos meios de comunicação o *slogan* "**Ninguém mais segura este país**" e "**Brasil: ame--o ou deixe-o**".

O próprio presidente Médici se apresentava como um homem do povo, apaixonado por futebol e torcedor número 1 da seleção brasileira. A conquista do tricampeonato de futebol pela seleção "canarinho" na Copa do Mundo de 1970 foi apresentada como mais uma vitória do governo Médici.

Nessa época, além da propaganda oficial, outro fator ajudou Médici a conseguir apoio de parte da população: o crescimento da economia.

Com a vitória na Copa do Mundo de 1970, a seleção brasileira trouxe definitivamente para o Brasil a taça Jules Rimet.

Domicio Pinheiro/AE

O "milagre econômico"

Durante o governo Médici, a economia brasileira cresceu cerca de 10% ao ano, enquanto a inflação permaneceu relativamente baixa. Essa combinação interessante recebeu o nome de "milagre econômico". A política que resultou no "milagre" foi concebida pelo ministro da Fazenda, Antônio Delfim Netto. Segundo ele, primeiro era preciso fazer o bolo crescer e só depois, então, dividi-lo; isto é, era necessário, primeiramente, acumular a riqueza para depois dividi-la.

Para estimular o crescimento econômico, o governo:

a) conseguiu empréstimos no exterior;
b) atraiu capitais estrangeiros, concedendo-lhes facilidades para atuar no Brasil;
c) rebaixou os salários dos trabalhadores mais pobres.

Boa parte dos capitais obtidos com os empréstimos e investimentos estrangeiros foi investida no setor industrial, que cresceu puxado pelas indústrias automobilísticas e de eletrodomésticos.

Incentivadas pelo governo e por uma situação externa favorável, as exportações brasileiras também cresceram. O governo aproveitou-se do crescimento da economia para investir na realização de grandes obras como a Ponte Rio-Niterói, no Rio de Janeiro, e o Polo Petroquímico de Camaçari, na Bahia.

O fim do "milagre"

Em 1973, último ano do governo Médici, por motivos internos e externos o "milagre econômico" começou a dar sinais de esgotamento.

Externamente, após a guerra de 1973 entre árabes e judeus, os países árabes triplicaram o preço mundial do barril de petróleo, o que provocou um forte abalo na economia brasileira, já que cerca de 80% do petróleo que o país consumia era importado. Para pagar esse petróleo, o Brasil gastava quase a metade do que ganhava com suas exportações. Internamente, por causa dos baixos salários, a maioria da população já não conseguia comprar o volume de produtos aqui fabricados.

Com isso, o PIB começou a declinar e a inflação voltou a crescer. A dívida externa e a diferença entre os mais ricos e os mais pobres também aumentaram. Esses fatores somados colaboraram para que o presidente Médici terminasse seu governo com baixíssimo índice de popularidade. O Brasil tinha passado à condição de décima potência capitalista do mundo, mas era um país com alta concentração de renda, e que deixava muito a desejar quanto aos indicadores sociais (mortalidade infantil, esperança de vida, taxa de analfabetismo, entre outros).

Atividades

1 **Leia o texto a seguir com atenção e responda no caderno.**

Os militares que derrubaram João Goulart em 1964 impuseram-se pela força; mas procuraram fazer com que seu poder parecesse legítimo por meio de atos institucionais. O Ato Institucional nº 1 (AI-1) permitia ao presidente suspender direitos políticos por 10 anos, cassar mandatos de parlamentares e decretar o estado de sítio.

a) Com base no texto, escreva o significado de:

ato institucional;

direitos políticos;

cassar;

estado de sítio.

b) Como você se sentiria vivendo em um país em que os cidadãos não tivessem liberdade de expressão?

2 **No caderno. Associe cada alternativa abaixo a um Ato Institucional do Regime Militar.**

a) Permitia ao presidente da República fechar o Congresso Nacional; foi o mais opressivo de todos os atos da ditadura militar.

b) Estabelecia eleições indiretas para governadores dos estados.

c) Permitia ao presidente da República cassar os mandatos de parlamentares; com base nesse ato, cassou-se o mandato do governador de Pernambuco Miguel Arraes.

d) Extinguiu todos os partidos políticos, substituindo-os por dois únicos partidos: a Aliança Renovadora Nacional (Arena), para dar apoio ao governo, e o Movimento Democrático Brasileiro (MDB), para fazer oposição.

3 O que Ziraldo ironizava nesta charge?

Ziraldo/1966

4 Leia o texto com atenção.

A professora Maria Yedda Linhares percorreu um longo caminho desde sua infância em Fortaleza até o Rio de Janeiro (passando pelo Rio Grande do Sul), quando iniciou uma trajetória quase sem igual. Foi a primeira professora de português em Columbia, nos Estados Unidos. Organizou no Brasil o primeiro curso de história do negro. Foi a primeira mulher catedrática e conheceu algumas das personalidades mais importantes da história recente brasileira, sem falar do período em que, nos anos 80, atuou de maneira direta no setor da educação como Secretária Estadual de Educação do Rio de Janeiro. Cassada pelo AI-5, não desanimou em sua luta pelo ensino de [...] História [...].

Revista Nossa História, ano 2, n. 19, maio de 2005. p. 48.

a) O que mais chamou a sua atenção?

b) Levante uma hipótese: Por que ela teria sido cassada pelo Regime Militar?

5 Leia a tabela e, a seguir, responda:

Brasil: Índice do salário mínimo real

Ano	%
1964	92,42
1965	89,19
1966	76,03
1967	71,92
1968	70,39

Fonte: Francisco C. T. da Silva. A modernização autoritária: do golpe militar à redemocratização – 1964/1984. In: Maria Yedda Linhares (Org.). *História Geral do Brasil*. 9. ed. Rio de Janeiro: Campus, 1990. p. 369.

a) O que a leitura da tabela nos permite concluir?

b) Como os trabalhadores reagiram a isso?

A IMAGEM COMO FONTE

A charge é de 1970 e foi feita por Ziraldo Alves Pinto, o conhecido autor de *Menino maluquinho*. Observe-a com atenção.

Ziraldo. *20 anos de prontidão*, 1984

1 O que se vê no primeiro quadrinho? (Inclua em sua descrição os personagens, suas expressões, gestos etc.).

2 A família mostrada nos quadrinhos é pobre ou rica? Como você chegou a esta conclusão?

3 E no segundo quadrinho, o que está acontecendo?

4 Qual foi a reação do pai ao ver a "surpresa" que a mãe tinha trazido?

5 Qual a crítica feita por Ziraldo nesta charge?

O TEXTO COMO FONTE

A LUTA DAS MULHERES

Nos anos 1960, enquanto os negros lutavam por direitos que a sociedade lhes negava, as mulheres também mostraram sua força. O movimento feminista vinha mobilizando milhões de mulheres no mundo todo desde o final do século XIX. No ano de 1960, no entanto, a liberação ao público da pílula anticoncepcional marcou o início de uma verdadeira **revolução sexual**. A pílula, que passou a ser vendida em qualquer farmácia, permitia à mulher decidir se queria ou não engravidar e possibilitava a ela uma vida sexual mais intensa.

Nos anos 1960, escritoras como Betty Friedan e Simone de Beauvoir inspiraram o movimento feminista. Esta última, autora de vários livros muito lidos na época, dizia que a mulher não nasce obediente, passiva ou dependente: é a educação machista que a faz aceitar a dominação masculina. Daí a necessidade de se libertar da educação repressora e buscar a autorrealização. A moda dos anos 1960 também ajudou na construção dessa nova mulher, menos tímida e mais confiante. A calça estilo *saint-tropez* e a minissaia são invenções daquele tempo.

Evening Standard/Getty Images

Casal em discoteca, em 1967. Note que ela usa calça *saint-tropez*.

Garotas de minissaia no final dos anos 1960.

Mary Evans Picture Library/Otherimages

As mulheres dos anos 1960 engajaram-se também na luta política. Em várias partes do mundo surgiram organizações femininas que promoviam debates, cursos, publicações e levavam milhares de manifestantes às ruas para exigir salários e direitos iguais aos dos homens, a aprovação do divórcio e o direito a um certo número de vagas no funcionalismo público e nas universidades. Nas últimas décadas, as mulheres têm conquistado um espaço considerável nas mais diferentes áreas da vida social, sobretudo no mundo do trabalho; mas o **machismo** continua existindo e é facilmente perceptível, por exemplo, quando se observa o comportamento dos homens no trânsito.

Machismo: atitude ou comportamento de quem não aceita a igualdade de direitos e oportunidades para o homem e a mulher.

1 Observe a foto:

a) Há indícios de que a foto é da década de 1970? Quais?

b) O que essa passeata de mulheres reivindica?

Bettmann/Corbis/Latinstock

Passeata do movimento feminino, em Michigan, EUA, 1970.

2 Em dupla Para a escritora feminista Simone de Beauvoir, a mulher não nasce obediente, passiva ou dependente: é a educação machista que a faz aceitar a dominação masculina. Vocês concordam com isso?

3 Em dupla. Discutindo o presente É comum ouvirmos a expressão "Só pode ser mulher" quando alguém faz uma barbeiragem no trânsito.

a) O que isso indica?

b) O que pode ser feito para mudar esse tipo de comportamento?

LIVROS, *SITES* E FILMES

Livros

NAPOLITANO, Marcos. *O Regime Militar brasileiro: 1964-1985*. São Paulo: Atual, 1998.

HABERT, Nadine. *A década de 70: apogeu e crise da ditadura militar brasileira*. São Paulo: Ática, 1996.

Site

Breve história da ditadura militar - <http://educacao.uol.com.br/historia-brasil/historia-regime-militar.jhtm>. *Site* sobre o desempenho dos governos militares (1964-1985).

Filmes

O ano em que meus pais saíram de férias. Direção de Cao Hamburger. Brasil, 2006. (106 min.)
De uma sensibilidade até então nunca presenciada na abordagem da temática, o filme conta a história de um garoto de 12 anos cujos pais passam a viver na clandestinidade para escapar do Regime Militar. Sem compreender o que acontecia, ele acaba indo morar com um senhor judeu no bairro do Bom Retiro, em São Paulo.

Uma noite em 67. Direção de Renato Terra. Brasil, 2010. (93 min.)
Documentário sobre a noite em que importantes nomes da MPB como Chico Buarque, Caetano Veloso e Gilberto Gil disputaram a final do III Festival da MPB da TV Record. O filme contribui para dar uma ideia dos diferentes gêneros de música da época e das divergências políticas entre os artistas que participavam da disputa.

Batismo de sangue. Direção de Helvécio Ratton. Brasil, 2007. (110 min.)
A obra destaca a ação de frades brasileiros na resistência ao Regime Militar. Baseado em fatos reais, a história apresenta aspectos da violência usada contra civis pelo poder instituído.

CAPÍTULO 14 A distensão do Regime Militar: de Geisel a Sarney

Orlando Brito/Editora Abril

Ricardo Azoury/Olhar Imagem

Observe as imagens. Você conhece a personagem mostrada no detalhe? O que será que essas pessoas pretenderam dizer ao escrever com os seus corpos a palavra *Diretas* na foto maior? Você já ouviu falar da campanha das *Diretas Já*? Sabe a razão do nome da campanha? Sabia que essa campanha foi a mais popular da República brasileira?

Governo Geisel

O general Ernesto Geisel, presidente do Brasil entre 1974 e 1979, era castelista; diferenciava-se, portanto, dos dois generais da linha-dura (Costa e Silva e Médici) que governaram antes dele.

Orlando Brito/Editora Abril

Presidente Ernesto Geisel.

Economia

O governo Geisel lançou o II Plano Nacional de Desenvolvimento (PND), cujos objetivos principais eram: manter altas taxas de crescimento econômico; estimular a produção de bens de capital, como máquinas e equipamentos pesados, e aumentar a produção de **insumos** básicos considerados essenciais à industrialização acelerada. E para enfrentar o problema energético, o governo Geisel investiu na substituição parcial da gasolina pelo álcool e na construção de hidrelétricas, cujos exemplos mais expressivos foram Itaipu (PR), Sobradinho (BA) e Tucuruí (PA).

Insumos: Elementos que entram no processo de produção de bens e serviços, como petróleo, energia elétrica, aço, alumínio, fertilizantes, cobre etc.

Dilermando Cabral Junior/Editora Abril

Cris Berger/Olhar Imagem

Acima, foto aérea de Tucuruí (PA) e, à direta, foto aérea de Itaipu (PR).

Quando Geisel assumiu o poder, os países ricos reagiam à crise do petróleo (1973) elevando fortemente os juros sobre o dinheiro que emprestavam. Apesar disso, Geisel continuou tomando empréstimos dos bancos internacionais em dólares e ofereceu facilidade aos investidores estrangeiros. Estimulada por capitais externos, a economia brasileira continuou crescendo (cerca de 7% ao ano); em compensação, a inflação voltou a subir e a dívida externa aumentou mais de três vezes.

Dialogando

Esta charge do cartunista Ziraldo foi produzida durante o governo Geisel:

Ziraldo/1966

1 Qual a origem do dinheiro sobre o qual a mãe fala?

2 O que está acontecendo na cena?

3 O que o artista está ironizando?

Política

O presidente Geisel era favorável a que os militares devolvessem o poder aos civis e voltassem para os quartéis. Mas, na visão dele, essa abertura política deveria ser **lenta, gradual e segura**; e, para garantir que ela ocorresse, era necessário controlar tanto a oposição democrática quanto os generais da linha-dura.

Em 1974, o presidente Geisel iniciou o processo de abertura, permitindo a propaganda eleitoral no rádio e na televisão. Mas ao contrário do que ele esperava, a vitória nas eleições parlamentares daquele ano coube ao MDB, partido de oposição. Os militares da "linha-dura", que eram contrários à abertura, acusaram o MDB de ter ganhado aquelas eleições com os votos dos comunistas e iniciaram uma violenta perseguição a eles.

Em outubro de 1975, o jornalista Wladimir Herzog, diretor de jornalismo da TV Cultura, foi chamado a depor em um quartel do II Exército, em São Paulo, por suposta ligação com o Partido Comunista. Ele se dirigiu ao local e, no dia seguinte, apareceu morto em uma cela, asfixiado. Os responsáveis pelos órgãos de repressão disseram que ele cometera suicídio, mas ninguém acreditou nessa versão. A notícia da morte do jornalista chocou a sociedade brasileira.

Apesar das reações da sociedade civil, no início de 1976, o operário Manoel Fiel Filho foi torturado e morto no mesmo quartel onde morrera Herzog. Dessa vez, porém, o presidente Geisel não hesitou: demitiu o comandante do II Exército e nomeou em seu lugar um general de sua inteira confiança.

W. Santos/AJB

Na Catedral da Sé, centro da cidade de São Paulo, um culto ecumênico em memória do jornalista Wladimir Herzog reuniu cerca de 8 mil pessoas no dia 31/10/1975. Compareceram ao culto representantes de instituições como a Universidade de São Paulo (USP), onde Herzog lecionou, a Ordem dos Advogados do Brasil (OAB), a Conferência Nacional dos Bispos do Brasil (CNBB), entre outras. A cerimônia transformou-se em ato de protesto público contra a ditadura militar.

Dois passos atrás no processo de abertura

O projeto de abertura do governo Geisel foi marcado por avanços e recuos. Um desses recuos foi a Lei Falcão (1976), que proibia o debate político ao vivo na imprensa e só permitia mostrar na TV a fotografia do candidato, acompanhada de algumas poucas informações sobre ele e seu partido.

Outro passo atrás no processo de abertura foi dado em 1977, quando, ciente de que o MDB venceria as eleições que se aproximavam, Geisel fechou o Congresso e impôs um conjunto de medidas conhecidas como **Pacote de Abril**:

- Um terço dos senadores seria escolhido pelo governo; tais senadores ficaram conhecidos como senadores biônicos, isto é, "fabricados" e não eleitos pelo voto popular.
- A escolha dos governadores continuaria sendo feita por eleições indiretas.
- O mandato do presidente da República passava de cinco para seis anos.

Claudius

O cartunista Claudius usa o humor para criticar a Lei Falcão (1976).

Naquele mesmo ano, depois de quase uma década de silêncio, os estudantes voltavam às ruas para exigir **anistia ampla, geral e irrestrita** para todos aqueles que haviam sido cassados e condenados pelo Regime Militar.

Jorge Araújo /Folhapress

Pomba pousa sobre faixa durante ato em favor da anistia a exilados e presos políticos, na Praça da Sé, em São Paulo (SP). A manifestação reuniu cerca de 5 mil pessoas, no maior ato pela anistia realizado até então.

O presidente Geisel, por sua vez, deu prosseguimento a sua proposta de abertura extinguindo, em 1978, os **atos institucionais** – inclusive o **AI-5**.

PARA REFLETIR PARA REFLETIR PARA REFLETIR PARA REFLETIR

MOVIMENTO CUSTO DE VIDA

Em 1978, o **Movimento Custo de Vida (MCV)** reuniu 20 mil pessoas na Praça da Sé, em São Paulo, a fim de entregar às autoridades um abaixo-assinado com 1,3 milhão de assinaturas. Leia um trecho desse documento.

Juca Martins/Olhar Imagem

Policiais acompanhados de cães vigiam manifestação popular contra a alta do custo de vida, na Praça da Sé, em São Paulo (SP).

Nós, abaixo-assinados, moradores da Grande São Paulo, resolvemos tomar juntos uma atitude diante das dificuldades que estamos passando.

Hoje em dia, o problema mais sentido por todos é a alta do custo de vida. Isso porque os salários e os pequenos rendimentos do povo sobem pela escada, enquanto o custo de vida está subindo pelo elevador. Com isso, cada vez mais o dinheiro acaba antes do fim do mês, embora todos trabalhem tanto quanto antes ou até mais.

Muitos não ganham o suficiente nem mesmo para uma boa alimentação e muitos em idade escolar são obrigados a trabalhar mais cedo, prejudicando os seus estudos. [...]

Porém, se essa situação que vivemos é injusta e nos tem prejudicado, existem uns poucos que estão lucrando com isso, e decidindo tudo. Somos nós que construímos o País e por isso temos direito de melhorar de vida, de ter respeitadas nossas opiniões e de participar nas decisões [...]. Se a situação chegou a esse ponto é porque nossos direitos não estão sendo respeitados.

O que estamos exigindo agora é parte deles:

- congelamento de preços dos gêneros de primeira necessidade

- aumento dos salários acima do aumento do custo de vida

- abono salarial imediato e sem desconto para todas as categorias de trabalhadores.

Marly Rodrigues. *O Brasil da abertura: de 1974 à Constituinte*. São Paulo: Atual, 1990. p 37-40. (História em documentos).

DIALOGANDO

1 Qual é o principal problema apontado pelos líderes do MCV?

2 Qual a solução proposta por eles?

3 Como o governo reagiu à manifestação popular organizada pelo MCV?

No ano seguinte, o general João Batista de Oliveira Figueiredo, da Arena, venceu as eleições indiretas para a presidência da República.

Carlos Namba/Editora Abril

João Figueiredo, presidente da República, discursa no dia de sua posse, em Brasília (DF).

Governo João Figueiredo

O presidente João Figueiredo (1979-1985) assumiu o poder em um momento em que trabalhadores de várias partes do país estavam em greve, em defesa de seus salários, que vinham sendo corroídos por uma inflação galopante. A mais importante dessas greves foi a dos metalúrgicos do ABCD paulista —, que começou em 13 de março de 1979, dois dias antes da posse do presidente Figueiredo. Inicialmente, os operários exigiam reajustes de salários; mas com a evolução do movimento passaram a exigir também liberdades democráticas. A liderança dessa greve coube ao Sindicato dos Metalúrgicos de São Bernardo do Campo e Diadema, presidido por Luiz Inácio da Silva, o Lula.

Luiz Inácio Lula da Silva, então presidente do Sindicato dos Metalúrgicos de São Bernardo do Campo, fala aos metalúrgicos em greve, em março de 1979.

Irmo Celso/Editora Abril

DIALOGANDO

Levante uma hipótese: Por que será que o movimento sindical que liderou as greves de 1979 e 1980 no ABCD paulista foi chamado de "sindicalismo autônomo"?

Na comemoração de 1º de Maio, Dia do Trabalhor, depois de uma missa no Paço Municipal de São Bernardo, cerca de 150 mil pessoas se dirigiram ao Estádio da Vila Euclides e lá realizaram um grande ato pela democratização do país. Além de operários, estudantes, artistas, líderes comunitários, religiosos e políticos de várias tendências, também esteve presente às comemorações daquele 1º de Maio o Comitê Brasileiro pela Anistia (CBA), que liderava a campanha pela "anistia ampla, geral e irrestrita".

Laerte. Comitê Brasileiro pela Anistia (CBA).

Fac-símile de um panfleto do Comitê Brasileiro pela Anistia (CBA). Note que a frase-título do panfleto "Tem gente de menos neste 1º de Maio" faz referência à ausência de ativistas que tinham sido presos ou exilados e, por isso, não estavam ali.

A anistia e os novos partidos

Ainda em 1979, a campanha pela anistia conseguiu uma vitória: no mês de agosto, o governo Figueiredo aprovou a **Lei da Anistia**. Com isso, milhares de brasileiros que estavam no exílio por motivos políticos puderam regressar ao Brasil, e os cassados readquiriram o seu direito à cidadania.

Naquele mesmo ano, no mês de novembro, o governo aprovou o fim do bipartidarismo. Com isso, a Arena e o MDB foram extintos e formaram-se novos partidos. Os membros da ex-Arena formaram o PDS (Partido Democrático Social); o extinto MDB deu origem a quatro novos partidos: o **Partido do Movimento Democrático Brasileiro** (PMDB), liderado por Ulisses Guimarães; o **Partido Popular** (PP), encabeçado por Tancredo Neves; o **Partido Trabalhista Brasileiro** (PTB), liderado por Ivete Vargas, sobrinha-neta de Getúlio Vargas; o **Partido Democrático Trabalhista** (PDT), fundado por Leonel Brizola. E em 1980 foi fundado também o **Partido dos Trabalhadores** (PT), que reunia e sindicalistas intelectuais militantes dos movimentos sociais e era liderado por Lula.

No ano seguinte, dando continuidade à abertura "lenta e gradual", o governo restabeleceu eleições diretas para governador de estado. Em 1982, em meio à crescente impopularidade do Regime Militar, a oposição venceu as eleições para governador em estados como São Paulo (Franco Montoro – PMDB); Minas Gerais (Tancredo Neves – PMDB), Paraná (José Richa – PMDB) e Rio de Janeiro (Leonel Brizola – PDT). Animada com esse resultado, a oposição fortaleceu seu ideal de votar para presidente.

Diretas Já

Um comício realizado em São Paulo, em 27 de novembro de 1983, deu início à campanha por eleições diretas para presidente da República. A campanha das "**Diretas Já**", como então se tornou conhecida, logo se espalhou pelo país.

Nesse contexto, o deputado mato-grossense Dante de Oliveira, do PMDB, propôs a volta imediata das eleições diretas para presidente da República. A votação da **Emenda Dante de Oliveira**, no entanto, foi boicotada por deputados liderados por Paulo Maluf e não conseguiu os dois terços exigidos para a sua aprovação, o que resultou em uma frustração para a maioria dos brasileiros.

Com isso, a eleição para a presidência da República continuou sendo indireta. Em 1985, a presidência foi disputada por Paulo Maluf, candidato do Regime Militar, e Tancredo Neves, candidato da **Aliança Liberal**. Tancredo Neves venceu com grande folga (480 votos contra 180), mas não chegou a assumir, pois foi internado em 14 de março, véspera da posse, e, devido a complicações posteriores, morreu em 21 de abril de 1985.

> **Aliança Liberal:** frente formada pela aliança do PMDB com uma parte do PDS.

Daniel Augusto Jr/Pulsar

Comício em Belo Horizonte, Minas Gerais, 1984. Os comícios da campanha eram verdadeiros shows ao ar livre, aos quais compareciam artistas, jogadores de futebol, personalidades públicas e políticos de prestígio. Ocupando as ruas e praças das principais capitais brasileiras, milhares de pessoas no Brasil todo gritavam em coro "Diretas Já".

Dialogando

Há quem afirme que protelaram o anúncio da morte de Tancredo Neves para 21 de abril a fim de que seu falecimento coincidisse com a data do aniversário da morte de Tiradentes. Você considera isso possível? Justifique.

Governo José Sarney

Com a morte de Tancredo, o vice José Sarney assumiu a presidência da República. E, com o objetivo de ganhar a confiança dos setores democráticos, restabeleceu eleições diretas para presidente da República, estendeu o direito de voto aos analfabetos e prometeu ao país uma nova Constituição. O lema de seu governo era: "*Tudo pelo social*".

Sarney assumiu o poder em um momento em que a inflação crescia em média 18% ao mês, corroendo os salários e gerando insatisfação social. Para enfrentar essa situação, em 1986, o governo Sarney lançou o **Plano Cruzado**, o qual previa:

- a criação de uma nova moeda, o Cruzado, para substituir o Cruzeiro (cada cruzado correspondia a 1000 cruzeiros);
- o congelamento de preços, tarifas e serviços;
- reajuste automático dos salários sempre que a inflação acumulada atingisse 20%;
- a criação do seguro-desemprego.

Bia Parreiras/Editora Abril

Cerimônia de posse do presidente José Sarney.

Nos primeiros meses do plano a inflação caiu e a popularidade do governo cresceu. Mas com o congelamento dos preços ocorreu uma corrida ao consumo e, com isso, começaram a faltar mercadorias, algumas de primeira necessidade. Aproveitando-se dessa situação muitos empresários começaram a praticar o **ágio** – cobrança acima da tabela.

Apesar disso, o governo manteve o congelamento de preços e, com isso, venceu as eleições parlamentares e para os governos estaduais, em 15 de novembro de 1986. O PMDB (Partido do Movimento Democrático Brasileiro), do presidente Sarney, elegeu a maioria dos governadores, senadores e deputados. Vencidas as eleições, o governo Sarney reajustou o preço das tarifas públicas (água, luz, gás), da gasolina, do álcool e de vários outros produtos. Esses reajustes foram muito mal recebidos pela população, que se sentiu enganada pelo governo. Ao mesmo tempo, com a liberação dos preços a inflação voltou a subir.

Inflação anual (1985-1990)

Ano	%
1985	237,7
1986	57,4
1987	365,7
1988	933,6
1989	1.764,8
1990	1.198,5

Fonte: Francisco C. T. da Silva. Brasil, em direção ao século XXI. In: Maria Yedda Linhares (Org.). *História Geral do Brasil*. 9. ed. Rio de Janeiro: Campus, 1990. p. 404.

Dialogando

1 O que se pode concluir observando a tabela.

2 De que forma o Plano Cruzado afetou a relação entre o povo e o governo?

A Constituição Federal de 1988

Enquanto isso, os deputados e senadores reunidos no Congresso discutiam uma nova Constituição para o país. Os constituintes incorporaram exigências dos diferentes grupos e movimentos como, por exemplo, o movimento indígena.

Salomon Cytrynowicz/Pulsar

Lideranças indígenas presentes na Assembleia Constituinte.

Depois de um ano e oito meses de trabalho, os constituintes aprovaram a Constituição de 1988. Apresentamos a seguir algumas de suas principais características:

- **Forma e regime de governo:** República federativa e presidencialista. Previa-se, para 1993, a realização de um plebiscito para escolher entre o presidencialismo e o parlamentarismo.
- **Eleições:** Estavam previstas eleições diretas e com dois turnos para presidente, governadores e prefeitos de cidades com mais de 200 mil eleitores. Caso nenhum dos candidatos obtivesse a maioria absoluta (50% + 1) dos votos no primeiro turno, haveria o segundo turno.
- **Voto:** obrigatório para os brasileiros maiores de 18 e menores de 70 anos, e facultativo para os maiores de 70 anos e para os jovens com 16 ou 17 anos.
- **Legislação de trabalho:** a jornada semanal passou a ser de 44 horas; o trabalhador com registro em carteira ganhou o direito de receber como abono um terço de seu salário ao sair de férias; o demitido sem justa causa ganhou o direito de receber o correspondente a 40% de saldo do FGTS; a licença-maternidade foi aumentada para 120 dias e criou-se a licença-paternidade, de 5 dias.
- **Povos indígenas:** obtiveram direito à posse da terra que tradicionalmente ocupam, cabendo à União demarcá-la.

Art. 231 – São reconhecidas aos índios sua organização social, costumes, línguas, crenças, tradições, e os direitos originários sobre as terras que tradicionalmente ocupam, competindo à União demarcá-las, proteger e fazer respeitar todos os seus bens.

- **Relações raciais:** o artigo 5º da Constituição definiu o racismo como crime **inafiançável** e **imprescritível**, sujeito à reclusão, nos termos da lei.
- **Remanescentes de Quilombos:** *Art. 68 - [...] comunidades dos quilombos que estejam ocupando suas áreas é reconhecida a propriedade definitiva, devendo o Estado emitir-lhes os títulos respectivos.* ■

Inafiançável: quando o acusado não tem o direito de pagar a fiança para responder o processo em liberdade; fiança é o depósito em dinheiro ou valores feito pelo acusado ou em seu nome com o objetivo de conseguir liberdade.
Imprescritível: quer dizer que a qualquer momento o Estado pode processar o acusado, puni-lo e executar a pena dada a ele.

Paula Simas/Olhar Imagem

Deputados e senadores com o presidente do Congresso, Ulysses Guimarães (ao centro), se dão as mãos para comemorar a promulgação da Constituição Federal, em 5 de outubro de 1988. Nas palavras de Ulysses Guimarães, a nova carta era uma "Constituição Cidadã".

Atividades

1 Identifique a alternativa errada e corrija-a. O II Plano Nacional de Desenvolvimento (PND) lançado pelo governo Geisel tinha os seguintes objetivos:

a) manter altas taxas de crescimento econômico;

b) estimular a produção de bens de consumo, como televisão e geladeiras, por exemplo;

c) aumentar a produção de insumos (produtos como aço, petróleo, energia);

d) investir na substituição parcial da gasolina pelo álcool.

2 Após o desastre nuclear ocorrido no Japão, em 2011, aumentou no Brasil a preocupação com as usinas nucleares de Angra dos Reis, cuja construção se iniciou no governo Geisel.

Em dupla Pesquisem, debatam e opinem: O uso de energia nuclear é interessante para o Brasil do ponto de vista econômico e ambiental?

3 Observe esta charge feita por Claudius com atenção:

a) Na charge, vê-se um indivíduo amordaçado que faz um V de vitória. Quem é ele?

b) O que o autor da charge está criticando?

c) Em que contexto a charge foi feita?

4 **Os fatos a seguir dizem respeito ao processo de abertura "lenta, gradual e segura" proposto pelo presidente Geisel. Organize-os em uma linha do tempo.**

- O governo Figueiredo aprovou a Lei da Anistia, que permitiu a volta ao Brasil de milhares de brasileiros que estavam no exílio.
- Morte do operário Manuel Fiel Filho no quartel do II Exército.
- Geisel permite a propaganda eleitoral no rádio e na televisão.
- O presidente Geisel extingue todos os atos institucionais, inclusive o AI-5.
- Os estudantes voltam às ruas para exigir anistia ampla, geral e irrestrita.

5 **Em 1979, Figueiredo aprovou a lei que permitia a formação de novos partidos políticos. Com isso, a Arena e o MDB foram extintos. O poeta cordelista, de Juazeiro do Norte, Abraão Batista imaginou e escreveu *Debates da Arena com o MDB em praça pública antes de morrer:***

O MDB dizia assim:
Ó Arena tu és cruel
Matastes os estudantes
Engraxate e bacharéu
Torturastes os inocentes
Tu tens alma de serpentes
Valei-me Santa Izabel.
A Arena muito orgulhosa
Pro MDB respondeu:
Cale a boca bicho bruto
Que te meto numa fria.
O AI-5 já caiu
Mas a espada não caiu
Que pra ti nunca valia

Mark Curran. *História do Brasil em cordel.*
São Paulo: Editora da Universidade de São Paulo, 2003. p. 207.

a) O poema é um duelo entre dois partidos; quando eles foram instituídos? O que defendiam?

b) O que indica que o texto foi escrito depois de 1978?

6 **UFRN – Em 1980, num *show* comemorativo ao Primeiro de Maio, o cantor Chico Buarque apresentou uma canção intitulada "Linha de Montagem", que fazia referência às recentes greves do ABC:**

[...] As cabeças levantadas,
Máquinas paradas,
Dia de pescar,
Pois quem toca o trem pra frente
Também, de repente,
Pode o trem parar. [...]

Extraído do *site*: <www.chicobuarque.com.br/letras/linhade_80.htm.> Acesso em: 24 mar. 2012.

a) Qual foi a importância das greves do ABC nos últimos anos do Regime Militar brasileiro?

b) Aponte duas mudanças políticas que caracterizaram o processo de abertura do Regime Militar.

7 **Monte uma ficha sobre o Regime Militar.**

a) Tempo de duração.

b) Presidentes.

c) Quais eram castelistas e quais pertenciam à "linha-dura"?

d) Ato autoritário que marca o fechamento político.

e) Movimentos que lutaram contra o Regime Militar.

f) Proposta de abertura do General Geisel.

8 **Sobre o Plano Cruzado, responda:**

a) Quais as principais medidas do plano?

b) Como parte do empresariado reagiu ao congelamento dos preços?

c) O que mudou em relação ao Plano Cruzado após as eleições de 1986?

A IMAGEM COMO FONTE

A charge é de Kacio Pacheco Vianna e foi publicada em uma revista do *Jornal Braziliense* para ilustrar uma matéria de 3 de junho de 2011 sobre o Regime Militar. Observe a imagem com atenção:

Kacio Pacheco/CB/D.A Press

1 Quem é o personagem mostrado abraçando os prédios?

2 Que prédios são esses que ele está abraçando? Como você chegou a essa conclusão?

3 O que o artista pretendeu com a imagem?

O TEXTO COMO FONTE

Leia o texto a seguir com atenção.

DEDÉ E RENATO SILVA REVELAM TEREM SIDO CHAMADOS DE "MACACO" NO PARAGUAI

por ESPN.com.br

Mauro Pimentel/D.A Press

No desembarque de volta ao Rio de Janeiro, nesta quinta-feira, os dois jogadores do Vasco lamentaram o ocorrido no Paraguai. "É triste. Não é fácil escutar um babaca chamar a gente de macaco. Fico triste por existirem pessoas assim, mas mantenho a minha cabeça erguida. Tenho orgulho da minha cor e orgulho de ser brasileiro. Não vai ser a primeira, nem a última vez, e isso não vai me abalar. Pelo contrário. Isso nos deu mais motivação lá e para o resto da vida também", disse Dedé.

Considerado o melhor zagueiro do futebol brasileiro na atualidade, Dedé fez questão de ressaltar que os atos racistas partiram exclusivamente de parte da torcida do Libertad, excluindo jogadores ou qualquer membro da comissão técnica.

Extraído do *site*: <espn.estadao.com.br/vasco/noticia/246153_DEDE+E+RENATO+SILVA+REVELAM+TEREM+SIDO+CHAMADOS+DE+MACACO+NO+PARAGUAI>. Acesso em: 24 mar. 2012.

1 O texto é historiográfico, jornalístico, filosófico ou jurídico?

2 O artigo 5º da Constituição brasileira de 1988 reflete a preocupação com a persistência do racismo no nosso país. Procure esse artigo na Constituição e copie-o no caderno.

3 Poste no *blog* da turma ou da escola notícias, artigos, depoimentos sobre o racismo e/ou protestos contra essa prática criminosa no Brasil.

LIVROS, *SITES* E FILMES

Livro

LEONELLI, Domingos. *Diretas Já: 15 meses que abalaram a ditadura*. Rio de Janeiro: Record, 2004.

Site

Nova Constituição e crise econômica – <www.brasilescola.com/historiab/governo-sarney.htm>. Dossiê que trata do processo de redemocratização com destaque para a Constituição de 1988 e os sucessivos planos econômicos dos governos Sarney, Collor e Itamar Franco.

Filme

Eu me lembro. Direção de Edgard Navarro. Brasil, 2006. (108 min.). O filme é uma interpretação do que foi viver os anos 1950, 1960 e 1970 no interior da Bahia e possibilita uma reveladora e apaixonada reflexão histórica. Conta a vida do personagem Guiga, desde a sua infância até a fase adulta, em paralelo com a história do Brasil.

Debatendo e concluindo

Nesta unidade vimos diversos tipos de violência, como a violência da propaganda durante a Guerra Fria, a violência do Estado nazista, a violência do *apartheid* e a violência do Regime Militar no Brasil. Nesta página pretendemos debater um ato de violência urbana, a pichação.

Itaci Batista/AE

Pichações em fachada de prédio na Avenida Ipiranga, São Paulo, em 2009.

A pichação tem contribuído para o aumento da violência urbana. De um lado, são os pichadores que sujam a casa de um cidadão que economizou, por vezes, o ano inteiro para pintá-la. De outro, são os donos de casas ou prédios que reagem de modo violento à ação dos pichadores. Há ainda a violência policial e a de um grupo de pichadores contra outro.

O que você pensa das pichações?

A casa onde você mora já foi alvo de pichação?

Reúnam-se em grupo e elaborem propostas de combate a esse tipo de prática e à violência dela decorrente.

Uma alternativa à pichação é o grafite, como os mostrados nesta página.

Rubens Chaves/Pulsar

Sergio Ranalli/Pulsar

Acima, grafitagem em muro da cidade do Porto Alegre, RS, em 2008. À direita, grafite em uma moradia da cidade de Olinda, PE, em 2007.

Como sugerem as imagens desta página, a arte do grafite pode contribuir para diminuir a aridez visual e a sensação de violência presentes no meio urbano e, ainda, emprestar colorido à cidade. O grafite tem sido visto como a solução visual que ameniza o cinza-escuro da paisagem e traz vida a ela. Os grafites desta página são obras de arte popular: o do alto é uma homenagem ao poeta porto-alegrense Mário Quintana; o outro, uma homenagem ao frevo na cidade de Olinda, Pernambuco.

UNIDADE IV

Ética, cidadania e meio ambiente

Márcio Fernandes/Agência Estado/AE

São Paulo (SP), 17/5/2011. Pedestre reclama com motorista de carro que desrespeitou a faixa de travessia no cruzamento das avenidas Rio Branco com Ipiranga, no centro de São Paulo.

Observe as imagens da próxima página e desta. O que têm em comum? Você já foi vítima de desrespeito por parte de um motorista? Já viu alguém estacionar em uma vaga para cadeirante e/ou falar alto ao celular em local público? O que você pensa sobre isso? Sabemos que pessoas éticas agem com respeito ao outro. O que você diria para as pessoas que têm comportamentos antiéticos, a exemplo do motorista da foto 1 ou do indivíduo da foto 3?

Eduardo Knapp/Folhapress

2

Guarulhos (SP), 14/9/2011: Prefeitura de Guarulhos utiliza bonecos para orientar a população sobre vagas preferenciais em estacionamentos.

Altrendo Images/Getty Images

3

Homem conversa ao telefone em um cinema.

CAPÍTULO 15 O fim da URSS e a democratização do Leste Europeu

O prédio que se vê nas duas imagens é o mesmo. Ele é a sede do Ministério das Relações Exteriores e está localizado em Moscou, na Rússia. A imagem da esquerda é de 1980 e a da direita é de 2005. Observe-as com atenção.

Alain Le Garsmeur/Corbis/Latinstock

Mihail Chekalov/Alamy/Otherimages

Que diferença pode-se notar observando-se as duas fotos? Quem é o personagem homenageado no imenso pôster pregado na fachada do prédio à esquerda? Por que não o vemos mais na imagem da direita? O que se pode perceber comparando a foto da esquerda com a da direita? (Lembre-se de que ambas são fotos do mesmo prédio.) Depois de estudar este capítulo, volte a esta página e tente responder a essas perguntas.

Constituída em 1922, a União das Repúblicas Socialistas Soviéticas (URSS), era um país imenso – 22,4 milhões de km² – habitado por mais de uma centena de povos (os russos, os ucranianos, os armênios, os judeus, os lituanos e dezenas de outros), com diferentes costumes e línguas.

Durante o seu governo, Stalin (1924-1953) promoveu um aumento artificial da população russa nas repúblicas que formavam a União Soviética. Para isso, estimulou o deslocamento dos russos para as repúblicas soviéticas em que eles eram minoria e promoveu a remoção ou expulsão das populações locais. Esses arranjos populacionais que desrespeitavam os povos não russos da União Soviética despertaram o nacionalismo desses povos, bem como a revolta deles contra a liderança russa e o autoritário Partido Comunista da União Soviética.

Holger Leue/Look/Latinstock

Wojtek Buss/Age Fotostock/Easypix

A URSS era habitada por mais de uma centena de nacionalidades. As imagens mostram representantes de duas delas.

Economicamente, a ditadura stalinista adotou um planejamento rigoroso e conduziu a URSS a um progresso notável no campo industrial (sobretudo no da indústria de base), educacional, esportivo e científico. No fim da Segunda Guerra Mundial (1945), a União Soviética havia se transformado em uma superpotência, líder do bloco socialista, e principal rival dos Estados Unidos, cabeça do bloco capitalista.

O governo Kruschev

Nikita Kruschev (1953-1964), o sucessor de Stalin, ousou libertar prisioneiros políticos e afrouxou a censura prévia que pesava sobre a imprensa, dando início, assim, a um processo de **desestalinização** do regime soviético. Esse processo ganhou visibilidade no XX Congresso do Partido Comunista, em 1956, quando Kruschev revelou **os crimes praticados por Stalin**: assassinatos em massa de opositores; emprego da **tortura** para arrancar confissões; campanha de culto à sua personalidade. Essas revelações chocaram o mundo. Desiludidos, muitos seguidores do comunismo em todo o mundo abandonaram o Partido Comunista de seu país.

Desestalinização: processo de abertura política visando anular medidas e práticas adotadas pela ditadura stalinista.

Tortura: dor intensa imposta a alguém, especialmente com o objetivo de arrancar informações.

Dialogando

1 Kruschev valorizou a transparência na política. Qual é a sua opinião sobre a atitude dele?

2 Em sua opinião, qual tem sido o nível de transparência na política brasileira?

O governo Brejnev

O sucessor de Kruschev, Leonid Brejnev (1964-1982), voltou a adotar práticas stalinistas contra seus opositores internos e externos. Em 1968, alegando que era preciso salvar o socialismo, ordenou a invasão da Tchecoslováquia (o episódio é conhecido como Primavera de Praga). Onze anos depois, ordenou a invasão do Afeganistão para derrotar forças islâmicas e garantir a permanência de seus aliados no poder.

Bettmann/Corbis/Latinstock

A foto é de 26 de agosto de 1968; o local é Praga, capital da Tchecoslováquia: a garota tchecoslovaca, que se vê à direita, manifesta sua indignação gritando para os soldados russos que estão sentados nos tanques: *russos, voltem para suas casas!*

No governo de Brejnev, os gastos militares se elevaram e uma crise aguda, que tinha se iniciado nos anos de 1970, começou a corroer a economia e a sociedade soviética. Entre as principais razões dessa crise cabe citar:

a) Os enormes gastos do governo soviético com a corrida armamentista e com o pagamento de forças policiais usadas para conter a oposição interna; com isso, sobrava menos dinheiro para investir na produção, na educação e na saúde.

b) A baixa **produtividade** da agricultura e da pecuária: a produção de cereais, carne e leite tornou-se insuficiente para alimentar a população soviética; o país, que era um dos maiores produtores de grãos, passou a importá-los.

Produtividade: capacidade de produzir; rendimento.

Igor Gavrilov/Time Life Pictures/Getty Images

A imagem mostra pessoas na fila, sob uma chuva intensa, aguardando a sua vez de comprar pão. As pessoas enfrentavam longas filas para comprar alimentos, roupas e calçados e, quando chegava a vez delas, as prateleiras geralmente estavam vazias.

c) A falta de investimentos em tecnologia, sobretudo no campo da informática, das telecomunicações e da microeletrônica, o que levou a URSS a ficar muito atrás das potências capitalistas nessas áreas.

d) A ineficiência e a corrupção da **burocracia** soviética, que dirigia o Estado e vinha dos quadros do Partido Comunista Soviético, o único com permissão para funcionar.

Burocracia: grupo de funcionários responsáveis pela administração.

Com o aprofundamento da crise, começaram a faltar moradias e gêneros de primeira necessidade, como roupas, calçados e alimentos, o que gerou enorme insatisfação social. A qualidade dos serviços de educação, saúde e transporte também caiu.

Mas a crise não afetava igualmente a todos: os poucos que tinham dinheiro podiam comprar quase tudo o que desejavam no mercado paralelo.

Os preços reais e os oficiais (em rublos)

Produto	Nas lojas estatais (onde sempre estavam em falta)	No mercado negro (com ágio)
Um quilo de carne bovina	2,50	30,00
Um quilo de cordeiro	2,50	15,00
Um litro de vodca	10,60	25,00
Um quilo de batata	0,50	2,00
Uma réstia de cebola	1,00	3,00
Um par de botas	150,00	1 000,00
Um casaco de couro	900,00	10 000,00
Um carro Lada	10 000,00	30 000,00

Lauro Machado Coelho. *O fim da União Soviética: dez anos que abalaram o mundo.* São Paulo: Ática, 1996. p.13. (História em movimento).

Dialogando

O que se pode concluir lendo a tabela?

Para os funcionários mais graduados do Partido Comunista, havia as lojas especiais – as *beriozkas* – onde eles podiam comprar os melhores artigos soviéticos e, principalmente, uma série de artigos estrangeiros de boa qualidade. Após a morte de Brejnev, a crise aprofundou-se, agravada por uma série de más colheitas ocorridas entre 1985-1990, pelo desemprego, pelo aumento do consumo de drogas, do alcoolismo e o fortalecimento do crime organizado.

Gorbachev: reconstrução e transparência

Mikhail Gorbachev assumiu o posto de secretário-geral do Partido Comunista Soviético em 1985. E, disposto a tirar seu país da crise, propôs um amplo programa de reformas econômicas (a *perestroika*) e políticas (a *glasnost*).

O secretário-geral do Partido Comunista Soviético, Mikhail Gorbachev, em visita a uma fábrica de Kuibyshev, URSS, em 1986. À esquerda, operárias o recebem com um sorriso estampado no rosto. No seu livro, intitulado *Perestroika*, Gorbachev diz que os governantes deviam ouvir o povo antes de decidir.

Keystone-France/Gamma-Keystone/Getty Images

A ***perestroika*** ("reestruturação", em russo) incluiu uma série de medidas tais como:

a) corte nos gastos com armas e soldados e retirada das tropas soviéticas do Afeganistão;

b) fim do monopólio estatal sobre alguns setores, como o de alimentos;

c) permissão para a abertura de empresas privadas;

d) estímulo à renovação tecnológica e à competitividade entre as empresas;

e) permissão para a entrada de empresas estrangeiras no país.

A ***glasnost*** ("transparência", em russo) consistia em uma abertura política efetiva. O governo Gorbachev:

a) libertou os presos políticos;

b) demitiu funcionários corruptos;

c) pôs fim à censura de jornais, livros e revistas;

d) substituiu o sistema de partido único (o Partido Comunista) pelo **pluripartidarismo**.

Pluripartidarismo: sistema caracterizado pela existência de diferentes partidos políticos, com ampla liberdade para atuar publicamente.

PARA SABER MAIS PARA SABER MAIS PARA SABER MAIS PARA SABER MAIS

O DESASTRE DE CHERNOBYL

Em 26 de abril de 1986, na Ucrânia, URSS, o reator número 4 da usina nuclear de Chernobyl explodiu e lançou vapor radioativo. Duzentas e noventa e nove pessoas foram hospitalizadas e, em pouco tempo, 31 delas morreram. Essa nuvem radioativa viajou desde a antiga União Soviética, passando pela Europa Oriental, Escandinávia, Inglaterra até chegar à costa leste dos Estados Unidos.

Gerd Ludwig/Corbis/Latinstock

Sala de aula de Pripyat, cidade próxima ao local onde ocorreu a tragédia de Chernobyl.

Muitos jovens, soldados, mineiros, bombeiros e civis de várias partes da União Soviética trabalharam dia e noite para diminuir os efeitos da radioatividade e evitar outra tragédia. Após a explosão do reator, 48 mil habitantes da cidade de Pripyat, próxima à usina, foram obrigados a deixar suas casas, levando apenas a roupa do corpo. O acidente nuclear em Chernobyl é considerado uma tragédia, do ponto de vista ecológico. Graças à política de transparência aplicada por Gorbachev, o governo soviético reconheceu sua responsabilidade no acidente e permitiu que fosse amplamente noticiado por jornais, revistas, rádio e televisão.

A *perestroika* e a *glasnost* de Gorbachev, porém, não surtiram o efeito esperado: de um lado, em razão das dificuldades próprias da passagem de uma economia socialista (apoiada no planejamento centralizado) para uma economia capitalista (baseada na livre iniciativa); de outro, pela dupla oposição feita ao seu governo: de um lado estava a “velha guarda” do Partido Comunista, que queria impedir as mudanças; e, de outro, a ala liderada por Boris Ieltsin, que exigia o aprofundamento das mudanças. Em meados de 1991, um grupo da velha guarda comunista deu um golpe militar e afastou Gorbachev. Mas o povo russo saiu às ruas, liderado por Boris Ieltsin, e venceu os golpistas, recolocando Gorbachev no poder.

Czarek Sokolowsk/Glow Images

Boris Yeltsin comemora o fracasso do golpe militar comunista erguendo a bandeira russa. Moscou, agosto de 1991.

Gorbachev reassumiu o poder, mas já não era possível controlar o processo de reformas que ele mesmo iniciara. Dias depois, as repúblicas bálticas (Estônia, Letônia e Lituânia) declararam sua independência e, posteriormente, foram imitadas por outras repúblicas soviéticas. Em 8 de dezembro de 1991, Ieltsin proclamou a criação da **Comunidade dos Estados Independentes (CEI)** formada pela Federação Russa, Ucrânia e Belarus, às quais se juntaram depois outras repúblicas. Com a criação da CEI, a União Soviética, que existiu por 69 anos, desintegrou-se. Com isso, chegava ao fim também a ordem mundial bipolarizada, característica da Guerra Fria.

Desmembramento da União Soviética

Fonte: DUBY, Georges. *Atlas Historique Mondial*. Paris: Larousse, 2003. p. 29.

A Rússia integra hoje o Grupo dos 8 (organismo que reúne os oito países mais ricos do mundo).

Democratização no Leste Europeu

Desde o final da Segunda Guerra (1945), os **países do Leste Europeu** giravam na órbita da União Soviética; daí serem chamados de **países satélites**. Assim como a União Soviética, todos esses países eram governados por um partido único, o Partido Comunista, adotavam a economia planificada e mantinham os meios de comunicação sob rigorosa censura. Adotaram, enfim, o que os historiadores atuais chamam de socialismo burocrático.

Países do Leste Europeu: Polônia, Iugoslávia, Tchecoslováquia, Hungria, Romênia, Bulgária, Albânia e a Alemanha Oriental.

Com as reformas de Gorbachev, a União Soviética relaxou o controle sobre os países do Leste Europeu, facilitando com isso a atuação de movimentos populares que lutavam pela democratização desses países. Na Alemanha e na Tchecoslováquia, a passagem do Socialismo para a economia de mercado foi pacífica. Na Romênia e na Iugoslávia ocorreram revoltas e conflitos armados.

O caso da Alemanha

Vimos que, depois da Segunda Guerra, a Alemanha foi dividida em Alemanha Ocidental (capitalista) e Alemanha Oriental (socialista). Vimos, também, que, para evitar a fuga de alemães da Berlim oriental para a Berlim ocidental, em 1961, as autoridades da Alemanha Oriental mandaram erguer o **Muro de Berlim**. Mas o ritmo de desenvolvimento das duas Alemanhas não foi o mesmo: enquanto o progresso da Alemanha socialista foi apenas razoável, a Alemanha capitalista tornou-se um dos países mais ricos do mundo, o que gerava enorme insatisfação entre os alemães orientais. Some-se a isso o fato de que os alemães ocidentais podiam manifestar as suas ideias livremente.

No final dos anos de 1980, incentivados pelas reformas de Gorbachev na URSS, os habitantes de Alemanha Oriental organizaram um movimento popular exigindo melhor qualidade de vida e democracia. O lema do movimento era *Wir sind das Volk* ("O povo somos nós"). Pouco a pouco, o movimento foi ganhando corpo e força até que, em 9 de novembro de 1989, o povo alemão derrubou o Muro de Berlim, o principal símbolo da Guerra Fria.

Após a queda do muro, Mikhail Gorbachev concordou em retirar as tropas soviéticas da Alemanha, após 45 anos de ocupação. Em julho de 1990, realizou-se a união monetária e econômica entre as duas Alemanhas, tendo o marco como moeda e, em outubro, a Alemanha voltava a ser um só país. Para alguns historiadores, a data da queda do Muro de Berlim (9/11/1989) marca o fim da ordem mundial bipolarizada.

Gamma/Otherimages

Menino ajuda a derrubar o Muro de Berlim, na Alemanha. Ele se juntou a outras pessoas comuns para fazer a história da Alemanha naquele importante 9 de novembro de 1989. Note que o xale que ele traz no pescoço tem as cores da bandeira alemã.

Outros países do Leste Europeu

Na **Romênia**, o povo enfrentou a polícia secreta nas ruas da capital e derrubou o ditador Nicolae Ceausescu, que se tornou conhecido por seus inúmeros crimes. O ditador e sua mulher, Elena, foram presos e fuzilados diante das câmeras de televisão, no dia de Natal de 1989.

Peter Turnley/Corbis/Latinstock

Populares saem às ruas para comemorar a derrubada do governo ditatorial da Romênia. A foto é de dezembro de 1989, em Bucareste, capital da Romênia.

O caso da Iugoslávia

A Iugoslávia do marechal Josip Broz Tito era formada por **seis repúblicas**: Sérvia, Croácia, Eslovênia, Bósnia-Herzegovina, Montenegro e Macedônia. Essas repúblicas eram habitadas por povos diversos, cada qual com sua língua e seus costumes. As diferenças estendiam-se também à área econômica: as repúblicas do norte eram bem mais ricas do que as do sul. Durante seu governo, o marechal Tito adotou políticas compensatórias e, fazendo uso de seu prestígio, conseguiu impedir que as rivalidades entre as seis repúblicas se transformassem em conflito aberto.

AP/Glow Images

Josip Broz Tito (1892-1980): líder máximo da Iugoslávia entre 1945 e 1980, Tito comandou pessoalmente a resistência à invasão nazista no seu país; por isso, possuía grande prestígio e popularidade. Em 1948, rompeu com a União Soviética de Stalin e adotou um modelo de socialismo original, baseado na autogestão das empresas e na descentralização.

Mas, com a morte de Tito e os efeitos da crise econômica que se abateu sobre a Europa na década de 1980, as rivalidades entre as repúblicas iugoslavas afloraram. Primeiro, porque as mais ricas queriam a separação a fim de gerir seus próprios recursos. Segundo, porque os movimentos populares surgidos nessas repúblicas clamavam por democratização e autonomia.

Guerra na Bósnia

Com o objetivo de se apossar de toda a Iugoslávia, em 1988 o presidente da Sérvia, **Slobodan Milosevic**, passou a dizer que precisava defender as minorias sérvias (a nacionalidade mais numerosa na Iugoslávia) que viviam nas repúblicas vizinhas. A Eslovênia e a Croácia, as duas repúblicas mais ricas, reagiram imediatamente, declarando sua independência (1991). O governo de Milosevic respondeu atacando a Croácia. O conflito só terminou com o envio das forças de paz da ONU, que garantiram independência das duas repúblicas.

Ainda em 1991, a Macedônia e a Bósnia-Herzegovina também se declararam independentes; na Bósnia viviam bósnios muçulmanos, croatas e sérvios, de religião ortodoxa (33% da população). Os bósnios eram maioria e ganharam as eleições para o governo que então se formou. O presidente da Sérvia, Milosevic, armou os sérvios que viviam na Bósnia e iniciou uma nova guerra; dessa vez para derrubar um governo democraticamente eleito.

Darko Bandic/AP/Glow Images

Soldado holandês da ONU entrega pão para crianças bósnias refugiadas em um acampamento na base aérea do aeroporto em Tuzia.

O conflito se estendeu de 1992 a 1995, quando as forças da **Otan** (Organização do Atlântico Norte), lideradas pelos Estados Unidos, intervieram, forçando Milosevic a assinar um acordo que fixava as fronteiras da Bósnia-Herzegovina (veja o mapa da página seguinte). A Iugoslávia passou, então, a ser constituída por duas repúblicas apenas, Sérvia e Montenegro.

Nesse conflito étnico-religioso, um dos mais trágicos ocorridos após a Segunda Guerra, morreram 250 mil pessoas, e milhares de crianças ficaram sem seus pais. Essa tragédia se deve, em boa parte, à **política de extermínio** adotada por Milosevic, que mandou suas milícias matarem milhares de civis, criarem campos de concentração para prisioneiros bósnios e croatas, violentarem mulheres muçulmanas e as engravidarem, alegando que era preciso injetar sangue sérvio na população muçulmana. Essa política de extermínio era chamada de "**limpeza étnica**".

A Guerra de Kosovo

Em Kosovo, uma província da Iugoslávia, 90% dos habitantes eram albaneses de religião muçulmana, e os 10% restantes, sérvios de religião cristã ortodoxa. Isso, por si só, era um ponto de tensão entre esses povos. Outro ponto era a insatisfação dos kosovares com os desmandos de Milosevic, que havia sido reeleito presidente da Iugoslávia, em 1997.

No início de 1998, os kosovares iniciaram um movimento para separar-se da Iugoslávia. O governo de Milosevic respondeu massacrando e deportando os kosovares. Diante disso, em 1999, a Otan lançou um bombardeio aéreo maciço sobre a Iugoslávia, destruindo aeroportos, pontes, quartéis e prédios do governo. Naquele mesmo ano, Milosevic aceitou o plano de paz proposto pelo G-8. Com esse acordo, Kosovo passou a ser administrada pela ONU. Milosevic foi preso e enviado para Haia, na Holanda, para ser julgado por crimes contra a humanidade.

Mapas: Allmaps

Fonte: *Grand atlas historique*. Paris: Larousse, 2004.

Fonte: <www.estadao.com.br/especiais/a-disputa-dos-balcas,12590.htm>.

Em 4 de fevereiro de 2003, o Parlamento iugoslavo reuniu-se pela última vez. Decidiu extinguir a República Federal da Iugoslávia e aprovou a constituição de um novo Estado, chamado União da Sérvia e Montenegro. Posteriormente, ocorreu uma nova alteração no mapa da ex-Iugoslávia: por meio de um plebiscito, a população montenegrina optou por separar-se da Sérvia; Montenegro tornou-se independente em 3 de junho de 2006. Dois anos depois, foi a vez de kosovares optarem pela separação. Alguns países, como os Estados Unidos, reconheceram a independência de Kosovo; outros, como a Rússia e a Sérvia, não. Isso tem elevado a tensão e as rivalidades na região.

Atividades

1 **Identifique a alternativa errada e corrija-a no caderno.**

A União Soviética:

a) era um país imenso, com 22,4 milhões de km^2.

b) era habitado somente por russos.

c) liderou o bloco socialista e teve como principal rival os Estados Unidos.

d) foi governada de modo autoritário durante quase toda a sua existência.

e) teve existência longa (de 1922 a 1991).

2 **Em 1956, durante o XX Congresso do Partido Comunista, Nikita Kruschev revelou ao mundo os crimes praticados por Stalin. Que crimes foram esses?**

3 **Identifique a alternativa errada e corrija-a.**

O governo de Leonid Brejnev (1964-1982):

a) ordenou a invasão da Tchecoslováquia (1968), alegando que era preciso salvar o socialismo.

b) iniciou o processo de democratização, permitindo a livre manifestação dos seus opositores internos e externos.

c) intensificou a censura à imprensa e a violência para manter o controle sobre os países satélites da União Soviética.

d) ordenou a invasão do Afeganistão, em 1979, para derrotar as forças islâmicas e garantir a permanência de seus aliados no poder.

4 **Observe a tabela que segue com atenção.**

Os preços reais e os oficiais (em rublos)

Produto	Nas lojas estatais (onde sempre estavam em falta)	No mercado negro (com ágio)
Um quilo de cordeiro	2,50	15,00
Um quilo de vitela	2,50	15,00
Um litro de vodca	10,60	25,00
Um quilo de salame	10,00	30,00
Um quilo de maçã	3,00	15,00
Um quilo de repolho	0,16	3,00
Um quilo de cenoura	0,32	1,50
Um quilo de tomate	3,00	15,00
Um par de botas	150,00	1 000,00

Lauro Machado Coelho. *O fim da União Soviética: dez anos que abalaram o mundo.* São Paulo: Ática, 1996. p. 13. (História em movimento).

a) O que a tabela mostra? Justifique sua resposta.

b) Como se explica o que é mostrado na tabela?

c) Os produtos vendidos no câmbio negro eram acessíveis a todos os soviéticos?

5 **Identifique a alternativa errada e corrija-a.**

A crise iniciada na União Soviética nos anos de 1970 pode ser explicada por várias razões, entre as quais:

a) Os enormes gastos do governo soviético com defesa (indústria bélica e pagamento de forças policiais e militares) para conter a oposição interna e competir com os Estados Unidos; com isso, sobrava menos dinheiro para investir na produção, na educação e na saúde.

b) A produção de cereais, carne e leite tornou-se insuficiente para alimentar a população soviética; o país, que era um dos maiores produtores de grãos, passou a importá-los.

c) A eficiência e a transparência da burocracia que dirigia o Estado soviético na época.

d) A falta de investimentos em máquinas e equipamentos industriais e em tecnologias ligadas à informática, às telecomunicações e à microeletrônica, o que levou a URSS a ficar muito atrás das potências capitalistas nessas áreas.

6 **Crie duas colunas no seu caderno. Em uma delas liste as medidas referentes à *perestroika*; na outra, as que dizem respeito à *glasnost*.**

- Corte nos gastos com armas e soldados.
- Fim da censura a jornais, livros e revistas.
- Demissão de funcionários corruptos.
- Permissão para a entrada de empresas estrangeiras no país.
- Substituição do regime de partido único pelo pluripartidarismo.
- Fim do monopólio estatal sobre alguns setores, como o de alimentos.

7 **Leia o texto com atenção e, a seguir, responda ao que se pede:**

SAIBA MAIS SOBRE RATKO MLADIC, UM DOS "SENHORES DA GUERRA" DA BÓSNIA

Ex-general sérvio-bósnio foi preso nesta quinta na Sérvia, disse presidente. [...]

O general sérvio-bósnio Ratko Mladic, cuja prisão foi anunciada nesta quinta-feira [26 de maio de 2011] pelo presidente sérvio Boris Tadic, ficará conhecido na história como um dos culpados pela matança de milhares de muçulmanos em Srebrenica e pelo sangrento cerco a Sarajevo na guerra da Bósnia (1992-1995).

Acusado de genocídio, de crimes de guerra e contra a humanidade pelo Tribunal Penal Internacional (TPI) para a ex-Iugoslávia em 1995, o general Mladic, de 68 anos, é alvo de um mandado de prisão internacional desde 1996. Ele é considerado um dos principais artífices da política de "limpeza étnica" na Bósnia, junto com o ex-presidente sérvio-bósnio Radovan Karadzic, detido há menos de três anos. [...]

Extraído do *site*: <http://g1.globo.com/mundo/noticia/2011/05/ratko-mladic-um-dos-senhores-da-guerra-da-bosnia.html#>. Acesso em: 26 mar. 2012.

a) O texto citado é historiográfico, jurídico, jornalístico ou literário?

b) Qual é o assunto principal do texto?

c) O que foi a política de limpeza étnica citada no texto?

A IMAGEM COMO FONTE

Observe a imagem com atenção e a seguir tente responder:

Roumen Statkov. Séc. XX. Coleção particular. Foto: Michael Nicholson/Corbis/Latinstock

1 Quem é o personagem caricaturado?

2 Como o artista o representou?

3 Que mensagem o artista pretendeu transmitir com essa charge?

4 Que relação se pode estabelecer entre a charge e a política posta em prática pelo personagem caricaturado?

O TEXTO COMO FONTE

O texto a seguir é trecho do diário de uma menina que viveu a guerra na ex-Iugoslávia durante os anos de 1990. Leia-o com atenção. Detalhe: Mimmy é o nome que ela deu a seu diário.

Segunda feira, 29 de junho de 1992.

Dear Mimmy,

Não aguento mais tiros de canhão! Não aguento mais granadas caindo! Nem mortos! Nem desespero! Nem fome! Nem infelicidade! Nem medo!

Minha vida é isso!

[...] Uma estudante que não tem mais escola, que não tem mais nenhuma alegria, nenhuma emoção de estudante. Uma criança que não brinca mais, que ficou sem amigas, sem sol, sem pássaros, sem natureza, sem frutas, sem chocolate, sem balas, só com um pouquinho de leite em pó. Uma criança que, em resumo, não tem mais infância. Uma criança da guerra. [...] Eu e também os milhares de outras crianças dessa cidade que está sendo destruída, que chora, que se lamenta, que espera um socorro que não virá. Meu Deus, será que algum dia isso vai chegar ao fim, será que vou poder voltar a ser estudante, voltar a ser uma criança feliz por ser criança? Ouvi dizer que a infância é a época mais linda da vida. Eu estava feliz de viver minha infância, mas essa guerra me tomou tudo. Por quê? Estou triste. Estou com vontade de chorar. Estou chorando.

Sua Zlata

Zlata Filipovic. *O diário de Zlata: a vida de uma menina na guerra.* São Paulo: Companhia das Letras, 1994. p. 71.

1 Quando, por quem e onde o texto foi escrito?

2 O texto se destina às autoridades, ao público em geral, a uma comunidade ou a um núcleo familiar?

3 Qual o conteúdo desse trecho de *O diário de Zlata*?

4 O que Zlata quis dizer com "uma criança da guerra"?

5 Em grupo Elaborem uma campanha com um conjunto de propostas para que a humanidade alcance a paz mundial. Debatam o assunto via Facebook e postem as propostas do grupo no *blog* da turma ou da escola.

LIVROS, *SITES* E FILMES

Livro

BANCHER, Flávia. *A queda do Muro de Berlim e a presentificação da História.* São Paulo: Ateliê Editorial, 2003.

Site

A queda do Muro – <www.suapesquisa.com/pesquisa/queda_muro_berlim.htm>. *Site* sobre a história do Muro de Berlim, da construção, em 1961, à queda, em 1989.

Filme

Adeus Lenin. Direção de Wolfganger Becker. Alemanha, 2003. (118 min.). Pouco antes da queda do Muro de Berlim, um jovem alemão tem de cuidar de sua mãe, que havia entrado em coma. Dias depois, ela se recupera, mas, temendo pela sua saúde, o filho decide não lhe contar que o Muro de Berlim havia sido derrubado. Recuperada, a mãe quer assistir à TV e o filho então é obrigado a pedir ajuda a um amigo que conhece o processo de edição de imagens a fim de que ela não descubra a verdade.

CAPÍTULO 16

A Nova Ordem Mundial

Sean Justice/Getty Images

CommerceandCultureAgency/The Image Bank Getty Images

Tony Anderson/Taxi/Getty Images

Você é capaz de adivinhar de que país ou região são os jovens dessas fotografias? Você já reparou que jovens do mundo inteiro consomem os mesmos refrigerantes, usam roupas e *piercings* semelhantes e se comunicam por meio de celulares bem parecidos? Efeitos da globalização? O que você sabe sobre a globalização? O que vem à sua mente quando você lê ou ouve essa palavra? Será que é um fenômeno recente ou antigo? Será um processo excludente, como dizem alguns, ou levará à construção de um mundo melhor para todos?

Globalização

A globalização pode ser definida como um processo histórico de crescente interligação econômica, social e cultural entre os diferentes povos e países. Para alguns historiadores, a globalização teve sua origem nas Grandes Navegações europeias, nos séculos XV e XVI; ganhou impulso no século XVIII, com a Primeira Revolução Industrial, e intensificou-se no século seguinte com a Segunda Revolução Industrial.

No século XX, as inovações tecnológicas ocorreram durante todo o tempo e em diferentes regiões da Terra. A partir dos anos de 1970, a dinâmica capitalista e os investimentos em ciência e tecnologia conduziram à **automação** dos processos produtivos e à descoberta de novas tecnologias em **biotecnologia**, química fina e microeletrônica (que se aplicam na computação, nas telecomunicações e na robótica).

Automação: sistema automático pelo qual os mecanismos controlam seu próprio funcionamento, com pouca interferência humana.

Biotecnologia: estudo e desenvolvimento de organismos geneticamente modificados e seu uso para fins produtivos.

Revolução técnico-científico informacional: conceito formulado pelo professor Milton Santos em seu livro *A natureza do espaço*.

A terceira Revolução Industrial

Essa série de inovações ocorrida nos anos de 1970 é denominada de **Revolução técnico-científico informacional** ou Terceira Revolução Industrial; a foto ao lado mostra aspectos dessa Revolução.

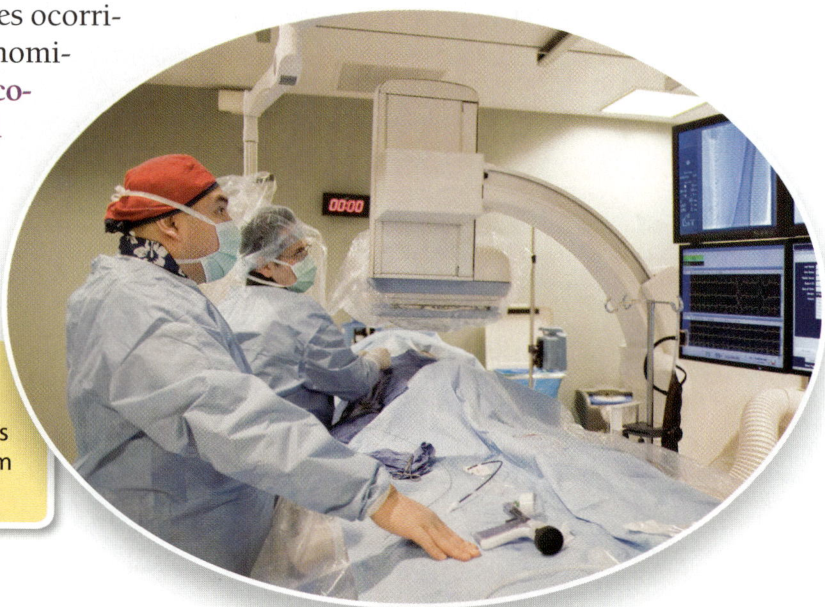

Helen King/Corbis/Latinstock

Alta tecnologia aplicada à medicina. Note que os cirurgiões estão concentrados no monitor enquanto operam o paciente.

Dialogando

Segundo o historiador Nicolau Sevcenko:

> *O que distinguiu particularmente o século XX, em comparação com qualquer outro período precedente, foi uma tendência contínua e acelerada de mudança tecnológica, com efeitos multiplicativos [...] sobre praticamente todos os campos da experiência humana [...].*
>
> Nicolau Sevcenko. *A corrida para o século XXI: no loop da montanha-russa.* São Paulo: Companhia das Letras, 2001. p. 23.

Você seria capaz de dar alguns exemplos de mudanças tecnológicas recentes?

Globalização: características

Como principais características da globalização se pode citar:

a) **A internacionalização da produção:** separação entre a criação dos produtos e a sua execução. A criação e o desenvolvimento de produtos são mantidos, em geral, no país de origem. Já a produção e a distribuição são transferidas para o exterior. As coleções da Nike, por exemplo, são criadas nos Estados Unidos; já a produção em série ocorre no Sudeste Asiático. As empresas **multinacionais** ou transnacionais produzem geralmente em lugares onde a mão de obra é barata, os impostos são baixos e a legislação trabalhista e a ambiental não são rigorosas.

> **Multinacionais:** grandes empresas que possuem matriz em um país, mas atuam em diversos países em busca de mercado consumidor, energia, matéria-prima e mão de obra barata. Atualmente, é comum as multinacionais ou transnacionais produzirem cada parte de um produto em um país diferente a fim de reduzir custos.

b) **O aumento crescente da circulação de capitais:** uma imensa quantia de dinheiro circula pelo mundo, em busca de lucro rápido. Esse dinheiro investido em aplicações é chamado de **capital especulativo**. Uma parte menor do dinheiro em circulação é usada para financiar a indústria e o comércio. Esse dinheiro é chamado de **capital produtivo**. Os analistas calculam que cerca de 90% do dinheiro que circula pelo mundo é capital especulativo e apenas 10% é capital produtivo.

Alex Segre/Alamy/Otherimages

AGE RM/Otherimages

Paulo Fridman/Pulsar

As principais bolsas de valores, como as de Tóquio, no Japão; a Nasdaq, em Nova York; e a Bovespa, em São Paulo, utilizam o pregão eletrônico. Em poucos segundos, com alguns toques no teclado, os capitais podem migrar da Bovespa, no Brasil, para a Bolsa de Tóquio, no Japão; depois seguir para a Nasdaq em Nova York, nos Estados Unidos, e voltar para a Bovespa. Adequando-se aos fusos horários de cada país, os capitais circulam sem parar durante as 24 horas!

c) **O aumento extraordinário do comércio mundial:** o que tem gerado uma integração cada vez maior dos mercados. Essa explosão do comércio mundial foi estimulada pela abertura dos mercados da China continental e do Leste Europeu, por organizações internacionais, como a **Organização Mundial do Comércio** (OMC), e pela adoção do neoliberalismo pelos governos de boa parte dos países do mundo.

Organização Mundial do Comércio: surgida em 1994, regula e fiscaliza o comércio internacional, visando impedir abusos de poder nas relações comerciais entre países ou blocos.

PARA SABER MAIS PARA SABER MAIS PARA SABER MAIS PARA SABER MAIS

O NEOLIBERALISMO

O neoliberalismo é uma doutrina baseada no pensamento do economista norte-americano Milton Friedman (1912-2006), autor de *Capitalismo e liberdade* (1962). O neoliberalismo se caracteriza por defender:

a) a livre concorrência entre empresas e países, fator que, segundo os neoliberais, assegura o equilíbrio econômico;

b) a não intervenção do Estado na economia;

c) a privatização, isto é, a venda das empresas estatais a particulares;

d) a abertura do mercado nacional aos capitais e mercadorias estrangeiras;

e) a diminuição dos gastos com seguro-desemprego, aposentadoria, auxílio doença e outros direitos trabalhistas.

Jerome Delay/AFP/Otherimages

Georges De Keerle/Hulton Archive/Getty Images

O neoliberalismo foi aplicado inicialmente no Reino Unido da primeira-ministra Margaret Thatcher, entre 1979 e 1990; nos Estados Unidos do presidente Ronald Reagan, entre 1981 e 1989; e na Alemanha do chanceler Helmut Kohl, entre 1982 e 1998. No Brasil foi posto em prática a partir do governo Collor (1990-1992), que criou facilidades para a entrada de produtos estrangeiros e iniciou um processo de venda das empresas estatais (privatização).

Dialogando

Segundo os defensores do neoliberalismo, a abertura do mercado à concorrência internacional obrigaria os fabricantes nacionais a melhorar a qualidade e a diminuir seus preços; e quem sairia ganhando com isso seria o consumidor. Já os críticos do neoliberalismo argumentam que a abertura do mercado nacional aos capitais e produtos estrangeiros prejudica a indústria nacional, gera desemprego e favorece as multinacionais.

1 **Com qual dos dois pontos de vista você concorda?**

2 **Por quê?**

A circulação de informações

A globalização da economia caminhou lado a lado com a revolução da informação: informações transmitidas em tempo real (instantaneamente) passaram a interligar empresas e cidadãos do mundo inteiro. Tudo isso graças à transmissão em rede, sendo a maior delas a internet (*net* quer dizer "rede").

Phototake/Stone/Getty Images

Wallace Garrison/Photolibrary/Getty Images

Iain Masterton /Alamy/Otherimages

Acima, radiotelescópios, nos Estados Unidos; à direita, no alto, fios de telecomunicações; e à direita, jovem conversando ao celular e lendo notícias em um *tablet*. A internet é uma rede de informação que une a tecnologia dos computadores com a de telecomunicações. Ela ultrapassa fronteiras e não tem dono. Por meio dela, podemos bater papo, jogar, ler jornais, revistas e livros, enviar um currículo para empresas de todo o mundo; visitar bibliotecas e museus de diferentes países; fazer pesquisa sobre assuntos de nosso interesse etc.

No aspecto cultural, o advento da internet favoreceu a formação de uma cultura global. Essa cultura pode ser observada no comportamento de jovens de várias partes do mundo, que usam os mesmos cortes de cabelo, estilos de roupa, enfeites corporais e se interessam pelos mesmos programas de TV, alimentos e músicas.

DIALOGANDO

No Brasil globalizado tem havido integração entre culturas ou a valorização da cultura e da língua dos Estados Unidos?

Novos polos de poder

Em 1950, os Estados Unidos eram de longe, o país mais rico de todos e o dólar era a moeda do mundo. Mas, de lá para cá, o crescimento do Japão, da Europa Ocidental e, mais recentemente, da China levou à formação de outros polos de poder.

O milagre japonês

Com o fim da Segunda Guerra, o governo dos Estados Unidos investiu pesadamente na reconstrução do Japão, a fim de torná-lo seu principal aliado na Ásia e uma barreira ao avanço do comunismo naquele continente. Os capitais norte-americanos, somados ao empenho do governo e do povo japonês, alavancaram a economia do país. Em pouco tempo, o Japão passou da fase de reconstrução para a de expansão. Entre 1951 e 1973, a taxa média anual de crescimento da economia japonesa foi de 10%.

Durante as décadas seguintes, o país continuou crescendo, sobretudo na indústria de produtos ópticos, eletrônicos, de telecomunicações, de automóveis, de navios e de implementos ferroviários. O mundo passou a consumir, então, uma enxurrada de produtos *Made in Japan* – desde pilhas até automóveis. Alguns analistas chamaram esse crescimento de **milagre japonês**.

Nos anos 1990, o país do sol nascente já rivalizava com os Estados Unidos no campo das indústrias automobilística, eletrônica e de informática e ocupava o primeiro lugar em máquinas industriais e robôs. O Japão é hoje a terceira potência econômica mundial, possui uma das menores taxas de mortalidade infantil e uma das expectativas de vida mais altas de todo o mundo.

Fotos: Toshifumi Kitamura/AFP/Otherimages

Em março de 2011, o Japão foi vítima de terremotos e *tsunamis* que causaram enorme destruição e a perda de muitas vidas. As fotos mostram o mesmo lugar em dois momentos: logo após o *tsunami* (à esquerda) e um ano depois (à direita). Comparando as fotos percebe-se a velocidade com que os japoneses conseguiram reconstruir o que os tremores de terra e as ondas gigantes haviam destruído.

A força da China

Com a morte de Mao Tsé-tung, em 1976, cujo governo estudamos no capítulo 11, o grupo liderado por Deng Xiaoping subiu ao poder e, dois anos depois, iniciou um processo de **abertura econômica** que influenciou fortemente a história da China contemporânea. O governo de Deng Xiaoping:

a) criou Zonas Econômicas Especiais (ZEE), que passaram a receber investimentos estrangeiros volumosos;

b) concedeu isenções fiscais para a instalação de empresas estrangeiras;

c) promoveu a construção de grandes obras públicas de infraestrutura (estradas, usinas, ferrovias etc.);

d) incentivou a criação de pequenas empresas privadas.

Esse modelo, que combina controle governamental de setores básicos com a permissão para que a empresa privada atue em outros setores é chamado de **economia socialista de mercado**. A entrada da China na OMC (Organização Mundial do Comércio), em 2001, ajudou o país a obter consecutivos saldos positivos na balança comercial.

Contando com uma população de aproximadamente 1 bilhão e 350 milhões de habitantes, um mercado interno consolidado, uma indústria dinâmica, abundância de matéria-prima e mão de obra farta e barata, em 2010 a China tornou-se a segunda maior economia do planeta, ficando atrás apenas dos Estados Unidos. No aspecto político, porém, continua sendo governada por um partido único, o Partido Comunista, que governa ditatorialmente, restringe o acesso à internet e reprime duramente qualquer tipo de oposição.

Caetano Barreira/Olhar Imagem

Atualmente, a projeção da China no cenário internacional é enorme, com destaque para a sua força na produção e no comércio internacional; basta ver que em 2009 ela passou os Estados Unidos como principal parceiro comercial do Brasil. Na foto vemos a comemoração do Ano-Novo chinês no **Templo Zu Lai**, na cidade de Cotia, em São Paulo.

Os blocos econômicos

Com a emergência de novos polos de poder (como o Japão, a China e a Europa) no cenário mundial, o aumento da disputa por mercados se intensificou. Ao mesmo tempo, instituições como o FMI (Fundo Monetário Internacional) e a OMC se fortaleceram, enquanto o poder de cada país isoladamente diminuiu. Nesse contexto, e dispostos a ganhar força que não teriam isoladamente, os países começaram a estabelecer alianças e diferentes formas de integração, que resultaram nos chamados blocos econômicos.

União Europeia

A União Europeia (UE) se formou por meio de um longo processo de integração econômica e política que teve seu início na Comunidade Econômica Europeia (CEE), fundada em 1957, e se consolidou com a assinatura do **Tratado de Maastricht**, em 1992. Seus principais objetivos são garantir a livre circulação de mercadorias, capitais, serviços e pessoas entre os países-membros e praticar uma política externa e de segurança comuns.

A Apec

Outro bloco econômico importante é a **Cooperação Econômica da Ásia e do Pacífico** (**Apec**). Oficializado em 1993, seu objetivo é a progressiva integração econômica entre todos os países do grupo até 2020. A Apec é um bloco com membros em diversos continentes: na Ásia (China, Japão, Vietnã, entre outros); na América (Canadá, Estados Unidos, Chile, entre outros); na Europa (Federação Russa) e na Oceania (Austrália). Esse poderoso bloco transcontinental é hoje o maior do mundo em volume de negócios. Atualmente (ínicio de 2012), a Apec engloba mais de um terço da população mundial e é responsável por cerca de 47% do comércio mundial.

Kent Nishimura/Pool/Corbis/Latinstock

O presidente dos Estados Unidos, Barack Obama, e outros chefes de Estado em foto informal durante o encontro da Cooperação Econômica da Ásia e do Pacífico (Apec) ocorrido em Honolulu, Havaí, em 13 de novembro de 2011.

SADC

O bloco africano que vem ganhando força no cenário mundial é a Comunidade para o Desenvolvimento da África Meridional (em inglês, *Southern África Development Comunity*). É constituído pelos seguintes membros: Angola, África do Sul, Botsuana, Lesoto, Madagascar, Malauí, Maurício, Moçambique, Namíbia, República Democrática do Congo, Seichelles, Suazilândia, Tanzânia, Zâmbia e Zimbábue. O bloco pretende constituir um mercado comum e prevê a formação de uma área de livre-comércio.

Rodger Bosch/AFP/Otherimages

Rebelo Pinto Chikoti, Ministro das Relações Exteriores de Angola, fala durante o encontro dos líderes da Comunidade para o Desenvolvimento da África Meridional (SADC), ocorrido na cidade do Cabo, África do Sul, em 11 de fevereiro de 2011. Ao seu lado, vê-se Maite Nkoana-Mashabane, a Ministra das Relações Exteriores da África do Sul.

O Mercosul

O **Mercosul** – Mercado Comum do Sul é um bloco econômico formado por Brasil, Argentina, Paraguai e Uruguai e, mais recentemente, Venezuela. Já o Chile, a Bolívia, o Equador e o Peru são apenas membros associados. O Mercosul foi instituído em 1991, pelo **Tratado de Assunção**, o qual previa que, a partir de 1995, 90% das mercadorias produzidas nos países-membros podiam circular entre esses países, sem nenhuma tarifa alfandegária. Cerca de 75% do comércio do Mercosul é realizado entre Brasil e Argentina. Os dirigentes dos países-membros do Mercosul têm procurado fortalecer suas parcerias com outros países da América do Sul, a fim de aumentar seu poder nas negociações com os outros blocos econômicos.

O Nafta

Criado em 1994 para fazer frente à União Europeia e ao crescimento assombroso das economias asiáticas (Japão, China e **Tigres Asiáticos**), o Nafta – Tratado Norte-Americano de Livre Comércio – é formado por Estados Unidos, Canadá e México e visa promover a livre circulação de mercadorias entre os países-membros. Mas o desnível entre os países desse bloco é grande. Enquanto o Canadá apresenta o sexto mais alto **Índice de Desenvolvimento Humano** (IDH) do mundo (dados de 2011), o México apresenta fortes desníveis sociais e ocupa o 57º lugar quanto à qualidade de vida. É interessante notar que os três grandes polos, liderados, respectivamente, pela União Europeia, Japão/China, e Estados Unidos, são ao mesmo tempo rivais e parceiros.

Tigres Asiáticos: nome dado a um grupo de países asiáticos (Coreia do Sul, Taiwan (Formosa), Hong Kong e Cingapura) cuja economia se desenvolveu extraordinariamente nos anos de 1970 e 1980, com a ajuda de capitais japoneses.

Índice de Desenvolvimento Humano: indica a qualidade de vida em um país. Para obtê-lo, os estudiosos cruzam dados sobre escolaridade, longevidade e renda (PIB *per capita*).

Globalização e sociedade

Nos últimos anos ocorreram vários protestos contra a globalização; os principais alvos dos ativistas são as empresas transnacionais, o FMI (Fundo Monetário Internacional, a OMC (Organização Mundial de Comércio) e os dirigentes de países ricos.

Recentemente, por iniciativa de grupos organizados da sociedade civil, o debate sobre a globalização e seus efeitos ganhou um novo espaço: o **Fórum Social Mundial** (FSM). Em 2011, a sede do Fórum Social Mundial foi a cidade de Dakar, capital do Senegal, na África. O espaço dos debates foi a Universidade Cheikh Anta Diop, a maior universidade pública da África Ocidental. Os participantes do FSM dirigiram duras críticas aos efeitos excludentes da globalização e ao neoliberalismo e propuseram a construção de um mundo voltado para a busca de justiça social e ambiental.

Fórum Social Mundial: Originalmente, o FSM surgiu para fazer frente ao Fórum Econômico Mundial – encontro de grandes empresários, economistas e líderes políticos pró-globalização.

A Revolução técnico-científico informacional e a globalização crescente trouxeram algumas vantagens como: a) disponibilidade de uma grande variedade de produtos de qualidade a preços relativamente mais baixos; b) a velocidade com que as informações circulam e a eficiência dos meios para obtê-las; c) a livre circulação de mercadorias e capitais entre os países de um mesmo bloco econômico, entre outras.

Mas essa revolução em um mundo cada vez mais globalizado trouxe também desvantagens – a maior delas talvez seja o **crescimento do desemprego**. A automação da produção industrial vem eliminando muitos postos de trabalho, seja direta ou indiretamente. Diretamente, as empresas vêm substituindo homens e mulheres por máquinas inteligentes e robôs. Indiretamente, as indústrias dos países pobres ou em desenvolvimento perdem a concorrência para a dos países ricos e acabam falindo. Esse desemprego, resultante da revolução tecnológica em curso, é chamado de **desemprego estrutural**, porque os trabalhadores perdem seus empregos por longos períodos de tempo, e não só em épocas de crise na economia. No Brasil, os setores eletrodoméstico, automobilístico e bancário estão entre os que mais extinguiram postos de trabalho nas últimas décadas.

Images of Birmingham/Loop Images/Corbis/Latinstock

Robôs na linha de produção da Land Rover, em Solihull, Inglaterra, 2008.

Para refletir

O FANTASMA DO DESEMPREGO ENTRE JOVENS

Um dos maiores problemas atuais da União Europeia é, com certeza, o desemprego entre os jovens. O índice nesta faixa da população é de 32,9% na Itália; 36,5% em Portugal, e quase 50% na Espanha (dados de janeiro de 2012). Em tempos de crise, são os jovens os que têm maior dificuldade de conseguir emprego e os primeiros a perdê-los.

Denis Doyle/Getty Images

Jovens europeus exigindo oportunidades de emprego em Madri, 2012.

Milhares de jovens europeus sofrem com esse "fantasma" do século XXI e protestam nas ruas, exigindo oportunidades. No Brasil, apesar de a taxa de desemprego entre jovens ter caído nos últimos anos, em função do crescimento da economia, é bastante preocupante a questão da falta de qualificação dos jovens para os tipos de vagas oferecidas.

Dialogando

1 Você já pensou em que gostaria trabalhar?

2 Você considera o estudo importante para se conseguir uma boa colocação no mercado de trabalho?

Conflitos e tensões no mundo atual

Vivemos em um mundo dividido pela enorme distância entre pobres e ricos, castigado por acidentes ambientais e abalado por outros sérios problemas, como o tráfico de drogas, terrorismo e conflitos armados em várias partes do globo. Tais problemas afetam a todos nós, direta ou indiretamente. Observe o mapa.

Conflitos e tensões no mundo – 2010

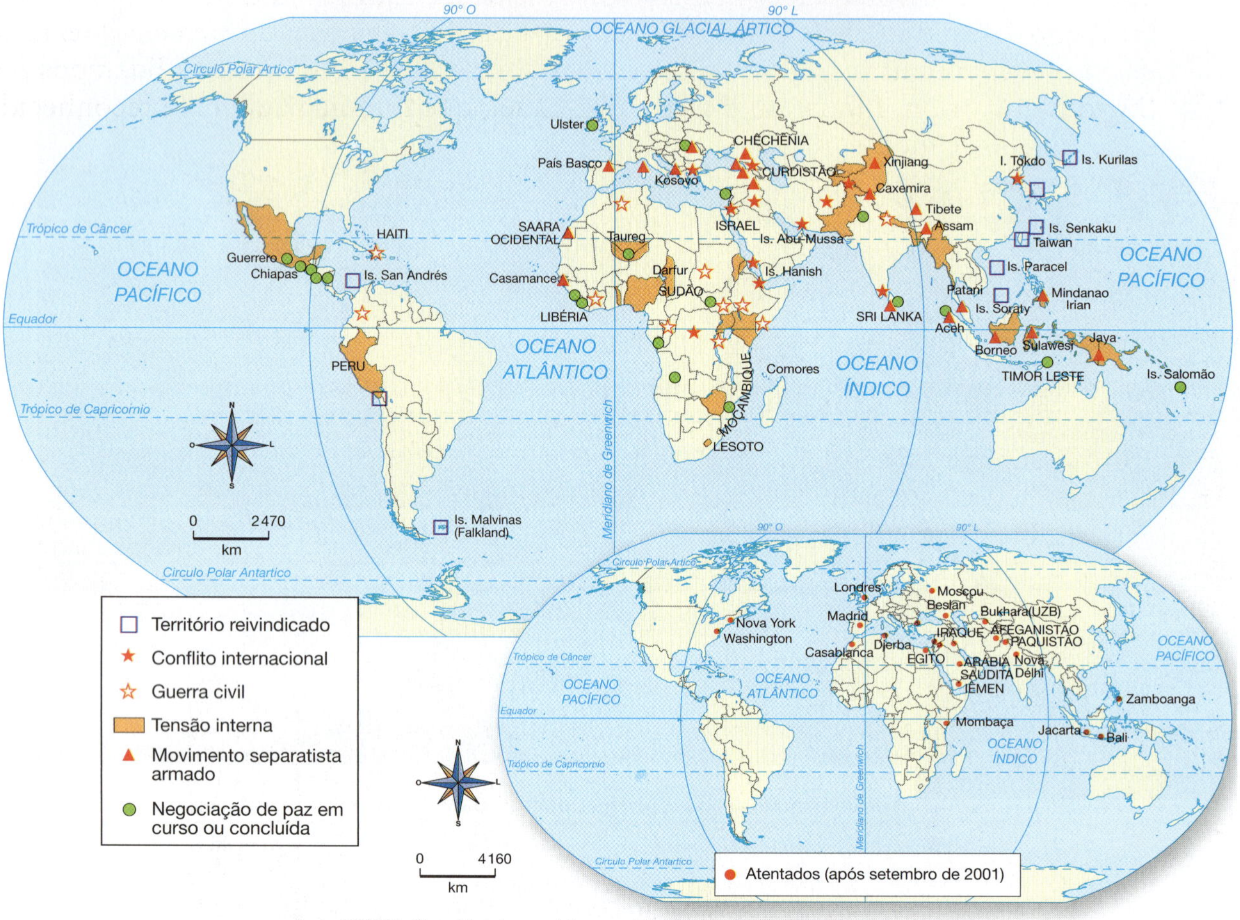

Mario Yoshida

Fonte: FERREIRA, Graça Maria Lemos. *Atlas geográfico: espaço mundial*. 3. ed. São Paulo: Moderna, 2010; p. 59.

O caso do Oriente Médio

Há mais de meio século, o **Oriente Médio** vem sendo uma das áreas mais tensas do globo. E uma das raízes dessa tensão está na disputa da Palestina entre árabes palestinos e judeus, que pode ser melhor compreendida se recuarmos aos tempos da Primeira Guerra Mundial (1914-1918). Com o fim desse conflito e o desmembramento do Império Turco, as terras do Oriente Médio passaram a ser administradas pela Inglaterra e pela França, que tinham enorme poder sobre a Liga das Nações.

Oriente Médio: abriga países como Egito, Líbia e Argélia (na África), Turquia (na Europa e Ásia) e Síria, Líbano, Israel, Arábia Saudita, Kuwait, Iraque, Irã e Afeganistão (na Ásia). Por possuir cerca de 60% das reservas mundiais de petróleo e produzir cerca de 25% do petróleo extraído no mundo, o Oriente Médio atraiu e atrai a cobiça das grandes potências do Ocidente.

Sob o mandato britânico, a Palestina passou a receber um grande número de judeus. Nos anos de 1930 e 1940, essa imigração aumentou muito, pois milhões de judeus foram para lá para fugir da perseguição nazista na Europa. A partir de então, começaram a ocorrer sérios atritos entre os judeus e os árabes residentes na Palestina. Naquelas décadas também as companhias inglesas e norte-americanas passaram a disputar entre si a prospecção, refino e comercialização do petróleo do Oriente Médio.

O nascimento do Estado de Israel

Terminada a Segunda Guerra Mundial (1939-1945), a Grã-Bretanha anunciou que retiraria suas tropas da Palestina. Nesse contexto, em 1947, a ONU, presidida pelo brasileiro Oswaldo Aranha, aprovou um **plano de partilha** da Palestina em dois Estados: um judeu e outro árabe. Assim, em 14 de maio de 1948, os judeus, liderados por David Ben-Gurion, fundaram o Estado de Israel, que foi imediatamente reconhecido pelos Estados Unidos.

Bettmann/Corbis/Latinstock

O primeiro-ministro David Ben-Gurion (em pé) lê o documento de Fundação do Estado de Israel, em 14 de maio de 1948. No alto, atrás de Ben-Gurion, a foto do jornalista húngaro Theodor Herzl, criador do sionismo.

Considerando-se injustiçados, os países árabes reagiram à criação do Estado de Israel, atacando-o militarmente. Israel revidou e, valendo-se da ajuda recebida do exterior, venceu a guerra, ocupando, então, boa parte do território reservado aos árabes no plano de partilha da ONU.

Com a derrota na guerra de 1948, cerca de 750 mil palestinos foram expulsos da terra em que moravam e passaram a viver como **refugiados** na Faixa de Gaza e nos países árabes vizinhos. Tinha início a chamada **questão palestina**.

Refugiados: no texto, toda pessoa que, no momento do conflito de 1948, morava na Palestina pelo menos há dois anos e que, por causa da guerra, perdeu sua casa e seu meio de vida.

Assim, o Oriente Médio tornou-se palco de consecutivas guerras entre judeus e árabes; tais guerras ocorreram no contexto da Guerra Fria, com os judeus sendo apoiados pelos Estados Unidos e os árabes, pela União Soviética.

GUERRAS ÁRABE-ISRAELENSES

Guerras	Países	Resumo
Guerra de Suez (1956)	Israel, França e Inglaterra X Egito	O presidente do Egito Gamal A. Nasser, adepto do nacionalismo árabe, nacionaliza o Canal de Suez (pertencente à Grã-Bretanha), contrariando os interesses das potências ocidentais. Consequentemente, com o apoio dos britânicos e dos franceses, o exército israelense ataca as forças egípcias. O Sinai é ocupado em poucos dias e fica sob controle israelense até março de 1957.
Guerra dos Seis Dias (1967)	Israel X Egito, Jordânia e Síria	Na Guerra dos Seis Dias, Israel ataca o Egito, a Síria e a Jordânia e ocupa o Sinai, a Faixa de Gaza, a Cisjordânia e as colinas de Golan.
Guerra do Yom Kippur (Dia do Perdão) (1973)	Egito e Síria X Israel	A Guerra de Yom Kippur foi iniciada pelo Egito e pela Síria. Israel venceu mais uma vez. A Organização dos Países Exportadores de Petróleo (Opep) – formada inicialmente por Arábia Saudita, Kuwait, Irã, Venezuela e Iraque – respondeu parando de vender óleo cru para os aliados de Israel e provocando, com isso, um extraordinário aumento do preço do petróleo.
Guerra no Líbano (1982)	Israel X palestinos	Israel lança a operação Paz na Galileia, atacando os palestinos no Líbano. Depois de sitiar a capital libanesa por 10 semanas, o exército israelense se retira da cidade, mas permanece no sul do país.

Israel após a Guerra dos Seis Dias

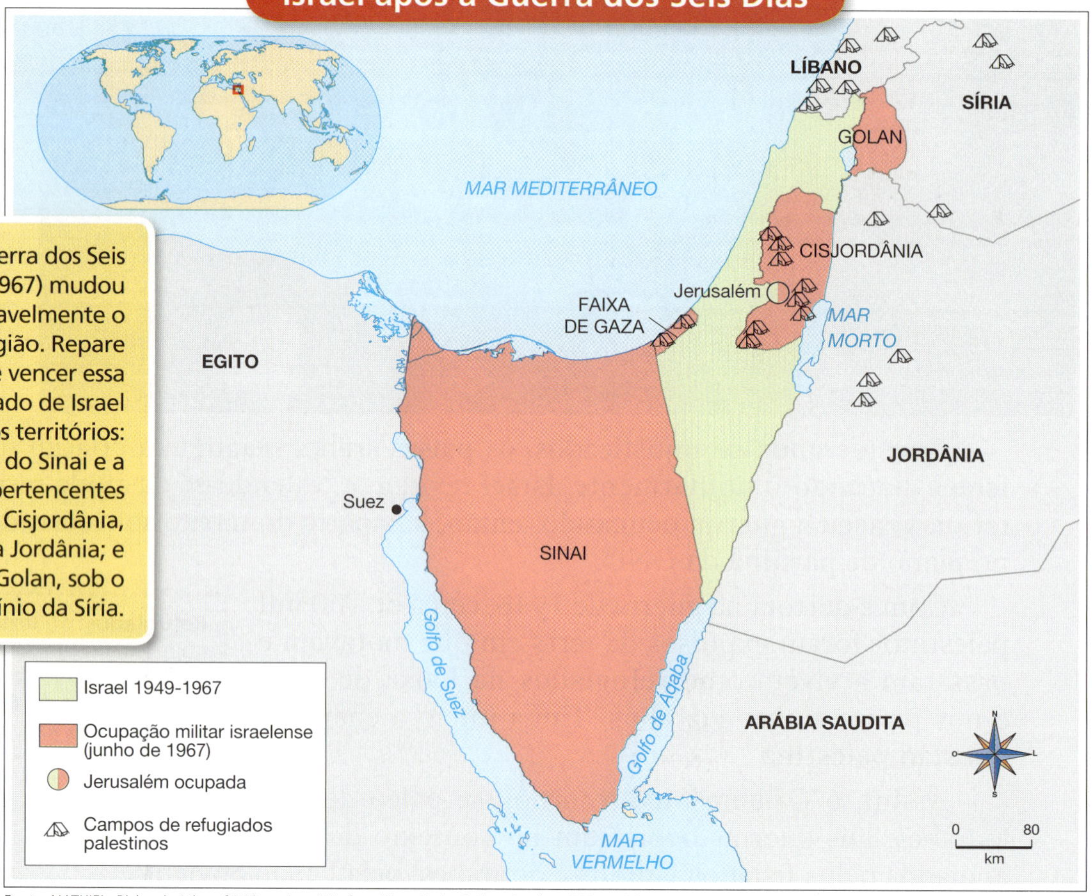

A Guerra dos Seis Dias (1967) mudou consideravelmente o mapa da região. Repare que, depois de vencer essa guerra, o Estado de Israel anexou imensos territórios: a Península do Sinai e a Faixa de Gaza, pertencentes ao Egito; a Cisjordânia, controlada pela Jordânia; e as colinas de Golan, sob o domínio da Síria.

Fonte: NATKIEL, Richard. *Atlas of 20th century Warfare*. Nova York: Gallery Books, 1982. p. 201.

Vivendo em campos de refugiados, em condições subumanas, os palestinos organizaram diversos grupos guerrilheiros, entre eles o **Al Fatah**, liderado por Yasser Arafat. Em 1964, esses diferentes grupos do movimento palestino formaram a **Organização para a Libertação da Palestina** (OLP), cujo objetivo era combater Israel e reconquistar as terras perdidas.

Al Fatah: palavra que pode ser traduzida por "reconquista".
Intifada: palavra que, em árabe, significa "sobressalto". A intifada é conhecida também como "guerra das pedras".

Desde a Guerra dos Seis Dias o clima na Faixa de Gaza e na Cisjordânia (principais áreas palestinas ocupadas por Israel) era de permanente tensão. Em 1987, os civis palestinos que viviam nessas áreas (jovens e mulheres, geralmente) atacaram soldados israelenses com paus e pedras; e como estes revidassem com tiros, muitos acabaram mortos. Esse tipo de revolta popular palestina é chamada de **intifada**.

Bettmann/Corbis/Latinstock

Yasser Arafat dedicou sua vida à luta para a formação de um Estado palestino, mas morreu em 2004 sem ver seu sonho realizado.

Oliver Coret/Corbis/Latinstock

Na imagem vê-se cópia de um desenho feito por crianças tratadas no Centro de Saúde Mental de Gaza. Psicólogos que trabalham lá solicitam que crianças desenhem a intifada, conflitos e violência, a fim de que expressem seus sentimentos. Repare que as crianças palestinas não desenharam soldados israelenses. Os palestinos são mostrados atirando paus, pedras, garrafas; e têm a apoiá-los uma ambulância desenhada no canto esquerdo. Já o adversário, no imaginário infantil, são dois tanques com os canhões apontados para eles, 2005.

Em setembro de 1993, Yasser Arafat, da OLP, e o primeiro-ministro israelense, Yitzhak Rabin, assinaram o **Acordo de Oslo**, que teve a mediação do presidente norte-americano Bill Clinton. Por esse acordo de paz, os palestinos reconheciam o Estado de Israel e os israelenses consideravam os palestinos com direito a um Estado próprio. No ano seguinte, o exército israelense desocupou a Faixa de Gaza e a cidade de Jericó que passaram a ser administradas pela recém-criada **Autoridade Nacional Palestina** (ANP).

Autoridade Nacional Palestina: um tipo de governo semiautônomo, reconhecido internacionalmente, que administra parte da Cisjordânia e da Faixa de Gaza.

Mas esse acordo logo foi desrespeitado. Os conflitos se agravaram e, em 2000, explodiu a segunda intifada. A resposta de Israel foi reocupar as áreas controladas pela Autoridade Palestina e atacar a cidade de Ramalah, sede da ANP na Cisjordânia. Em 2003, elaborou-se um novo plano de paz sob a liderança dos EUA e da ONU, que previa a criação de um Estado palestino no prazo de dois anos. Esse plano também fracassou. Com a morte de Yasser Arafat, em 2004, Mahmoud Abbas, do *Al Fatath* (o mesmo grupo de Arafat), venceu as eleições para a presidência da Autoridade Palestina; já as eleições para o parlamento palestino, em 2006, foram vencidas pelo Hamas, grupo radical contrário à negociação com Israel. Ainda hoje (início de 2012), a escalada da violência entre palestinos e judeus parece não ter fim; apesar de mais de 100 países, inclusive o Brasil, reconhecerem a legitimidade de um Estado Palestino, ele continua apenas no papel. Entre os principais obstáculos à paz estão:

a) o fundamentalismo de grupos islâmicos que promovem atentados terroristas contra civis israelenses;

b) o fundamentalismo que rege lideranças judias, a exemplo do atual primeiro-ministro israelense Benjamin Netanyahu, que autorizou a construção de novos assentamentos judeus na parte oriental de Jerusalém, área reivindicada pelos palestinos como sua capital;

c) a existência de um muro construído para a proteção dos colonos israelenses na Cisjordânia.

O caso do Irã

Situado entre o Golfo Pérsico e o Mar Cáspio, no Oriente Médio, o Irã é um país islâmico e um dos maiores produtores mundiais de petróleo.

O xá Reza Pahlevi governava o Irã desde a Segunda Guerra Mundial e, em 1963, buscando ampliar sua popularidade, empenhou-se em modernizar o país, promovendo uma reforma agrária e a extensão do voto às mulheres. No campo político, porém, o xá mantinha uma ditadura.

Com o apoio dos Estados Unidos, de quem comprava armamentos modernos, perseguia e prendia seus opositores e impunha costumes ocidentais à população, de maioria muçulmana. Reagindo à ditadura, à corrupção e à imposição de costumes ocidentais, a maioria muçulmana saiu às ruas contra Reza Pahlevi, que, ao ser pressionado, fugiu do país.

Bettmann/Corbis/Latinstock

Reza Pahlevi.

Um Estado teocrático

Duas semanas depois, o líder religioso muçulmano Ruhollah Khomeini, que vivia exilado na França, retornou ao Irã triunfante e proclamou uma República Islâmica. Khomeini tinha o título de aiatolá, que significa "intérprete de Deus" e é dado aos altos representantes do clero **xiita**. O **Estado teocrático** chefiado por Khomeini era antiocidental e radicalmente contrário aos Estados Unidos. Seu governo baseava-se na Sharia (a lei islâmica). As mulheres eram obrigadas a cobrir o rosto com um véu, não podiam estudar e, se consideradas adúlteras, eram chicoteadas em público; os assaltantes tinham as mãos cortadas e os assassinos eram executados. Daí dizer-se que o governo Khomeini era expressão do **fundamentalismo** islâmico.

Bettmann/Corbis/Latinstock

O aiatolá Khomeini (no centro) fotografado no Irã, em fevereiro de 1979, depois de 15 anos de exílio.

Xiitas: seguidores da corrente do Islamismo que defende que somente os descendentes de Ali (marido de Fátima, filha de Maomé) podem ser considerados sucessores legítimos de Maomé. Já para os sunitas, Maomé não deixou sucessores; assim, cabe ao povo de cada país a escolha do governante.

Estado teocrático: país em que a vida política e social está subordinada a normas religiosas.

Fundamentalismo: radicalismo religioso ou político que defende o retorno às raízes religiosas, étnicas ou culturais. No mundo atual há três tipos principais de fundamentalismo: o islâmico, o judaico e o cristão.

O caso do Afeganistão

Após a revolução islâmica no Irã, o fundamentalismo islâmico cresceu. No Afeganistão, o grupo fundamentalista Talibã chegou ao poder, em 1996, e impôs ao país uma ditadura teocrática e antiocidental. A televisão, que veicula imagens e valores do modo de vida ocidental, foi proibida. As mulheres foram proibidas de sair às ruas desacompanhadas e até de aprender a ler e escrever.

Hunter/Corbis/Latinstock

À esquerda, mulher vestindo o xador, uma vestimenta que envolve o corpo todo, com exceção dos olhos; à direita, mulher vestindo a *burqa*, uma versão radical do xador, que cobre até os olhos. No período em que o Afeganistão esteve sob o domínio do Talibã, o uso da *burqa* era obrigatório.

Jason Horowitz/Corbis/Latinstock

Com a ascensão do Talibã no Afeganistão, os Estados Unidos, representantes máximos do Ocidente, foram demonizados e sua influência política, econômica e cultural tornou-se um alvo a ser duramente combatido. Os Estados Unidos do presidente Bush (2001-2009), por sua vez, incluíram o Afeganistão no "eixo do mal", países vistos pelo governo norte-americano como uma ameaça ao seu modelo de democracia e que deviam ser combatidos pela força.

O ataque às torres gêmeas

Nesse contexto de polarização crescente, em 11 de setembro de 2001, um grupo de fundamentalistas islâmicos agiu de forma violentíssima e inesperada: lançou dois aviões comerciais sequestrados sobre as torres gêmeas do World Trade Center, de 110 andares, em Nova York, e um terceiro contra o prédio do Pentágono, em Washington. Foram atingidos, assim, dois grandes símbolos do poderio norte-americano (econômico e militar, respectivamente).

O governo dos Estados Unidos, liderado por George W. Bush, responsabilizou a rede Al Qaeda (A Base), comandada por Osama bin Laden, pelos atentados, e convocou seus aliados, entre os quais o Reino Unido, para uma cruzada contra o terrorismo. Em 7 de outubro de 2001, forças anglo-americanas e seus aliados atacaram o Afeganistão, com a ajuda da Aliança do Norte, grupo de milicianos afegãos contrários ao Talibã.

A vitória sobre o Talibã foi relativamente rápida. Formou-se, então, um novo governo composto de etnias afegãs rivais entre si, e liderado pela Aliança do Norte. Desde então, Osama bin Laden foi sistematicamente perseguido e acabou sendo morto por forças norte-americanas em 1º de maio de 2011, em uma operação militar no Paquistão.

SuperStock/Keystone

Milhares de pessoas de diferentes nacionalidades, inclusive brasileiros, que trabalhavam no World Trade Center, desapareceram nas chamas. O número de mortos nos atentados de 11 de setembro de 2001, em Nova York, foi de 3 044 pessoas.

O caso do Iraque

A tensão aumentou no Oriente Médio em agosto de 1990, quando o ditador iraquiano Saddam Hussein ordenou a invasão do Kuwait por interesse nos poços de petróleo kuwaitianos e na ampliação da área de seu território banhada pelo Golfo Pérsico.

O Conselho de Segurança da ONU exigiu que as forças iraquianas se retirassem do Kuwait, e, como não foi atendido, autorizou o uso da força. Em 1991, os Estados Unidos, a Grã-Bretanha e a União Soviética, além de vários países árabes, como a Síria e a Arábia Saudita, atacaram o Iraque e obrigaram as forças de Saddam Hussein a deixarem o Kuwait.

A partir de meados de 2002, adotando a **teoria da guerra preventiva**, o então presidente norte-americano, George W. Bush, passou a dizer que era preciso invadir o Iraque, pois o país possuía armas de destruição em massa, que seriam usadas em futuras ações terroristas contra os Estados Unidos. Para a maioria dos analistas, porém, as razões que conduziram à invasão do Iraque foram: a) a intenção do governo Bush de impor uma ordem mundial unipolar, sob a liderança dos Estados Unidos; b) o interesse norte-americano pelo petróleo do Iraque, país que possui a segunda maior reserva mundial do produto.

Teoria da guerra preventiva: teoria segundo a qual a melhor maneira de se defender de um ataque previsível é atacar antes.

Guerra do Golfo. Caças da força aérea norte-americana sobrevoam o Kuwait durante a operação Tempestade no Deserto, 1991.

Tech. Sgt. Fernando Serna/Age Fotostock/Easypix

Em 2003, a poderosa máquina do Ocidente invadiu o país e submeteu Bagdá, sua capital. O mundo descobriu, perplexo, que o Iraque não possuía as tais armas químicas que tinham servido de pretexto para a invasão.

Na gestão de Barack Obama, iniciada em 2009, o governo norte-americano começou a devolver o controle militar do Iraque aos iraquianos. Em 15 de dezembro de 2011, o processo é concluído em uma cerimônia que oficializou o fim da guerra; dias depois, os últimos soldados estadunidenses deixaram o país.

Dialogando

1 O que a Guerra do Iraque significou para os Estados Unidos?

2 E para o povo do Iraque o que ela significou?

3 O que a invasão do Iraque significou para o patrimônio cultural e artístico do país?

Levantes populares na África e no Oriente Médio

No final de 2010 teve início uma série de levantes populares em países africanos e do Oriente Médio. O estopim desses levantes foi a autoimolação do tunisiano Mohamed Bouazizi, um vendedor ambulante de 26 anos que ateou fogo ao próprio corpo em protesto contra o desemprego e a baixa qualidade de vida no seu país. Sua morte foi o ponto de partida de uma onda de protestos, com efeito dominó: em janeiro de 2011 a revolta popular derrubou o ditador da Tunísia, Zine El Abidine Ben Ali; em fevereiro do mesmo ano, caía no Egito o ditador Hosni Mubarack; em outubro, na Líbia, Muamar Kadafi era liquidado após ter provocado uma guerra civil no país; e, em novembro, Ali Abdullah Saleh, do Iêmen, teve de deixar o poder e fugir do país após meses de protestos populares.

Kuni Takahashi/Getty Images

O povo lotou as ruas em protestos gigantescos e, com a ajuda das redes sociais, conseguiu derrubar ditadores corruptos e sem escrúpulos, como o egípcio Hosni Mubarack. Tahir, Cairo, 2011.

Esses movimentos, chamados pela imprensa de **Primavera Árabe**, continuam sacudindo países como Bahrein, Kuwait, Omã, Jordânia, Argélia, Marrocos e a Síria, onde o governo de Bashar al-Assad reprimiu a população brutalmente e está sendo acusado pela ONU de crimes contra a humanidade.

Primavera Árabe: termo criado pela imprensa para traduzir o despertar dos povos árabes contra as condições socioeconômicas em que vivem; é também uma alusão às revoluções de 1848 na Europa, conhecidas como Primavera dos Povos.

Shen Hong/Xinhua Press/Corbis/Latinstock

Em 1º de março de 2012, Kofi Annan, representante da ONU, fala na sede do organismo em Nova York sobre a crise recente que vem se desenrolando na Síria. Ele foi destacado para mediar o conflito entre oposição e governo que tinha resultado, até abril de 2012, na morte de 9 mil pessoas, segundo dados fornecidos pela ONU.

Nesses levantes ocorridos na África do Norte e no Oriente Médio ao longo de 2011, a mobilização popular contou com a ajuda das **redes sociais**, da telefonia móvel e da TV Al Jazeera. Os governos ditatoriais, por sua vez, usaram a censura à internet e o grampo telefônico, além de uma violência indiscriminada para reprimir os manifestantes. Raramente o governo atendeu a algumas exigências populares (para não ser derrubado do poder), como aconteceu na Arábia Saudita. Os regimes contestados têm em comum o fato de serem ditaduras que impedem a população de exercer sua cidadania.

Rede social: estrutura que possibilita relacionamentos horizontais e não hierárquicos entre os participantes. As redes sociais on-line podem operar em diferentes níveis, como, por exemplo, redes de relacionamentos (Facebook, Orkut, Twitter etc.), redes profissionais (LinkedIn), redes comunitárias (redes sociais em bairros ou cidades), entre outras.

Entre as razões desses levantes populares em países do Norte da África e do Oriente Médio, podemos citar:

a) o imperialismo europeu e norte-americano que, além de explorar economicamente a região, deu apoio armado e financeiro a governantes autoritários locais;
b) a enorme desigualdade social e econômica vigente nos países onde ocorreram esses levantes;
c) a baixa qualidade de vida da maioria da população desses países;
d) a existência de ditadores corruptos que se perpetuaram no poder (Ben Ali governava a Tunísia havia 23 anos; Muamar Kadafi governava a Líbia havia 42 anos!);
e) a opressão à mulher e a censura aos meios de comunicação, entre outros.

Esses movimentos populares têm exigido democratização do regime, fim da censura aos meios de comunicação e melhor qualidade de vida para a população (trabalho, saúde, educação).

Atividades

1 Identifique a alternativa errada e corrija-a no caderno.

a) A globalização pode ser definida como um processo de crescente interligação entre povos e países.
b) A globalização é um processo recente que começou com a descoberta da internet e do telefone celular.
c) A globalização vem se acelerando com a descoberta de novas tecnologias da informação e a automação do processo produtivo.
d) A globalização contribuiu para a oferta de uma grande variedade de produtos a preços relativamente baixos.
e) A globalização trouxe ao mesmo tempo uma desvantagem: o crescimento do desemprego.

2 Leia o texto a seguir com atenção e responda ao que se pede:

"[...] As roupas japonesas, consumidas no mercado americano, são fabricadas em Hong Kong, Taiwan, Coreia do Sul e Cingapura; já a indústria de confecção norte-americana, quando inscreve em seus produtos 'made in USA', esquece de mencionar que eles foram produzidos no México, no Caribe, ou nas Filipinas".

Paulo Sérgio Camo. *O trabalho na economia global.* São Paulo: Moderna, 1998. p. 13. (Polêmica).

a) O autor do texto destaca uma das características da globalização; qual é ela?

b) Levante uma hipótese: por que será que algumas indústrias norte-americanas preferem produzir suas mercadorias no México, no Caribe ou nas Filipinas?

3 **Conceitue no caderno:**

a) Multinacional.

b) Capital especulativo.

c) Capital produtivo.

d) Organização Mundial de Comércio.

e) Neoliberalismo.

4 **Nos últimos anos, com a Revolução técnico-científico informacional, muitos trabalhadores foram substituídos por máquinas inteligentes e robôs, ficando sem emprego por um longo tempo.**

a) Que nome se dá a esse tipo de desemprego?

b) Todos os países são igualmente atingidos por esse tipo de desemprego?

c) Cite exemplos de áreas em que vêm surgindo novos empregos.

5 **Identifique a alternativa errada e corrija-a no caderno.**

a) Os judeus sentiram-se injustiçados com a formação do Estado palestino e, em 1948, atacaram-no militarmente.

b) Após a derrota na guerra contra o Estado de Israel, cerca de 750 mil palestinos foram expulsos da terra em que viviam, e teve início, assim, a chamada questão palestina.

c) Nas guerras árabe-israelenses, ocorridas durante a Guerra Fria, os judeus foram ajudados pelos Estados Unidos, e os árabes, pela União Soviética.

d) As guerras entre árabes e judeus foram provocadas por fatores políticos, econômicos e religiosos e pela interferência direta ou indireta das potências ocidentais.

6 **A imagem é uma foto de 2002 e foi tirada em Israel.**

a) O que a foto mostra?

b) O que é possível saber sobre os meninos com base nas suas vestimentas?

c) O que a imagem sugere? (Fale livremente sobre ela.)

Ricki Rosen/Corbis/Latinstock

7 Em grupo Em dezembro de 2010 teve início uma onda de levantes populares conhecidos como "Primavera Árabe". No final de 2011 esses levantes populares, iniciados na Tunísia, já tinham derrubado quatro ditadores, e as revoltas continuavam em outros países como Argélia, Jordânia, Iêmen, Arábia Saudita, Líbano, Palestina, Síria, Barhein, Iraque e Kuwait.

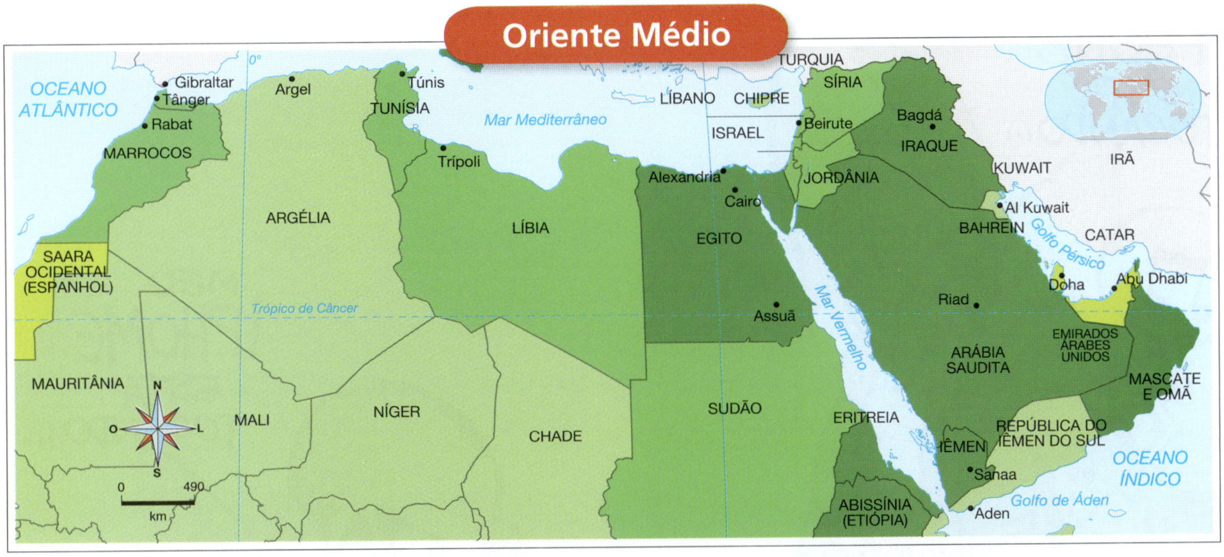

Mario Yoshida

Fonte: *O Atlas do Oriente Médio*. São Paulo: Publifolha, 2008.

Kuni Takahashi/Getty Images

Pesquisem sobre o andamento das revoltas em cada um desses países com base nos seguintes passos.

- Escolham o país que seu grupo irá pesquisar.
- Procurem dados socioeconômicos desse país antes do início do levante.
- Destaquem os fatores que motivaram o levante nesse país.
- Analisem a participação dos jovens e das mulheres no movimento.
- Investiguem e analisem a importância das redes sociais (Facebook, Twitter) e da telefonia celular na organização e divulgação do movimento.
- Analisem a situação atual do país que sua equipe está pesquisando.
- Postem um resumo de sua pesquisa no *blog* da turma ou da escola.

A IMAGEM COMO FONTE

A charge foi feita por Dálcio Machado. Observe-a com atenção.

Dalcio/Correio Popular

1 Descreva a cena da esquerda, incluindo o vestuário, os pertences e a fala da personagem.

2 Descreva a cena da direita.

3 Que título você daria à charge?

4 O que a charge nos leva a pensar?

5 Que relação pode se estabelecer entre esta charge e o conteúdo do capítulo?

O TEXTO COMO FONTE

REFLETINDO SOBRE O MEIO AMBIENTE

Ao lado, um pelicano voando; abaixo, um pelicano encharcado de óleo derramado no mar.

Charlie Riedel/AP/Glow Images

PhotoStock-Israel/Fotostock/Easypix

O texto a seguir foi extraído do portal do MEC.

De maneira simples, define-se meio ambiente como "tudo aquilo que nos cerca", englobando os elementos da natureza como a fauna, a flora, o ar, a água, sem esquecer os seres humanos.

[...]

Desde a Revolução Industrial, o meio ambiente tem sido alterado intensamente pelas atividades humanas. Apesar da melhoria das condições de vida proporcionadas pela evolução tecnológica, observam-se diversos fatores negativos:

- *explosão populacional;*
- *concentração crescente da ocupação urbana;*
- *aumento do consumo com a utilização em maior escala de matérias-primas e insumos (água, energia, materiais auxiliares de processos industriais);*
- *piora da qualidade de vida.*

Em consequência do aumento das atividades urbanas e industriais, agravou-se a poluição, atingindo todos os elementos do meio ambiente.

Assim, definimos poluição como:

- *"degradação da qualidade ambiental, resultante de atividades que direta ou indiretamente:*

– prejudiquem a saúde, a segurança e o bem-estar da população;
– criem condições adversas às atividades sociais e econômicas;
[...]
– lancem matérias ou energia em desacordo com os padrões ambientais estabelecidos."
[...]

Quando a poluição de um recurso hídrico resulta em prejuízos à saúde do ser humano, dizemos que há contaminação.

Isto ocorre como resultado de processos poluidores que lançam no ambiente substâncias tóxicas que causam prejuízos aos organismos.

Muitos problemas ambientais do planeta foram provocados porque não foram consideradas as relações que existem entre os elementos que compõem o meio ambiente.

Um distúrbio no solo, num curso d'água ou no ar em um determinado local pode afetar um outro local de maneira complexa e inesperada. [...]

Extraído do *site*: <http://portal.mec.gov.br/setec/arquivos/pdf/meioambi.pdf>. Acesso em: 4 abr. 2012.

1 O texto é literário, filosófico, jurídico ou argumentativo?

2 Conceitue meio ambiente, poluição, contaminação, usando suas palavras.

3 Que relação pode se estabelecer entre as imagens da página anterior e o texto?

4 Em grupo Debatam e elaborem uma proposta de intervenção a fim de evitar a ocorrência dos graves acidentes ambientais que a imprensa tem noticiado com frequência nos últimos anos.

LIVROS, *SITES* E FILMES

Livros

STRAZZACAPA, Cristina. *Globalização: o que é isso afinal?* São Paulo: Moderna, 2003.

MAGNOLI, Demétrio; BARBOSA, Elaine Senise. *O mundo em desordem: liberdade* versus *igualdade (1915-1945*. São Paulo: Record, 2011. v. 1.

OLIC, Nelson Bacic; CANEPA, Beatriz. *Oriente Médio e a questão palestina*. São Paulo: Moderna, 2003.

Sites

Nova Ordem Mundial e Neoliberalismo – <www.espada.eti.br/guia-nom.asp>. *Site* sobre o mundo globalizado e o neoliberalismo.

Conflito Árabe Israelense – <http://educacao.uol.com.br/historia/oriente-medio-entenda-o-conflito-arabe-israelense.jhtm>. *Site* sobre as raízes do conflito entre árabes e israelenses.

Oriente Médio: conflitos – <www.brasilescola.com/geografia/oriente-medio.htm>. *Site* com mapas e textos sobre os intermináveis conflitos no Oriente Médio.

Filme

Vozes contra a globalização: outro mundo é possível? Direção de Carlos Estévez. Espanha, 2007. (60 min.). Uma série de sete documentários de uma hora cada, que discute a globalização e seus cenários mais caóticos e reveladores. Conta com a participação de jornalistas, músicos e intelectuais das mais diversas áreas do conhecimento, combinando imagens em diferentes locais e realidades sociais.

CAPÍTULO 17

O Brasil na Nova Ordem Mundial

Carlos Eduardo/CB/D.A Press

Essa fotografia foi tirada durante um protesto indígena por demarcação de terras, fato que tem se repetido com frequência no Brasil atual. Você sabe que estátua é esta? Saberia dizer onde ela se encontra? Por que os indígenas teriam colocado um cocar nesta estátua? O que estariam querendo dizer com isso?

Neste capítulo você vai entrar em contato com a história recente do Brasil e os desafios que o atual governo brasileiro tem pela frente, inclusive o de equacionar a questão dos direitos indígenas previstos na Constituição, mas muitas vezes desrespeitados na prática.

No último ano do governo Sarney, o povo brasileiro encontrava-se bastante insatisfeito, em razão das seguidas denúncias de corrupção envolvendo membros do governo e da situação social do país; e manifestava sua insatisfação por meio de protestos, de saques a lojas e supermercados e de greves. Foi nesse ambiente conturbado que se inicou a campanha presidencial de 1989.

Um dos candidatos era o então governador de Alagoas, Fernando Collor de Mello. Membro de uma família tradicional que contava com vários empresários e políticos, Collor era formado em Economia e Comunicação Social. Apresentava-se como um líder indignado com a corrupção, disposto a ser um "caçador de **marajás**" e protetor dos "**descamisados**".

Marajás: funcionários públicos corruptos com vários salários, que tinham suas despesas particulares pagas pelo governo.

Descamisados: os que viviam abaixo da linha da pobreza; os excluídos.

Paulo Fridman/Sygma/Corbis/Latinstock

Collor na campanha presidencial, em foto de dezembro de 1989. Na relação com o público, ele se saía bem; seus gestos eram inflamados; suas promessas, vagas e mirabolantes; elegia os marajás como o inimigo número 1 da Nação e passava a ideia de que, assim que eles fossem eliminados, a vida do povo melhoraria.

Luiz Inácio Lula da Silva, adversário de Collor, tinha origem operária e tornou-se popular ao liderar greves no ABC paulista, entre 1978 e 1980. Lula defendia a reforma agrária, o fim da pobreza e a suspensão do pagamento da dívida externa brasileira.

Em 1989, depois de quase 30 anos sem eleições diretas, os brasileiros voltaram às urnas para eleger o presidente da República. Fernando Collor de Mello, do Partido da Reconstrução Nacional (PRN), venceu Luiz Inácio Lula da Silva, do Partido dos Trabalhadores (PT), no segundo turno. Collor recebeu 35 milhões de votos contra 31,1 milhões dados a Lula.

Governo Collor

Quando Collor assumiu o poder, em janeiro de 1990, a inflação atingia o índice alarmante de 85% ao mês. Prometendo que resolveria o problema da inflação "com um só tiro", o novo presidente lançou o **Plano Collor**, que:

a) bloqueou todo o dinheiro, acima de 50 mil cruzados novos, depositado em contas bancárias de pessoas e empresas;
b) congelou os preços, demitiu funcionários públicos e elevou os impostos;
c) elevou os juros, com o objetivo de diminuir o consumo;
d) eliminou vários impostos sobre a importação, ocasionando a entrada de uma enxurrada de produtos estrangeiros no Brasil, de brinquedos a automóveis.

Dialogando

Pergunte aos adultos qual foi a reação das pessoas diante do bloqueio do dinheiro pelo governo Collor.

Retirando o dinheiro de circulação, freando o consumo, abrindo o mercado brasileiro às importações e forçando a queda nos preços dos produtos nacionais, o governo conseguiu diminuir a inflação. Em compensação, as vendas no comércio e a produção industrial caíram muito. Muitas empresas faliram; outras reduziram os salários e despediram funcionários, ocasionando um aumento do desemprego. A economia entrou em **recessão**.

Recessão: crise econômica persistente, caracterizada por queda no PIB durante seis meses consecutivos, ocorrendo a diminuição dos bens e serviços produzidos e o aumento do desemprego.

Itaci Batista/AE

Hoje encontramos brinquedos da China, roupas da Índia, baterias elétricas das Filipinas em lojas ou barracas de camelôs espalhadas por todo o país. Essa abertura do mercado nacional começou no governo Collor, São Paulo, 2010.

A luta pela ética na política

A insatisfação popular gerada pela recessão na economia aumentou ainda mais com a explosão de uma série de escândalos envolvendo o governo Collor. O maior deles foi a descoberta, em 13 de maio de 1992, do **esquema PC**: uma vasta rede de corrupção liderada pelo empresário Paulo César Farias, amigo e tesoureiro da campanha de Collor. Comprovou-se que PC Farias recebia altas somas em dinheiro de grandes empresários para liberar verbas do governo. Parte desse dinheiro ia para contas fantasmas e era usado para pagar as despesas pessoais de Collor, seus familiares e amigos.

A população brasileira reagiu às notícias promovendo grandes manifestações públicas e exigindo o afastamento de Collor e o fim da corrupção. Entre os manifestantes, havia um grande número de **caras-pintadas**: jovens que pintavam o rosto com as cores da bandeira nacional, protestando contra a falta de ética na política.

Juca Martins/Olhar Imagem

Epitácio Pessoa/AE

Manifestação pró-*impeachment* de Collor em São Paulo, em 1992. Manifestações como essa ocorreram em todo o país. Entre os manifestantes havia um grande número de caras-pintadas, como a moça em detalhe.

Sob forte pressão da sociedade civil, em setembro de 1992, a maioria dos deputados votou a favor da abertura do processo de *impeachment* (impedimento). A partir daí, caberia ao Senado julgar o presidente. Ao perceber que iria ser derrotado no Senado, Collor renunciou. Apesar disso, foi condenado pelo Senado a ficar sem direitos políticos por oito anos.

Governo Itamar Franco

Presidente Itamar Franco no Palácio do Planalto. Brasília, DF. 2004.

Ricardo Azoury/Pulsar

Com a renúncia de Collor, no final de 1992, Itamar Franco assumiu a presidência e, esforçando-se para parecer um político conciliador e independente, escolheu pessoas de diferentes partidos, sobretudo do PMDB e do PSDB, para compor seu governo.

Itamar Franco assumiu o governo em um momento em que uma inflação de 30% ao mês corroía os salários e empobrecia os trabalhadores. Para combatê-la, convidou para o Ministério da Economia o sociólogo Fernando Henrique Cardoso, também chamado de FHC. Fernando Henrique e sua equipe lançaram, então, o **Plano Real**, que entrou em vigor em julho de 1994. O Plano Real:

a) previa a criação de uma nova moeda, o real, e estabelecia a paridade entre a moeda brasileira e o dólar estadunidense; ou seja, em 1º de julho de 1994, 1 real equivalia a 1 dólar;

b) defendia um forte controle dos gastos públicos. Com esse propósito, naquele mesmo ano, FHC elevou os impostos federais em cerca de 5% e promoveu amplos cortes no orçamento, até mesmo na saúde e na educação.

População vai às compras, estimulada pelo Plano Real, em agosto de 1994.

Nelson Almeida/AE

O Plano Real conseguiu fazer a inflação cair para menos de 5% ao mês, os salários recuperaram parte de seu poder de compra e as pessoas passaram a consumir mais, desde alimentos até televisores e máquinas de lavar.

Conforme a inflação diminuía, a popularidade de Fernando Henrique aumentava. Ajudado pela mídia, que o batizara de "pai do Real", ele deixou o Ministério da Economia e se lançou na disputa pela presidência da República, pelo PSDB (Partido Social Democrata Brasileiro) em aliança com o PFL (Partido da Frente Liberal). A campanha de Fernando Henrique veiculava imagens que sugeriam modernidade e prosperidade; já a de Lula, seu principal opositor, mostrava imagens de pobreza e exclusão social; as urnas deram a vitória a Fernando Henrique já no primeiro turno, que obteve 54,2% dos votos válidos; Lula, do PT (Partido dos Trabalhadores), ficou em segundo lugar.

Governo Fernando Henrique

Fernando Henrique Cardoso acenando para o povo, na cerimônia de transmissão do cargo de presidente. Dia da Independência em Brasília, 2000.

Fernando Henrique Cardoso assumiu em 1995, com o compromisso de manter a estabilidade do real e de reduzir os gastos públicos e o tamanho do Estado. Em vez do Estado interventor/empreendendor da Era Vargas, ele defendia o Estado Mínimo, ou seja, um Estado que transferisse para a iniciativa privada a produção de bens e serviços e se voltasse principalmente para as áreas de educação, saúde, segurança e saneamento básico.

A fim de reduzir o tamanho do Estado, o governo FHC acelerou o programa de **privatização** de estatais, iniciado pelo governo Collor. Para isso, conseguiu aprovar no Congresso mudanças na Constituição, entre as quais a **quebra do monopólio estatal** do petróleo e das telecomunicações. O governo FHC autorizou a venda de várias empresas estatais, como a Vale do Rio Doce, uma das líderes mundiais na área de mineração, e a Embratel (Empresa Brasileira de Telecomunicações).

Privatização: venda de empresas estatais a particulares.

PARA REFLETIR PARA REFLETIR PARA REFLETIR PARA REFLETIR

DEBATENDO A PRIVATIZAÇÃO

Durante os oito anos do governo FHC ocorreu, como vimos, a privatização de grandes empresas brasileiras. E, como era de se esperar, o debate sobre a privatização esquentou, ganhando espaço na imprensa, nas universidades, no Congresso e entre as pessoas comuns.

Os defensores da privatização argumentavam que:

- o dinheiro obtido com a venda dessas empresas seria usado para diminuir a dívida pública, que é paga por todos os cidadãos por meio dos impostos;
- nas mãos da iniciativa privada, as empresas se tornariam mais eficientes e conseguiriam oferecer à população bens e serviços de melhor qualidade.

Privatização da Telebras: representantes do segmento empresarial e do governo durante o leilão da Telebras, 1998.

Os críticos da privatização, por sua vez, argumentavam que:

- a venda das estatais liquidaria parte preciosa do patrimônio brasileiro e comprometeria nossa soberania;
- com a privatização de empresas estratégicas, os serviços oferecidos à população, como os de fornecimento de energia e de telefonia, se tornariam piores e mais caros.

Rosane Marinho/Folhapress

Manifestação popular na cidade do Rio de Janeiro contra a venda da Companhia Vale do Rio Doce, em 6 de maio de 1997.

1 Conversem com os mais velhos sobre a privatização de serviços em áreas como as de telefonia e energia elétrica e respondam: quais argumentos vocês acham mais convincentes?

2 Qual a sua opinião sobre o assunto?

Fernando Henrique também conseguiu aprovar no Congresso, em 1997, a emenda constitucional que permitia a reeleição do presidente da República, de governadores e de prefeitos. E, apoiado na aliança com o Partido da Frente Liberal (PFL), de Antônio Carlos Magalhães, Fernando Henrique, do PSDB, venceu Lula, do PT, pela segunda vez.

O segundo mandato de FHC

No seu segundo mandato, Fernando Henrique continuou adotando uma política neoliberal de abertura às importações, continuidade do programa de privatizações e de juros altos a fim de atrair capitais estrangeiros.

Com os juros altos, as empresas diminuíram seus investimentos na produção e despediram funcionários, o que aumentou em muito o desemprego. Os efeitos da crise – especialmente o aumento do desemprego – elevaram a insatisfação popular e engrossaram a oposição ao governo FHC, tanto no Congresso quanto nas ruas.

A oposição a FHC

Entre seus opositores estavam:

a) governadores (como Itamar Franco de Minas Gerais), que queriam renegociar a dívida de seus estados com o governo federal;

b) partidos como o PT, o PC do B, o PDT e o PSB, contrários à privatização de estatais;

c) a Central Única dos Trabalhadores (CUT), que promoveu várias manifestações de rua contra o governo FHC;

d) movimentos sociais como o **Movimento dos Trabalhadores Rurais Sem Terra (MST)**, que defendia a realização imediata de uma reforma agrária.

Apesar de críticas contundentes de seus adversários, ao longo de oito anos, o governo FHC promoveu avanços sociais importantes, sobretudo nas áreas da educação, da saúde e do controle do gasto público.

Ricardo Stuckert/Editora Abril

Marcha Nacional por Reforma Agrária, organizada pelo Movimento dos Sem Terra, Brasília (DF), 1997.

Na **educação** ocorreu um grande aumento do número de crianças na escola: em 1994 a porcentagem de crianças de 7 a 14 anos fora da sala de aula era de 12%; em 2002 passou a ser de 3%. A taxa de analfabetismo entre brasileiros com mais de 10 anos de idade, que era de 15% em 1995, caiu para 11%, em 2001. Foi aprovada também a Lei de Diretrizes e Bases (LDB), em 1996, que introduziu importantes mudanças no sistema educacional brasileiro, de modo a elevar sua qualidade.

Na **saúde**, o programa de combate à Aids posto em prática pelo governo tornou-se referência mundial. O **índice de mortalidade infantil** caiu significativamente: em 1994 era de 38,4 mortes por mil nascimentos; em 2001 passou a ser de 28,6 mortes por mil nascimentos.

Índice de mortalidade infantil: número de mortes de menores de 1 ano de idade por mil nascidos vivos.

No **campo social**, o total de famílias sem-terra assentadas em 1994 era de 218 mil; ao final dos oito anos do governo FHC, tinha subido para 688 mil.

No tocante ao **controle do gasto público**, uma importante iniciativa do governo FHC foi a aprovação, no ano de 2000, da **Lei de Responsabilidade Fiscal**. Essa lei proíbe o administrador público (prefeito, governador ou presidente) de gastar mais do que é arrecadado. O desrespeito a essa lei prevê graves punições, que vão desde a perda dos direitos políticos até o pagamento de multas e a prisão dos infratores.

O governo Lula

Nas eleições presidenciais de 2002, o vencedor foi o ex-operário Luiz Inácio Lula da Silva, da coligação liderada pelo PT, e o segundo colocado foi José Serra, do PSDB. Lula ficou com 61,27% dos votos válidos, enquanto Serra obteve 38,73%. Era a primeira vez que um líder saído dos meios operários chegava à presidência da República no Brasil.

Eduardo Knapp/Folhapress

Em 1º de janeiro de 2003, logo após a cerimônia de posse, o presidente Lula e a primeira-dama Marisa Letícia desfilam em carro aberto na Esplanada dos Ministérios, em Brasília, em meio a uma multidão calculada em 200 mil pessoas.

Ao tomar posse, em 2003, o presidente Lula prometeu manter um diálogo amplo com a sociedade. Além dos ministérios já existentes, criou outros, como o Ministério das Cidades e o Ministério Extraordinário de Segurança Alimentar e Combate à Fome, e secretarias, como a Secretaria Especial de Política para as Mulheres e a Secretaria Especial de Políticas de Promoção da Igualdade Racial.

O presidente eleito anunciou, como prioridade do seu governo, o **Programa Fome Zero**, cujo objetivo é garantir a todos os brasileiros uma alimentação adequada em termos de qualidade, quantidade e regularidade. O programa combina políticas estruturais, como a intensificação da Reforma Agrária, com políticas específicas, como a melhoria da merenda escolar e o **Programa Bolsa Família**.

Programa Bolsa Família: legalizado em 2004, o Bolsa Família é o resultado da unificação de quatro outros programas: Cartão Alimentação, Bolsa Escola, Bolsa Alimentação e Auxílio Gás.

Ministério do Desenvolvimento Social e Combate à Fome

Cartaz de 2006 do Programa Bolsa Família, do Ministério do Desenvolvimento Social e Combate à Fome/Governo Federal.

Implantado em 2004, o Bolsa Família é um programa de transferência de renda que beneficia as famílias em situação de pobreza e extrema pobreza.

Em 2011, segundo o Ministério do Desenvolvimento Social, o Bolsa Família atendeu 13,1 milhões de famílias em todo o território nacional. As condições para se receber o benefício eram: ter renda familiar de até R$ 140,00 mensais por pessoa; manter a carteirinha de vacinação em dia e as crianças e os adolescentes entre 6 e 15 anos matriculados e com frequência escolar mensal mínima de 85% da carga horária.

PARA REFLETIR

BOLSA FAMÍLIA EM DEBATE

O Bolsa Família tem sido objeto de debates apaixonados.

Argumentos a favor do Bolsa Família:

a) ajudou a dinamizar a economia dos municípios, possibilitando o aumento das vendas em mercearias, lojas e supermercados;

b) contribuiu para diminuir o número de pessoas que viviam em uma situação de pobreza e de extrema pobreza e significou um avanço na obtenção de direitos sociais por parte de milhões de brasileiros;

c) colaborou para a melhora na distribuição de renda verificada nos últimos anos.

Argumentos contrários ao Bolsa Família:

a) é um programa que visa apenas conseguir o voto dos pobres; dá esmolas quando deveria oferecer trabalho;

b) incentiva o ócio e ajuda quem "não gosta de trabalhar";

c) há falta de fiscalização – muitas pessoas recebem o Bolsa Família sem, de fato, necessitar dela para as suas necessidades básicas.

Reflita, debata e opine: quais argumentos você achou mais convincentes? Por quê?

Corrupção no governo Lula

Em 2005 ocorreram várias denúncias de corrupção envolvendo dirigentes do PT, entre os quais o então ministro-chefe da Casa Civil, José Dirceu. As denúncias mais graves foram duas: o uso de dinheiro público para pagar despesas das campanhas eleitorais de políticos do PT e de seus aliados; o pagamento de um valor mensal a deputados para garantir que votassem a favor do governo na Câmara dos Deputados.

Alan Marques/Folhapress

O episódio ficou conhecido como escândalo do "Mensalão". Na foto, Brasília, DF, em 2/8/2005, José Dirceu presta depoimento no Conselho de Ética da Câmara dos Deputados enquanto o deputado federal Roberto Jefferson (PTB-RJ) (em pé à direita) se dirige a seu lugar. Foram abertas várias CPIs. Até o presente, início de 2012, apenas 4 dos 33 deputados processados foram cassados: José Dirceu (PT), Roberto Jefferson (PTB), Pedro Corrêa (PP) e André Luiz (sem partido, RJ).

Ainda em 2005, várias lideranças da esquerda, algumas pertencentes ao próprio PT, acusaram o governo de adotar uma política conservadora e romperam com ele. Uma dessas lideranças, a senadora Heloisa Helena, candidatou-se à presidência da República, em 2006, pelo PSOL (Partido Socialismo e Liberdade).

O segundo governo Lula

Nas eleições de 2006, Lula reelegeu-se presidente da República com mais de 60% dos votos válidos; o segundo colocado foi Geraldo Alckmin, do PSDB. No segundo governo Lula, o país avançou consideravelmente, sobretudo no campo da **economia** e da **política externa**.

Na economia, o governo conseguiu controlar a inflação, incentivar as exportações, que superaram em muito as importações, e promover o crescimento econômico. Entre 2006 e 2010, o PIB (Produto Interno Bruto) brasileiro registrou altas taxas de crescimento (exceto no ano de 2009). Observe a tabela a seguir.

Brasil			
Ano	**População**	**PIB R$ bilhões**	**Crescimento anual**
2006	185.564	2 369	4,0%
2007	187.642	2 661	6,1%
2008	189.613	3 032	5,2%
2009*	191.481	3 185	−0,6%
2010	190.732	3 675	7,5%

* O índice de 2009 é, em parte, repercussão da crise grave iniciada nos Estados Unidos no final de 2008.

Fonte: IBGE 2010.

Dialogando

Observando a tabela pode-se afirmar que a crise iniciada nos Estados Unidos no final de 2008 conseguiu desestabilizar a economia brasileira?

Com o crescimento da economia, a procura por mão de obra aumentou, e, consequentemente, o desemprego diminuiu, como ilustra o gráfico a seguir:

Retrato do Brasil

Evolução da taxa de desemprego

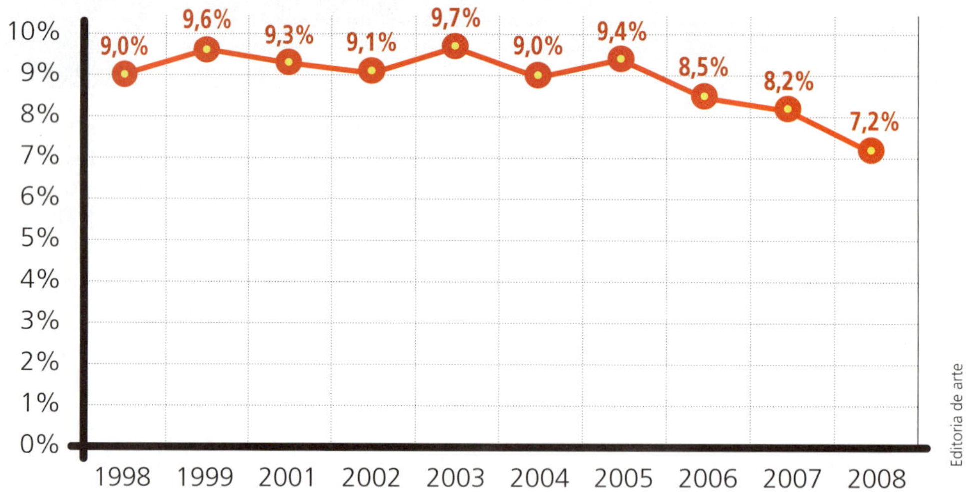

Fonte: PNAD 2008.

Com o objetivo de melhorar a infraestrutura e modernizar o país, o governo Lula lançou em 2007 o Programa de Aceleração do Crescimento (PAC), que prevê investimentos em saneamento básico, portos, estradas e urbanização, entre outros. Graças ao crescimento da economia e às políticas de inclusão social aplicadas no governo Lula, entre 2003 e 2010, segundo a Fundação Getúlio Vargas, cerca de 20,5 milhões de brasileiros deixaram a pobreza.

Por possuir características como território extenso, população grande, recursos naturais abundantes e uma economia que vem apresentando altas taxas de crescimento, o Brasil foi considerado um país emergente, assim como a China, a Índia e a Rússia. Por possuírem características comuns, esses países foram chamados de Bric (Brasil, Rússia, Índia e China); em 2011, a África do Sul (em inglês *South Africa*) ingressou oficialmente no grupo dos emergentes; a sigla usada para denominá-los ganhou então um "s": Brics. A condição de país emergente também valeu ao Brasil o ingresso no G20.

Além disso, o governo Lula pleiteou para o Brasil um assento permanente no **Conselho de Segurança da ONU**, órgão decisivo para o esforço de manutenção da paz mundial. Na política externa ainda merece destaque a atuação brasileira na Missão das Nações Unidas para Estabilização do Haiti, desde 2004.

Conselho de Segurança da ONU: hoje apenas os Estados Unidos, Reino Unido, França, Rússia e China têm assento permanente e poder de veto no Conselho de Segurança.

Minha Casa Minha Vida: é um programa do Governo Federal com o objetivo de ajudar os mais pobres a conseguirem a casa própria. Inicialmente, o programa previa a construção de 1 milhão de casas até o final de 2010. As prestações pagas durante o financiamento desses imóveis não podem ultrapassar 10% da renda.

Os resultados obtidos pelo governo Lula na economia, na política externa e na esfera social contribuíram para elevar sua popularidade, e ele terminou seu mandato com 80% de aprovação. Com isso, Lula conseguiu influenciar as eleições presidenciais de 2010, que deram a vitória a sua candidata, Dilma Rousseff, do PT. Ela obteve 56,05% dos votos válidos, contra 43,95% dados a José Serra, do PSDB.

O governo Dilma

No seu discurso de posse, a presidenta prometeu lutar para eliminar a pobreza extrema e criar oportunidades para todos. E afirmou que, para isso, era necessário que o Brasil continuasse crescendo e gerando empregos. Disse também que se empenharia em:

- manter a estabilidade econômica e o combate à inflação;
- aumentar os investimentos no **Minha Casa Minha Vida** e no PAC (Programa de Aceleração do Crescimento), que prevê a realização de obras de infraestrutura (aeroportos, portos, estradas etc.). Isso prepararia o Brasil para sediar a Copa do Mundo de futebol de 2014 e as Olimpíadas de 2016;

Wilton Junior/AE

Em 2011, a economista Dilma Rousseff assumiu a presidência. Pela primeira vez na história, uma mulher assumia o posto mais alto da República no Brasil.

- fornecer bolsa de estudos para jovens que cursam Ensino Médio profissionalizante. Ou seja, levar para o Ensino Médio a experiência bem-sucedida do **Prouni**;
- consolidar o SUS (Sistema Único de Saúde);
- ajudar os municípios a construir creches e pré-escolas;
- apoiar o governo estadual e os municípios no combate à criminalidade e às drogas.

Prouni: é um programa do Ministério da Educação, criado 2004, que oferece bolsas de estudos em instituições de educação superior privadas, a estudantes brasileiros, sem diploma de nível superior.

Ainda é cedo para uma apreciação mais fundamentada do governo Dilma, mas a pesquisa do Ibope/CNI de 4 de abril de 2012, data em que estávamos finalizando este capítulo, traz informações que podem nos ajudar a formar uma ideia do primeiro ano de Dilma; eis o que informa a pesquisa:

- Aprovação do governo Dilma: 77%.

Áreas do governo Dilma com melhor avaliação:

a) combate à **fome** e à **pobreza** (59% de aprovação);

b) **meio ambiente** (53% de aprovação);

c) combate ao **desemprego** (53% de aprovação).

As áreas com pior avaliação:

a) impostos (65% de reprovação);

b) saúde (63% de reprovação);

c) segurança pública (63% de reprovação).

Segundo alguns analistas, a aprovação de 77% obtida pelo governo Dilma deve-se aos altos níveis de emprego e elevada expectativa de consumo. (A pesquisa informa que a massa salarial havia crescido; a classe C vinha ascendendo; e o índice de qualidade de vida mantinha-se estável.)

Já segundo outros analistas, a imagem positiva do governo Dilma junto à população deve-se a sua postura firme diante dos políticos que compõem o Congresso e o corpo de ministros. No primeiro ano de seu governo, muitos ministros acusados de corrupção foram rapidamente substituídos e o seu relacionamento com o Congresso pautou-se pela seriedade e sobriedade, isto é, segundo outros analistas, é o que eleva a popularidade da presidenta.

Dialogando

O que tem maior peso na popularidade de um governo: o bom andamento da economia ou a transparência na gestão pública?

Povos indígenas hoje

Fabio Colombini

Adolescentes indígenas acessando computador na sala de informática da escola. Aldeia Guarani Tenonde Porã; etnia Guarani Mbyá. Parelheiros, São Paulo (SP), 2011.

Durante muito tempo, afirmou-se que o contato com o "civilizado" levaria os povos indígenas ao desaparecimento. Hoje, os próprios indígenas discordam disso e dizem que acreditam em si e no seu crescimento. E os números dão razão a eles. Entre 1991 e 2010, a população indígena saltou de 294 mil para 817 mil pessoas. Observe o gráfico.

O número de pessoas que se declararam indígenas em 2010 foi quase 11,5% maior que o registrado no Censo do IBGE de 2000.

População indígena

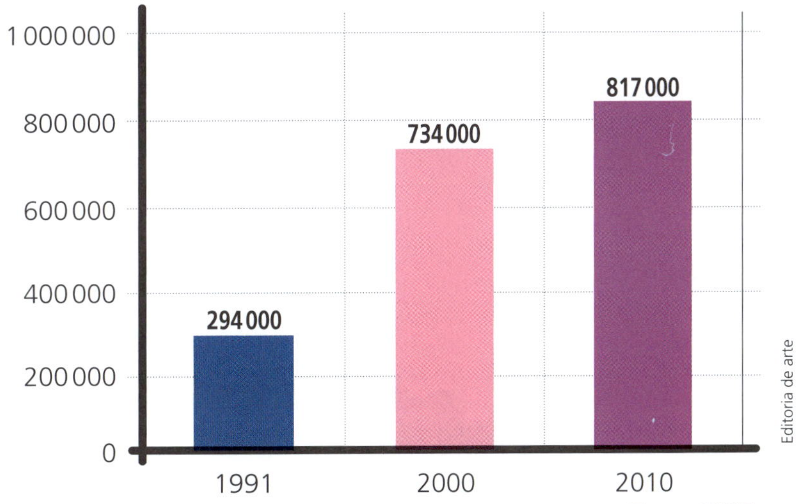

Fonte: IBGE.

O crescimento da população indígena nas duas últimas décadas pode ser atribuído às lutas dos indígenas em defesa de suas terras e seus direitos; à apropriação pelos indígenas de vacinas e remédios contra doenças como tuberculose, varíola, catapora, gripe, entre outras; ao aumento do número de pessoas que se autodeclaram índias; às políticas públicas de defesa e promoção das populações indígenas.

A luta pela terra

Nos anos de 1980, a luta dos indígenas e seus aliados por direitos resultou em duas importantes conquistas incorporadas à Constituição brasileira de 1988. Uma delas está no artigo 231, segundo o qual:

São reconhecidos aos índios [...] os direitos originários sobre as terras que tradicionalmente ocupam, competindo à União demarcá-las, proteger e fazer respeitar todos os seus bens.

A outra está contida no artigo 210 da nossa Constituição, o qual:

... assegura aos povos indígenas a utilização das suas línguas e processos próprios de aprendizagem no ensino básico, incentivando, assim, a educação escolar indígena.

Informa-nos o Cimi (Conselho Indigenista Missionário) que, em 2011, havia 488 Terras Indígenas (TIs) **declaradas** (delimitadas), **homologadas** (com publicação de decreto assinado pelo presidente da República) e **registradas** em cartórios. Mas havia, ainda, mais de 180 Terras Indígenas aguardando providências das autoridades brasileiras.

Assim, um dos principais problemas dos povos indígenas continua sendo o reconhecimento do seu direito à terra, fato que tem ocasionado disputas acirradas e contribuído para aumentar a violência no campo. De um lado, estão os indígenas e seus aliados; de outro, os fazendeiros, grileiros, madeireiros, posseiros e garimpeiros que não reconhecem os territórios de ocupação tradicional como terra indígena. Outro problema é que mesmo as terras indígenas demarcadas têm sido invadidas por pessoas e/ou empresas interessadas nas riquezas ali existentes. É esse o caso da TI Raposa Serra do Sol, em Roraima.

Brasília, DF, 26/8/2008. Líderes indígenas fazem manifestação na Praça dos Três Poderes, em frente ao Supremo Tribunal Federal (STF), em Brasília. Eles pressionam o STF a manter no julgamento que seria realizado no dia seguinte a homologação da Terra Indígena Raposa Serra do Sol, em Roraima, demarcada como área contínua.

Ed Ferreira/AE

A luta pela cultura

Uma série de outros problemas dificulta as lutas indígenas por direitos. Eles se encontram espalhados por áreas distantes umas das outras, divididos em muitos povos que falam línguas diferentes e, geralmente, com poucos recursos materiais. Apesar disso, graças ao seu próprio esforço e à ajuda de seus aliados, os indígenas vêm obtendo novas conquistas.

Uma dessas conquistas foi o estabelecimento, pelo MEC, em 1999, das normas de funcionamento das escolas indígenas e das diretrizes curriculares destinadas ao ensino bilíngue da história e da ciência indígenas. Segundo esses documentos, as escolas indígenas devem ajudar o aluno indígena a consolidar sua identidade, valorizar sua língua, sua história e a do grupo ao qual pertence; e ajudá-lo também a se desenvolver por meio da leitura e da escrita, e não apenas por meio da oralidade.

Fabio Colombini

Crianças e professora do povo Guarani Mbyá, em uma sala de aula, em Parelheiros, São Paulo (SP), fevereiro de 2012. Nessas instituições, as crianças são alfabetizadas por professores indígenas na língua do seu próprio grupo e em português. Isso aumenta a esperança de preservação das culturas indígenas. Na foto, vemos alunos de uma escola para falantes de língua guarani. Nas salas de aulas das escolas indígenas, os alunos têm recebido uma educação bilíngue e intercultural.

Recentemente, os povos indígenas obtiveram outra conquista: a lei n. 11.645, de 2008, tornou obrigatório o estudo da cultura afro-brasileira e **indígena** nas escolas de Ensino Fundamental e Médio, públicas e particulares de todo o Brasil.

Dialogando

O estudo das culturas indígenas pode ajudar na construção de identidades no Brasil? Explique.

ATIVIDADES

1 O trecho a seguir é retirado de um poema de cordel do cordelista baiano Ulisses Higino da Silva; leia-o com atenção.

Não nos devemos esquecer
Do confisco da poupança
De milhões de pessoas
Que guardaram na lembrança
E cresceu o desemprego
Isto não é mais segredo
Só restando a esperança

Mark Curran. *História do Brasil em cordel*. São Paulo: Editora da Universidade de São Paulo, 2003. p. 243.

a) A que episódio histórico o poema se refere?

b) O confisco da poupança levou de fato ao crescimento do desemprego como afirma o poeta?

2 Em março de 2012, a imprensa noticiou mais um caso de corrupção envolvendo políticos brasileiros. Desta vez o acusado é o senador Demóstenes Torres (ex-DEM-GO). Pesquise e responda:

a) Qual é a acusação que pesa sobre o senador Demóstenes?

b) Esse novo escândalo desgasta os políticos junto à população?

c) Em grupo Produza um cordel, um texto argumentativo, um manifesto contra a prática da corrupção na vida política brasileira. Socializem a produção de vocês postando-a no *blog* da turma.

3 Identifique a alternativa errada e corrija-a no caderno:

É correto dizer que o Plano Real:

a) previa a criação de uma nova moeda, o real (R$);

b) estabeleceu a paridade entre o real e o dólar;

c) provocou um aumento da inflação (mais de 30% ao mês);

d) favoreceu os assalariados, que recuperaram parte do seu poder de compra;

e) aumentou o prestígio de Fernando Henrique Cardoso, ajudando a alavancar sua candidatura à presidência da República.

4 Leia com atenção as duas tabelas e responda:

Brasil: Valor do salário mínimo (1990-1995)

Ano	Reais	US$
1990	64,52	76,27
1991	52,86	62,48
1992	52,25	61,76
1993	66,84	79,01
1994	70,00	82,74
1995	100,00	102,77

Inflação anual (1990-1995)

Ano	%
1990	1.198,5
1991	481,5
1992	1.157,9
1993	2.708,5
1994	1.304,4
1995	23,3

Fonte: IBGE. Francisco C. T. Silva. Brasil, em direção ao século XXI. IN: Maria Yedda Linhares (Org.). *História Geral do Brasil*. Rio de Janeiro: Campus, 1990. p. 399 e 404.

a) O que ocorreu com o valor do salário mínimo no governo Collor?

b) O que se pode concluir sobre a inflação e o valor do salário mínimo no governo Itamar Franco?

c) O que se verificou no primeiro ano do governo FHC no tocante à inflação e ao salário mínimo?

5 **Identifique a alternativa errada e corrija-a no caderno.**

Sobre o Movimento dos Trabalhadores Sem Terra, pode-se dizer que:

a) o MST surgiu no Rio Grande do Sul nos anos de 1970;

b) o *slogan* do MST é: "ocupar, resistir e produzir";

c) ao longo dos anos de 1990, o MST realizou inúmeras ocupações de fazendas consideradas improdutivas;

d) o MST promoveu a ocupação da sede de alguns órgãos do governo brasileiro;

e) aceitou negociar o adiamento da reforma agrária em troca de vantagens financeiras.

6 **Sobre a Lei de Responsabilidade Fiscal aprovada no governo FHC:**

a) Você sabe se essa lei continua vigente?

b) Ela é importante para o nosso país; por quê?

7 **Identifique a alternativa errada e corrija-a no caderno.**

Sobre o Programa Fome Zero, é correto dizer que:

a) foi considerado prioridade do governo Lula;

b) visava garantir a alguns brasileiros uma alimentação rica em gordura;

c) combinava políticas estruturais, a exemplo da reforma agrária, com políticas específicas, como o Programa Bolsa Família;

d) colaborou para transferir renda a famílias em situação de extrema pobreza.

8 **Observe o gráfico com atenção.**

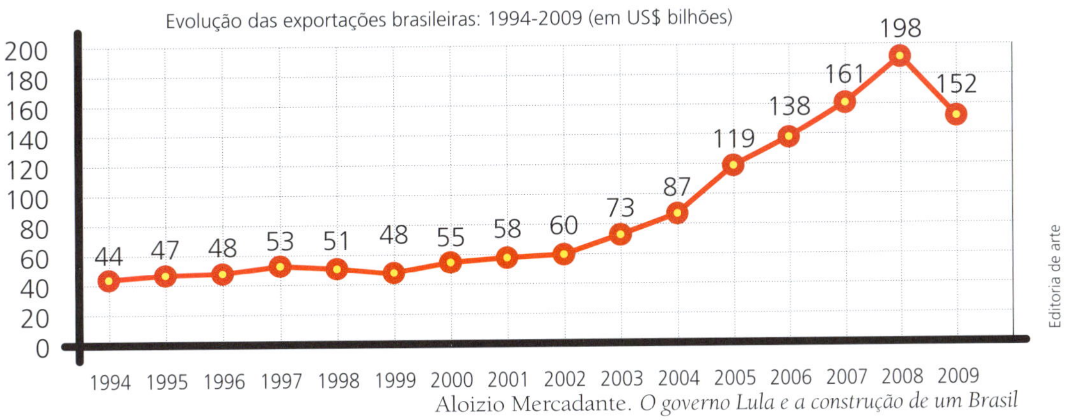

Aloizio Mercadante. *O governo Lula e a construção de um Brasil mais justo*. São Paulo: Editora Fundação Perseu Abramo, 2010. p. 47.

a) O que se pode concluir comparando as exportações brasileiras do ano de 2002 às de 2008?

b) Levante uma hipótese: a que se deve o desempenho das exportações brasileiras naquele período?

9 **Um dos aspectos mais criticados na avaliação do governo Dilma é justamente a alta carga tributária paga por todos nós. Entreviste um trabalhador com carteira assinada:**

a) Quais são os principais descontos registrados no holerite desse trabalhador?

b) A soma dos valores descontados do salário dele corresponde a que porcentagem do salário?

c) Em dupla Reflitam e opinem sobre o valor dos descontos no salário do trabalhador.

A IMAGEM COMO FONTE

Observe o cartaz; repare nos detalhes e nas cenas numeradas.

Núcleo Audiovisual CUFA RS

1 O cartaz foi composto de cenas retiradas de vários filmes; você saberia dizer o nome de alguns deles?

2 Qual será o significado da sigla CUFA impressa no centro do cartaz?

3 E esse menino que aparece filmando atrás de uma câmera, quem é ou o que ele representa?

4 O que a existência da CUFA informa sobre a sociedade brasileira de hoje?

O TEXTO COMO FONTE

Trecho da entrevista da presidenta Dilma à revista *Veja*, 2012.

BRASIL AOS OLHOS DE DILMA

Mas atrair dinheiro de fora não é bom em qualquer circunstância?

Não. O Brasil está em uma situação agora em que podemos dizer aos países ricos que não queremos o dinheiro deles. Não queremos pagar os juros de 13% por empréstimos que eles nos oferecem. [...].

A senhora consumiu boa parte do primeiro ano de seu governo resolvendo crises provocadas por denúncias de corrupção. Agiu com presteza e demitiu quem estava comprometido. É difícil encontrar auxiliares honestos?

A questão não deve ser colocada dessa forma. Os processos no governo é que precisam ser de tal forma claros e os resultados de avaliação tão lógicos que não sobre espaço para as fraquezas dos indivíduos.

Por que a senhora não gostou da expressão "faxina ética"?

Parece preconceituosa. Se o presidente fosse um homem, vocês falariam em faxina?[...] A questão não é essa palavra, a questão é que o governo tem uma obrigação de oferecer serviço público de qualidade à população. E para isso é necessário que os processos no governo sejam eficientes, **meritocráticos** *e transparentes.*

Meritocrático: baseado no mérito da pessoa, não em qualquer outra coisa, como apadrinhamento ou parentesco.

Em que momentos a senhora percebe que faz diferença ser uma mulher na Presidência? [...].

Eu acho que a diferença mesmo eu vejo quando as mulheres simples desse Brasil param para conversar comigo, acenam para mim, em quem enxergam um símbolo de emergência e de ascensão. A cada dia eu me convenço de que o século XXI é o século das mulheres.

Revista Veja. Ano 45, n. 13, 28 mar. 2012; p. 75; 77; 80 e 82.

1 Qual foi a mensagem da presidenta aos países ricos?

2 A fala da presidenta sobre a prática da corrupção tem sido coerente com sua ação no governo? Explique.

3 Em dupla Como vocês avaliam o comentário da presidenta a respeito da expressão "faxina ética".

LIVROS, *SITES* E FILMES

Livro

POCHMANN, Marcio. *Desenvolvimento, trabalho e renda no Brasil: avanços recentes no emprego e na distribuição dos rendimentos*. São Paulo: Fundação Perseu Abramo, 2010. v. 2. (Brasil em debate).

Site

Política externa brasileira na nova ordem internacional – <www.politicaexterna.com/10953/preciso-uma-nova-ordem-internacional>. *Site* sobre a política externa no contexto da globalização.

Filmes

Arquitetos do poder. Direção de Vicente Ferraz e Alessandra Aldé. Brasil, 2010. (100 min.). Documentário sobre o atual cenário político. Traça um panorama das relações entre mídia e política no Brasil desde Vargas, passando pelas eleições de 1989 até os nossos dias.

Entreatos. Direção de João Moreira Salles. Brasil, 2004. (117 min.) Documentário sobre os bastidores da campanha presidencial de Luiz Inácio Lula da Silva no ano de 2004.

Pro dia nascer feliz. Direção de João Jardim. Brasil, 2006. (88 min.) Documentário sobre a educação no Brasil nas décadas de 1990 e 2000, a partir de relatos de alunos de diferentes estados brasileiros e diversos grupos sociais.

Atrás da porta. Direção de Vladimir Seixa. Brasil, 2010. (92 minutos) Documentário sobre uma realidade, infelizmente cada vez mais presente em todo o país, da vida de pessoas desabrigadas (sem-teto). Documenta a experiência de arrombar prédios e criar novos espaços de moradia por parte das famílias sem-teto do Rio de Janeiro, além de mostrar a realidade de "despejado" pelo Estado e o surgimento de um polêmico projeto chamado de "revitalização", no qual os sem-teto reivindicam seus direitos.

Debatendo e concluindo

Nos últimos anos, o desmatamento e a poluição das águas, do ar e dos solos têm ameaçado a vida na Terra. E, apesar de não afetar pobres e ricos com a mesma intensidade, tornou-se um desafio a ser enfrentado por toda a humanidade, e não apenas por este ou aquele país ou bloco. Veja o que um historiador diz sobre o assunto.

Fonte 1

O ASSALTO À NATUREZA

Um dos impactos mais inquietantes das novas tecnologias tem sido o seu efeito sobre o meio ambiente. [...] Uma das características do grande salto tecnológico e de produtividade [...] foi o desenvolvimento de uma enorme gama de produtos químicos sintéticos. [...] Como são todos de criação relativamente recente, pouco se sabe sobre seu efeito de longo prazo nos seres humanos ou na natureza. Um dos tipos mais preocupantes dentre esses produtos são os chamados pesticidas, na medida em que sua característica é a de serem mais eficazes quanto mais tóxicos são [...]. Ademais, eles são usados sempre em grandes quantidades e lançados sobre vastas extensões territoriais. Uma vez aspergidos, são levados pelos ventos e pelas águas subterrâneas e incorporados por plantas, insetos, animais e pessoas. Nada escapa deles e eles não desaparecem, só se recombinam. Apenas nos Estados Unidos, são atualmente aplicados mais de 3 bilhões de quilos de pesticidas por ano.

Nicolau Sevcenko. *A corrida para o século XXI: No loop da montanha-russa.* São Paulo: Companhia das Letras, 2009. p. 95-6. (Virando séculos; 7).

Delfim Martins/Pulsar

Aplicação de inseticida em uma plantação de arroz no estado de Tocantins.

Fonte 2

Luiz Carlos Murauskas/Folhapress

Manuseio de agrotóxicos em propriedade rural do Centro-Oeste brasileiro.

a) Que relação a fonte 1 estabelece entre tecnologia e meio ambiente?

b) Observe a fonte 2: que elementos da foto sugerem o perigo que o manuseio de agrotóxicos representa para as pessoas?

c) No final de 2011, o *Jornal Nacional* noticiou que a Agência Nacional de Vigilância Sanitária analisou amostras de 18 tipos de alimentos em solo brasileiro e encontrou irregularidades na maior parte delas; o morango teve 63% de amostras irregulares; o pepino, 57%; a alface, 54%; e a cenoura, quase 50%. Em todos esses alimentos havia agrotóxicos acima do permitido ou não autorizados. O que explica isso?

d) A fonte 2 reforça, contraria ou relativiza o que foi dito na fonte 1?

Bibliografia

ALMEIDA, Ivete Batista da Silva. *O olhar de quem faz: o paulistismo sob a óptica do operariado paulista durante a Revolução Constitucionalista de 1932*. (Dissertação) São Paulo: Universidade de São Paulo, 1999.

ARNAUT, Luiz; MOTTA, Rodrigo P. Sá. *A Segunda Grande Guerra: do nazifascismo à Guerra Fria*. São Paulo: Atual, 1994. (História geral em documentos).

BATALHA, Cláudio. *O movimento operário na Primeira República*. Rio de Janeiro: Zahar, 2000.

BENSON, Mary. *Nelson Mandela: o homem e o movimento*. São Paulo: Brasiliense, 1987. (Antologias e biografias).

BERTONHA, João Fábio. *Fascismo, nazismo, integralismo*. São Paulo: Ática, 2001.

BRANDÃO, Fernando; BRITO, J. M. Brandão. (Dir.) *Dicionário de história do Estado Novo*. Rio de Janeiro: Bertrand, 1996. v. 1 e 2.

BRIGAGÃO, Clóvis; RODRIGUES, Gilberto. *Globalização a olho nu: o mundo conectado*. São Paulo: Moderna, 1998. (Polêmica).

CARMO, Sônia Irene Silva; CARMO, Valdizar Pinto do. *A Rússia dos sovietes: impasses de um projeto socialista*. São Paulo: Atual, 1996. (História geral em documentos).

CARNEIRO, Maria Luiza Tucci. *O antissemitismo na Era Vargas: fantasmas de uma geração – 1930-1945*. 2. ed. rev. e ampl. São Paulo: Brasiliense, 1995.

CARONE, Edgard. *A República Velha: evolução política*. São Paulo: Difusão Europeia do Livro, 1971.

CARVALHO, Bernardo de Andrade. *A globalização em xeque: incertezas para o século XXI*. São Paulo: Atual, 2000. (História viva).

CARVALHO, José Murilo. *A formação das almas: o imaginário da República no Brasil*. São Paulo: Companhia das Letras, 1990.

______. *Os bestializados: o Rio de Janeiro e a República que não foi*. São Paulo: Companhia das Letras, 1999.

CHURCHILL, Winston. *Memórias da Segunda Guerra Mundial*. Rio de Janeiro: Nova Fronteira, 1995.

COSTA E SILVA, Alberto. *Um rio chamado Atlântico: a África no Brasil e o Brasil na África*. Rio de Janeiro: Nova Fronteira/UFRJ, 2003.

CURRAN, Mark J. *História do Brasil em cordel*. São Paulo: Edusp, 1998.

D'ARAÚJO, Maria Celina Soares. *O Estado Novo*. Rio de Janeiro: Zahar, 2000. (Descobrindo o Brasil).

D'ARAÚJO, Maria Celina Soares; CASTRO, Celso (Orgs.). *Ernesto Geisel*. Rio de Janeiro: Fundação Getúlio Vargas, 1997.

DECCA, Maria Auxiliadora Guzzo. *Indústria, trabalho e cotidiano. Brasil – 1889 a 1930*. São Paulo: Atual, 1991.

FAUSTO, Boris. *História do Brasil*. São Paulo: Edusp/FDE, 1994.

FERRO, Marc. *História da Segunda Guerra Mundial: século XX*. São Paulo: Ática, 1995.

FREITAS, Marcos Cezar (Org.). *Historiografia brasileira em perspectiva*. São Paulo: Contexto, 2001.

HERNANDEZ, Leila Leite. *A África na sala de aula: visita à história contemporânea*. São Paulo: Selo Negro, 2005.

HOBSBAWM, Eric J. *A era dos impérios*. 7. ed. Rio de Janeiro: Paz e Terra, 1988.

______. *Era dos extremos: o breve século XX* – 1914-1991. São Paulo: Companhia das Letras, 1995.

______. *História social do* jazz. 2. ed. Rio de Janeiro: Paz e Terra, 1990.

HOCHSCHILD, Adam. *O fantasma do rei Leopoldo: uma história de cobiça, terror e heroísmo na África colonial*. São Paulo: Companhia das Letras, 1999.

HOLLANDA, Heloísa Buarque. *Cultura e participação nos anos 60*. São Paulo: Brasiliense, 1990. (Tudo é História).

KITCHEN, Martin. *Um mundo em chamas: uma breve história da Segunda Guerra Mundial na Europa e na Ásia*, 1939-1945. Rio de Janeiro: Zahar, 1993.

KI-ZERBO, Joseph. *História da África Negra II*. 3 ed. Porto: Europa-América, 2002.

LEAL, Victor Nunes. *Coronelismo, enxada e voto: o município e o regime representativo no Brasil*. 3. ed. Rio de Janeiro: Nova Fronteira, 1997.

LINHARES, Maria Yedda (Org.). *História Geral do Brasil*. 9. ed. Rio de Janeiro: Campus, 1990.

MAGNOLI, Demétrio. *Globalização: Estado nacional e espaço mundial*. São Paulo: Moderna, 1997. (Polêmica).

MELLO e SOUZA, Laura de. *Desclassificados do ouro: a pobreza mineira no século XVIII*. 2. ed. Rio de Janeiro: Graal, 1986. (Biblioteca de História, v. 8).

______. *Opulência e miséria das Minas Gerais*. 6. ed. São Paulo: Brasiliense, 1994. (Tudo é História, v. 28).

MORAIS, Fernando. *Olga*. 3. ed. São Paulo: Alfa-Omega, 1985.

NAPOLITANO, Marcos. *Cultura brasileira: utopia e massificação (1950-1980)*. São Paulo: Contexto, 2001. (Repensando a História).

______. *O regime militar brasileiro: 1964-1985*. São Paulo: Atual, 1998. (Discutindo a História do Brasil).

NIVEAU, Maurice. *História dos fatos econômicos contemporâneos*. São Paulo: Difel, 1969.

NOVAIS, Fernando A. (Org.). *História da vida privada no Brasil*. São Paulo: Companhia das Letras, 1998. v. 2, 3 e 4.

PAES, Maria Helena Simões. *Em nome da segurança nacional*. São Paulo: Atual, 1995. (História em documentos).

PENNA, Lincoln de Abreu. *O progresso da ordem: o florianismo e a construção da República*. Rio de Janeiro: 7 Letras, 1997.

PERRY, Marvin. *Civilização ocidental, uma história concisa*. São Paulo: Martins Fontes, 1985.

PINSKY, Jaime; PINSKY, Carla Bassanezi (Orgs.). *História da cidadania*. 5. ed. São Paulo: Contexto, 2010.

Projeto História: revista do Programa de Estudos Pós-Graduados em História e do Departamento de História da Pontifícia Universidade Católica de São Paulo. 1981. São Paulo: Educ, 1981.

PROST, Antoine (Org.). *História da vida privada: da Primeira Guerra a nossos dias*. São Paulo: Companhia das Letras, 1995.

REIS, Daniel Aarão. *Ditadura militar, esquerdas e sociedade*. Rio de Janeiro: Zahar, 2000. (Descobrindo o Brasil).

SALOMONI, Antonella. *Lênin e a revolução russa*. São Paulo: Ática, 1995.

SANTOS, Milton. *Por uma outra globalização: do pensamento único à consciência universal*. 5. ed. Rio de Janeiro: Record, 2001.

SCHIMITT, Rogério. *Partidos políticos no Brasil (1945-2000)*. Rio de Janeiro: Zahar, 2000. (Descobrindo o Brasil).

SERGIO, Renato. *Maracanã: 50 anos de glória*. Rio de Janeiro: Ediouro, 2000.

SERRANO, Carlos; MUNANGA, Kabengele. *A revolta dos colonizados: o processo de descolonização e as independências da África e da Ásia*. São Paulo: Atual, 1995. (História geral em documentos).

SINGER, Paul. *Globalização e desemprego: diagnóstico e alternativas*. São Paulo: Contexto, 2000.

SZMRECSÁNYI, Tamás; SUZIGAN, Wilson. *História econômica do Brasil contemporâneo* (Orgs.). São Paulo: Edusp/Hucitec/Imprensa Oficial do Estado, 2002.

TAVARES, Reinaldo C. *História que o rádio não contou*. São Paulo: Harbra, 1999.

VERGER, Pierre. *Fluxo e refluxo: do tráfico de escravos entre o Golfo de Benin e a Bahia de Todos os Santos*. Salvador: Corrupio, 2002.

VIEIRA, Liszt. *Cidadania e globalização*. Rio de Janeiro: Record, 1997.

VILLA, Marco Antonio. *Canudos: o povo da terra*. 2. ed. São Paulo: Ática, 1997.

WESSELING, H. L. *Dividir para dominar: a partilha da África, 1880-1914*. Rio de Janeiro: UFRJ/Revan, 1998.

Mapas de apoio

América política

África política

Europa política

Ásia política

Planisfério político

América política

Fonte: *Atlas geográfico escolar*. Rio de Janeiro: IBGE, 2010.

África política

Fonte: *Atlas geográfico escolar*. Rio de Janeiro: IBGE, 2010.

Mario Yoshida

Europa política

Fonte: *Atlas geográfico escolar*. Rio de Janeiro: IBGE, 2010.

Mario Yoshida

Ásia política

Fonte: *Atlas geográfico escolar*. Rio de Janeiro: IBGE, 2010.

Mario Yoshida

Planisfério político

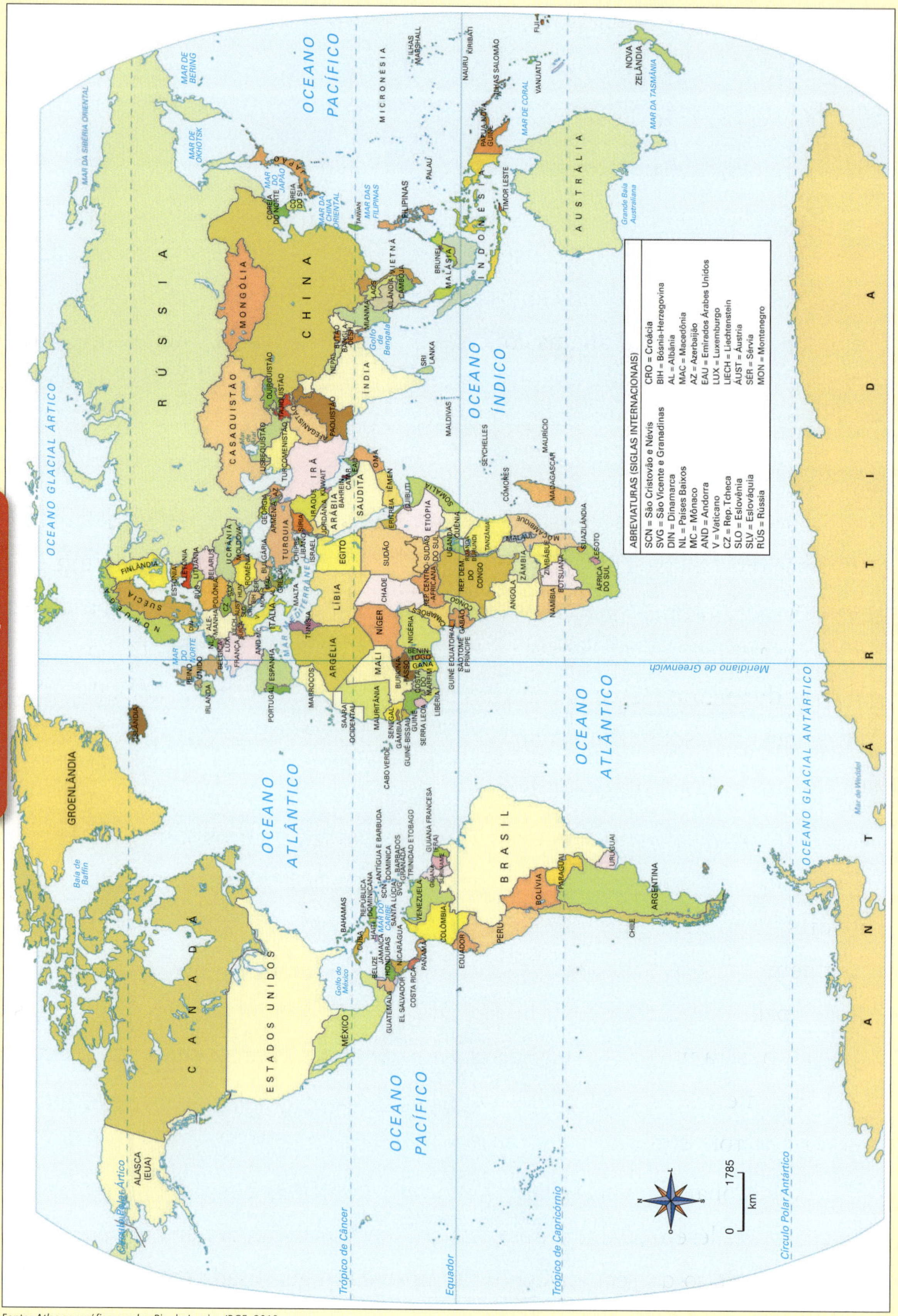

Fonte: *Atlas geográfico escolar*. Rio de Janeiro: IBGE, 2010.

Glossário

Apresentação

O glossário que preparamos para você reúne um conjunto de termos que podem alargar a sua compreensão de episódios, processos e personagens históricos mencionados e/ou trabalhados neste livro. Por meio dele buscamos facilitar a compreensão do corpo do capítulo, ampliar seu vocabulário de termos históricos e ajudá-lo(a) a formar alguns conceitos-chave em História. Para o enunciado desses conceitos recorremos, muitas vezes, a especialistas a fim de que você possa ter um acesso direto a eles e traçar comparações com as abordagens do autor do livro, enriquecendo-as.

Mas atenção, este glossário não substitui o dicionário. Nós consideramos o manuseio do dicionário indispensável para ajudá-lo(a) a tornar-se competente na leitura e produção de textos históricos. Por isso, incentivamos o seu uso ao longo de toda a coleção. E o fizemos propondo desafios estimulando-o(a), por exemplo, a ir ao dicionário e escolher apenas um entre os vários significados da palavra ou do conceito pesquisado; justamente aquele que mais convém ao contexto.

Então, como este glossário pode ser útil a você?

Veja bem, quando nos deparamos com um termo ou conceito desconhecido geralmente consultamos outros livros, revistas especializadas, jornais, enciclopédias, *sites*, diferentes dicionários. Pois é. Agora, além disso, você poderá usar também este glossário. Depois de usá-lo, você deve retomar o trecho do texto em que a palavra apareceu e verificar se a sua compreensão aumentou. Este glossário, portanto, será útil se for visto como uma dentre as várias fontes a serem consultadas durante a leitura do livro ou a realização de um trabalho sob a orientação de seu(sua) professor(a).

Ao ampliar seu vocabulário de termos históricos e seu domínio de conceitos você estará desenvolvendo uma das competências fundamentais para todo estudante brasileiro do século XXI: o domínio da língua usada em livros, jornais, revistas, *sites* etc. Ou seja, da chamada língua culta.

A

Anistia: decisão do governo que concede perdão a alguém por atos considerados ilegais. Em 1979, o movimento pela redemocratização do Brasil conseguiu uma vitória parcial: o então presidente João Batista Figueiredo anistiou pessoas que haviam sido condenadas ou perseguidas por fazerem oposição à ditadura implantada pelo Regime Militar.

Ato institucional: é uma medida, com força de lei, imposta por um governo. Durante o Regime Militar (1964-1985) foram decretados vários atos institucionais que davam ao Executivo poderes praticamente ilimitados. Com a justificativa de que era necessário defender a segurança nacional, esses atos desrespeitavam artigos da Constituição em vigor. Os atos institucionais também tinham o objetivo de conferir legitimidade aos governos militares e às suas ações arbitrárias e antidemocráticas. O ato institucional é um recurso empregado geralmente por governos ditatoriais.

B

Bipartidarismo: sistema em que só existem ou só têm importância dois partidos. No Brasil do Regime Militar, por exemplo, o Ato Institucional nº 2 permitia a existência de apenas dois partidos: Arena (que representava a situação) e o MDB (que representava a oposição). Outro exemplo de bipartidarismo encontra-se nos Estados Unidos, onde só dois partidos possuem chances reais de eleger um presidente: o Partido Republicano e o Partido Democrata.

Burocracia: no seu sentido mais amplo, burocracia possui o significado de funcionalismo público. O termo foi criado pelo economista francês Jean-Claude Marie Vincent (1712-1759), que combinou a palavra francesa *bureau* (escritório) com a palavra grega *kratia* (governo) para referir-se à influência crescente dos órgãos administrativos na sociedade. Ela é utilizada com esse sentido quando se quer criticar o fato de o funcionalismo público interferir nos rumos do governo ou dificultar sua ação. A palavra também é usada para criticar a lentidão que os funcionários públicos conduzem os processos administrativos.

C

Cidadania: pode ser compreendida como um conjunto de direitos e deveres que confere à pessoa a possibilidade de participar efetivamente da vida social e do governo de um país. É importante destacar que a cidadania não é feita só de direitos: há deveres a cumprir e coisas que precisam ser melhoradas, e isto é responsabilidade de cada um de nós. Quem julga que só cabe ao governo mudar o que precisa ser mudado está renunciando aos seus direitos e deveres, à sua cidadania. Como se pode ler nos *Parâmetros Curriculares Nacionais*: "ser cidadão é participar de uma sociedade, tendo direito a ter direitos, bem como construir novos direitos e rever os já existentes". Durante a campanha pelas Diretas Já, o povo brasileiro saiu às ruas para exigir de volta o seu direito de votar, ou seja, saiu em defesa de um dos direitos indispensáveis ao exercício da cidadania.

D

Doutrina de Segurança Nacional: segundo esta doutrina, a ameaça à manutenção da ordem não vinha apenas do inimigo externo (o comunismo) mas da ação "subversiva" dentro do país. Com base nessa lógica, a doutrina previa a eliminação das oposições, uma vez que considerava oposição sinônimo de subversão. Tal doutrina encontrou adesão entre os militares brasileiros ainda nos anos 1950, na ESG (Escola Superior de Guerra), que seguia o modelo do National War College dos Estados Unidos. Para esses militares os elementos "subversivos" estavam infiltrados nos sindicatos e entre os intelectuais, estudantes e professores universitários. Os militares adeptos da Doutrina de Segurança Nacional tiveram grande participação na derrubada do presidente João Goulart e na instalação da ditadura militar no Brasil.

E

Especulação: prática que consiste em criar uma procura ou oferta artificial de um bem ou mercadoria, visando obter lucro com o comportamento futuro do mercado. Por exemplo, um especulador espalha um boato que leva à desvalorização das ações de uma determinada empresa; a seguir, compra essas ações por um preço baixo. Depois espalha outro boato que provoca a supervalorização daquelas ações e as vende por um preço bem maior do que o pago por elas.

F

FMI: sigla de Fundo Monetário Internacional. É uma das agências especializadas da ONU (Organização das Nações Unidas). Trata-se de uma organização financeira criada em 1944 por 44 países, na Conferência Internacional de Bretton Woods (em New Hampshire, Estados Unidos) com o objetivo de promover a cooperação monetária internacional, levantando fundos para ajuda financeira dos países-membros em dificuldades (inflação elevada; queda nas exportações etc.). Os programas de assistência do FMI têm exigido do país beneficiado a adoção de corte nos gastos públicos; contenção de salários; cortes nos financiamentos de programas sociais, o que acaba gerando efeitos recessivos na economia, com custos sociais elevados. Por causa disso o FMI costuma ser alvo das críticas de sindicatos, partidos e movimentos populares. Além de fornecer empréstimos, o FMI tem supervisionado as dívidas externas dos países.

I

Inflação: aumento generalizado e contínuo dos preços, resultando na perda do poder aquisitivo da moeda. Entre as principais consequências da inflação está a desvalorização dos salários, pois estes geralmente não acompanham a alta dos preços. O processo inflacionário favorece uma minoria em prejuízo da maioria, aumentando, com isso, a desigualdade socioeconômica. No Brasil das últimas décadas, a inflação atingiu os seus níveis mais altos durante os governos de José Sarney e Fernando Collor de Mello.

O

OMC: sigla de Organização Mundial do Comércio. Foi criada em 1995 para substituir o GATT, sigla em inglês de Acordo Geral de Tarifas e Comércio (General Agreement on Trade and Tariffs), tratado multilateral de comércio firmado em Genebra, na Suíça, em 1947. Com a intensificação do comércio internacional no mundo globalizado, a OMC tende a ter importância cada vez maior. Duas de suas principais atribuições são supervisionar acordos e resolver disputas comerciais entre os países. O país que se considerar prejudicado por outro pode recorrer à OMC, que tem o poder de impor sanções comerciais àqueles que desobedecem as normas de comércio internacional.

P

Propaganda: consiste na propagação ou divulgação de conteúdos políticos, religiosos ou ideológicos com o objetivo de persuadir o público. A propaganda se utiliza de diferentes meios para conquistar o público a que se destina: imagens; discursos; encenações; símbolos; hinos; espetáculos etc. Embora muitas vezes "propaganda" e "publicidade" sejam usadas como sinônimos, há, segundo os estudiosos, uma distinção entre as duas palavras: a propaganda visa criar no público uma imagem negativa ou positiva a respeito de determinada pessoa, fato ou movimento, ao passo que a publicidade visa estimular o ato de consumir determinado produto ou serviço.

S

Sindicato: tipo de organização que tem por objetivo a defesa dos interesses comuns (econômicos, profissionais etc.) de seus associados. Existem sindicatos que defendem os interesses dos empregados ou de uma categoria profissional (ex.: Sindicato dos Metalúrgicos), e sindicatos patronais, que representam os patrões ou empregadores. Há também organizações que representam vários sindicatos de trabalhadores como a CUT (Central Única dos Trabalhadores) e a Força Sindical, e outras que representam vários sindicatos patronais como a Fiesp (Federação das Indústrias do Estado de São Paulo).

Impresso no Parque Gráfico da Editora FTD
Avenida Antonio Bardella, 300
Fone: (0-XX-11) 3545-8600 e Fax: (0-XX-11) 2412-5375
07220-020 GUARULHOS (SP)